| 김영중 지음 |

대한민국
일자리,
생각을
바꾸자

새 롭 게
접 근 하 는
일 자 리 정 책

한울
아카데미

이 도서의 국립중앙도서관 출판시도서목록(CIP)은 서지정보유통지원시스템 홈페이지(http://seoji.nl.go.kr) 와 국가자료공동목록시스템(http://www.nl.go.kr/kolisnet)에서 이용하실 수 있습니다.(CIP제어번호: CIP2014015052)

차례

표·그림 차례

'통섭(concilience)'이라는 단어가 있다. 아직 일반인에게는 생소한 단어이긴 하지만 통섭이란 단순한 물리적 합침에 그치는 통합을 뛰어넘어 서로 다른 것을 한데 합쳐 새로운 것을 만들어내는 것으로, 학문 간의 경계를 무너뜨리는 지식의 대통합을 의미한다고 한다. 일자리 정책이야말로 통섭의 중요성이 강조되어야 하는 종합 영역이라고 생각한다.

일자리 또는 고용은 경제 현상이자 중요한 사회 현상이고, 경제 운용 성과뿐 아니라 노동시장에 영향을 미치는 각종 법규, 관행, 제도 등이 복합적으로 영향을 미치는 영역이기 때문이다. 그러므로 일하는 사람들에 대한 전통적인 학문 영역인 노동 경제, 노사 관계, 노동법의 학제 간 연구뿐만 아니라 거시 경제, 사회복지, 사회학, 행정학, 재정학 등 다양한 분야의 연구가 합쳐져 일자리 정책으로 만들어야 한다.

이 책 『대한민국 일자리, 생각을 바꾸자』는 김영중 박사 자신이 IMF 외환위기 이후 15년여 동안 실제로 일자리 정책을 담당하면서 분석하고 사색하고 고민했던 내용을 집대성한 책이다. 그는 필자가 고용노동부에서 고용정책 과장, 고용정책관, 고용정책 실장, 차관을 거치면서 일자리 정책을 입안하고 추진할 때 줄곧 정책을 총괄하고 기획하는 자리에서 함께 토론하고 일자리 문제에 대한 고민을 공유해왔다.

  최근 우리 사회를 움직이는 화두 중의 하나는 고용률 70% 달성이다. 2013년도 15~64세 고용률이 64.4%라는 점에 비추어보면 고용률 70%는 달성하기 어려운 도전적인 과제인 것은 틀림없으나 고령 사회를 앞둔 한국이 반드시 달성해야 할 과제이기도 하다. 왜냐하면 고용률이 70% 수준까지 증가할 수 있다는 것은 전통적으로 일을 해온 성인 남성 외에도 여성, 청년, 고령자 등이 형편에 맞게, 유연하게 일할 수 있는 사회 시스템이 정비된다는 것을 의미하기 때문이다.

  이 책은 전문 연구자가 자신의 학문 분야에서 전문적으로 이루어온 학술연구 결과를 담은 책이 아니다. 그보다는 그와 같은 연구결과물들을 통섭적 관점에서 결합해 정책 담당자의 입장에서 한국의 일자리 문제를 알기 쉽게 정리하고 바람직한 일자리 정책의 방향을 체계적으로 정리해놓은 책이다. 우리 사회에 일자리 문제에 대한 이해의 폭과 깊이를 더하고 고용률 70% 달성을 위한 건전한 논의의 틀과 화두를 던져주기에 충분하다고 생각한다.

2014년 5월
전 고용노동부 차관
현 근로복지공단 이사장
이재갑

책머리에

뇌리에 오래 남아 있는 사진이 하나 있다. 1950년대 또는 1960년대 초반쯤에 찍힌 것으로 보이는 빛바랜 흑백사진에는 한 남자가 벙거지 모자를 쓰고 구직(求職)이라고 쓴 종이를 줄에 묶어 가슴에 맨 채 힘없이 비틀거리면서 서 있다. 오래전 학생 시절 처음 그 사진을 접했을 때는 '저런 때도 있었구나'라는 생각과 함께 흘려버렸지만, 차츰 시간이 흐르면서 다시금 우리가 일자리 고민으로부터 자유롭지 못한 시대를 살아가게 되었다는 점을 느낀다. 1인당 국민소득이 2만 달러를 넘어선 지도 한참이 지났지만 여전히 많은 국민들이 일자리 문제로 고민하고 있다. 예전 그 흑백사진 속의 사나이처럼 일자리 문제로 마음속으로부터 아파하고 있을 많은 분들의 모습이 겹쳐진다.

우리의 삶 속에서 일자리가 지니는 의미는 단순하지가 않다. 당장 먹고사는 문제에서부터 자신이 사회적 존재임을 나타내주는 현대판 신분제도의 한 단면까지 다양한 의미를 지닌다. 취업을 준비하는 청년들과 간담회를 하면서 들었던 이야기가 아직도 귀에 생생하다. 청년층의 구직난과 중소기업의 구인난 간에 생기는 미스매치(mismatch)에 대해 이야기하다가 그들에게 왜 중소기업에 안 가려고 하는지 물었다. 한 청년이 "중소기업에 가면 결혼도 못 해요!"라고 사뭇 진지하게 답하는 것이었다. 이게 바로 우리의 현실이다. 이러한 인식이 옳고 그른지 여부를 떠나서 이러한 현실 속에서 일자리 문제를 바라보고 해결책을 모색할 수밖에 없는 것이다.

개인적으로 일자리 정책과 인연을 맺은 지 15년여가 지났다. 사실 노동부에서 일을 해보고 싶어서 공무원의 길에 접어들었지만, 공무원 생활을 시작하던 1993년만 하더라도 노사관계 문제가 핵심적인 이슈였지 일자리 문제는 그 누구도 심각하게 고민하던 때가 아니었다. 그래서 일자리 문제를 고민하며 공무원 생활을 해나가리라고는 생각도 하지 못했다. 그러나 IMF 외환위기는 많은 것을 바꿔놓았다. 많은 국민들이 실업 대란의 충격에 휩싸여 어찌할 바를 몰랐던 것처럼, 정부 역시 새롭게 등장한 실업 문제에 대한 고민으로 불면(不眠)의 나날을 보내던 시기였다. 그리고 그러한 변화의 시기는 필자 개인적으로도 일자리 정책이라는 새로운 분야에 눈을 뜨게 된 계기를 만들어주었다.

1999년에 '실업대책추진단'이라는 조직에서 처음으로 일자리 정책을 담당하기 시작한 이래, 일자리 문제는 최근 15년여 동안 필자가 거의 대부분의 시간을 투자해 씨름해왔던 과제이다. 고용노동부 본부에서 실업 대책을 총괄하는 주무 사무관 역할을 하기도 했고 본부의 말석 과장부터 주무 과장까지 거치면서 다양한 일자리 정책을 직접 기획하고 관리해보기도 했다. 또한 대통령자문기구인 '사람입국일자리위원회'와 '양극화민생대책위원회'에 근무하면서 일자리 문제와 빈곤 문제를 같이 고민하면서 정책을 마련하기도 했다. 그리고 최근에는 인천고용센터 소장을 1년 반 넘게 맡으면서 일자리 정책의 집행에 직접 참여하며 많은 문제점을 느끼고 해결해가는 과정을 겪기도 했다. 또한 국비 해외 유학의 혜택을 받아 미국에서 행정학 박사과정을 이수하면서 '한국의 외국 인력 정책'에 대한 사례연구를 통해 정책 네트워크의 형성과 변화에 대해 박사 학위논문을 쓰기도 했다.

이렇게 장황하게 개인적 이력을 소개하는 것은 필자가 겪어온 삶의 경로가 이 책에서 다루게 될 내용의 폭과 깊이를 불가피하게 좌우할 것이라는 생각에서이다. 비록 이런 지식과 경험이 대단한 것은 아닐 수 있겠지만 이 분야를 처음 접하는 분들에게는 그 나름대로 도움이 되리라는 기대와 함께, 앞으로도 이 분야에서 일하며 얻게 될 경험을 많은 분들과 지속적으로 공유해가고자 하는 소망이 있다. 또 다른 한편으로 그간 일자리 정책을 배우고 추진하면서 항상 아쉽게 느꼈던 것 중 하나가 좀 더 쉽게 일자리 정책을 이해할 수 있는 책이 없다는 점이었다. 일자리 문제에 대한 전문 연구자들의 학술적인 연구 결과물은 계속 축적되고 있지만 이러한 자료 대부분은 상당 수준의 선행 공부를 전제로 기술되다 보니 처음 이 분야를 접하는 사람들은 흥미를 느끼기도, 이해하기도 어려운 문제가 있다. 또한 연구자들의 경우 정교한 방법론에 기초한 새로운 사실의 발견이나 이론 수립과 검증 등에 치우치다 보니 실제 일자리 정책을 구체적으로 어떻게 만들어가고 개선해가야 할지에 대해서는 취약점을 보여 답답함이 느껴지곤 했다.

그래서 그간 일자리 문제와 관련해 경험하고 배웠던 많은 것들을 필자 나름대로 정리해보고 필요한 사람들과 공유하는 작업은 무척 의미 있는 작업이 될 수 있으리라 기대한다. 비록 아직 책을 쓸 만큼의 내공이 쌓인 것은 아닐지 모르지만 '총대를 멘다'는 심정으로 이 분야에서 남들이 가보지 않은 길을 먼저 가보고자 한다. 마침 2013년은 필자가 1년간 통일교육원에서 교육을 받게 된 시기이기도 해서 현업에 종사할 때보다는 시간적 여유가 생겼다. 그래서 이 시간을 활용해 그간 일자리 정책을 수행하면서 필자 나름대로 느꼈던 생각과 아이디어들을 정리해서 최대한 쉽게 읽힐 수 있었으면 하는 기대를 가지고 이 책을 준비했다.

이 책을 내는 데 많은 영향을 준 철학자가 있다. 바로 비판적 사회이론으로 잘 알려진 독일의 사회철학자 하버마스(Jürgen Habermas)이다. 그는 이미 오래전에 '의사소통적 합리성(discursive rationality)'이라는 개념을 주창한 바 있다. 그 핵심은 권력이나 돈과 같은 비언어적 수단에 의해 사회의 다양한 가치와 의견이 조정되는 것이 아니라, 동등하게 의견을 개진하고 반론의 기회를 보장하는 의사소통적 합리성을 토대로 합리적인 공론의 장(public sphere)을 확대해나갈 때 진정으로 개인의 자유가 확대되고 해방될 수 있다는 것이다. '소통'이라는 단어가 그 어느 때보다 각광을 받고 있지만 여전히 한국 사회는 열린 토론의 장이 활성화되지 못한 실정이다. 각자 자신이 몸담고 있는 진영의 논리만 일방적으로 이야기할 뿐 실질적으로 다양한 시각과 아이디어를 생산적으로 융합하려는 시도는 무척 드문 것이 현실이다.

일자리 정책 분야에서도 상황은 크게 다르지 않다는 생각이 든다. 일자리 문제로 고민하고 힘들어 하는 국민이 매우 많음에도 이를 해결하고 극복하기 위한 토론과 대안 모색은 상대적으로 미흡한 실정이다. 서점에 가서 책을 둘러보더라도 개개인의 취업에 도움을 주는 책들은 넘쳐나지만 한국 사회 공동의 문제인 일자리 문제를 어떻게 풀어가야 할지에 대해 고민하는 책은 찾아보기 어렵다. 이 책이 일자리 분야에서 하버마스가 주창한 의사소통적 합리성이 구현될 수 있도록 조금이나마 도움이 되었으면 좋겠다. 즉 이 책이 여러 가지로 부족한 면이 있지만 조금이나마 일자리 정책에 대한 관심을 높이고, 동시에 이해의 폭을 넓히면서 더 나은 대안을 위한 토론의 계기로 활용되었으면 하는 바람이다. 이런 측면에서 다소 논란의 여지가 있는, 때로는 다소 무모하거나 과격해 보일 수도 있는 대안들도 이 책에 포함했다.

이 책이 나오기까지 많은 분이 도움을 주셨다. 먼저 원고를 꼼꼼히 검토하고 조언을 해준 근로복지공단 이재갑 이사장님, 한신대학교 전병유 교수님, 최저임금심의위원회 김영국 상임위원님, 서울북부고용노동지청장 이화영 박사님, 대전지방고용노동청 김동현 과장님 등 많은 분께 감사의 말씀을 전하고 싶다. 또한 이 책의 통계를 다시 한 번 점검해준 인천고용센터 김상순 팀장님과 진선영 선생님 등도 매우 큰 힘이 되었고 윤순현 과장님, 조인순 씨를 비롯한 도서출판 한울 관계자 여러분에게도 고마운 마음을 전하고자 한다. 아울러 한국노동연구원의 이병희 박사님, 남재량 박사님 등 여러 연구진들이 그간 쌓아 올린 연구 성과물도 필자가 일자리 정책을 이해하는 데 크게 도움이 되었다. 한편, 이 책이 나오기까지 여러분들의 조언이 크게 도움이 되었지만 글에 대한 최종적인 책임은 역시 필자에게 있다는 사실은 전혀 변함이 없을 것이다. 아울러 이 기회를 통해 이 책에서 소개되는 여러 정책 대안들은 고용노동부의 공식적인 입장과는 전혀 관계없는, 순수하게 필자의 개인적인 사견임을 명확히 해두고자 한다.

끝으로 살아오는 동안 항상 힘이 되어준 어머니, 아내, 두 딸 미성, 민정을 비롯한 가족들, 그리고 2013년을 함께 해온 통일교육원의 '통일미래지도자과정' 8기 동기분들에게도 감사의 말을 전하고 싶다.

2014년 5월
북한산 자락에서
김영중

프롤로그Prologue

#1

어느새 일자리 문제는 너무나도 익숙한 주제가 되어 모두들 잘 알고 있는 것처럼 느껴진다. 일자리를 구하기 어렵다는 청년들의 하소연, 중장년층의 구조 조정에 대한 불안과 공포, 노년층의 퇴직 후 일자리 문제 등등……. 그런데 이처럼 일상적으로 접하며 살고 있는 일자리 문제임에도 이 문제를 어떻게 풀어가야 할 것인가 하는 부분에 이르면 이상하게도 토론이 진전을 보이지 않는다. 막연히 '일자리를 더 많이 만들면 일자리 문제는 해결될 것이다'라는 신화(myth)에 갇혀 더 생각해보지도 않고 무작정 앞으로 달리고 있는 것은 아닌지 내심 불안한 마음이 든다.

해피엔딩으로 끝나는 영화처럼 그렇게 정신없이 달렸더니 일자리 문제도 다 해결되고 국민 모두 행복해지는 결말로 이어진다면 좋으련만 현실은 그렇게 녹록지 못하다. 여전히 많은 국민들은 일자리에 대한 불안으로 눈물을 떨구어야 하고 청년들 또한 일자리도 구하지 못하는 '잉여 인생'인 양 한숨을 쉬어야 하는 현실이 비일비재하다. 이러한 현실을 벗어나기 위해 우리는 무엇을 어떻게 해야 할 것인가?

벌써 오래전부터 이념의 시대는 지나갔다는 이야기를 많이 한다. 소련으로 대표되는 현실 사회주의 국가의 몰락은 더 이상 자본주의와 사회주의가 경쟁 대상이 아님을 전 세계적으로 알리는 신호탄이었다. 이제 사회주의는 낡은 책상 속 유물이 되어버린 것이다. 그렇다면 자본주의는 영원한 우리의 대안인가? 최근 들어, 이에 대해서도 여러 가지 회의적인 시각이 많이 등장하고 있다. 지난 2008년 자본주의의 심장부라 할 수 있는 미국의 월스트리트(Wall Street)에서 시작된 미국발 금융위기가 바로 그 진앙이다. 우리는 신자유주의로 대표되는 최근의 무한 경쟁 시대에서 통제되지 않은 금융 자본주의는 그 자체로 또 다른 괴물이 될 수 있다는 점을 배웠다. 더불어, 현재의 신자유주의 시스템하에서는 어쩌면 삶이 더 팍팍해질지 모른다는 불안에 휩싸이게 되었다.

그래서 기존의 틀을 넘어서야 한다는 주장들이 여기저기서 나온다. 예를 들어, 아나톨 칼레츠키(Anatole Kaletsky)는 '자본주의 4.0' 시대를 주창한다(칼레츠키, 2011). 즉 기존 신자유주의에 기초한 무한 경쟁으로 대표되는 '자본주의 3.0' 패러다임(paradigm)은 미국발 금융위기로 인해 그 한계를 보이고 있으므로, 배려와 공생, 조화로 대표할 수 있는 '자본주의 4.0' 시대로 전환해야 한다는 것이다. 또한 한국에서도 원로 석학자인 이어령 선생이 '생명이 자본이다'라는 문제 제기를 통해 그간 자유와 평등에 치중해온 자본주의와 사회주의를 넘어서는 생명과 사랑, 협력에 기반을 둔 자본주의로 진화해나가야 함을 역설하고 있다(이어령, 2014).

#3

일자리 문제에서도 이러한 거시적 패러다임 전환을 고민하며 국민들이 더 행복하고 가치 있는 삶을 살아갈 수 있도록 일자리가 기여할 수 있는 방안을 더 고민해야 할 것이다. 적자생존식의 무한 경쟁의 논리가 일자리 영역에도 그대로 반영된다면 노동시장의 양극화 문제는 결코 해결될 수 없을 것이기 때문이다. 아울러 경쟁이 가져오는 생산성 향상의 이면에는 '피로사회'[1]의 짙은 그늘이 드리워져 있다는 점도 반드시 인식하면서 이를 넘어설 수 있는 일자리 차원의 대책을 고민할 필요가 있다.

이를 위해서는 국민에게 '더 많은 일자리 기회를 제공'하겠다는 목표와 함께, 국민들이 고용불안에서 벗어날 수 있도록 사회안전망을 강화해주고, 이와 동시에 1인당 국민소득 3만 달러를 지향하는 국가답게 안전하고 지속 가능한 생활의 원천이 될 수 있는 일자리를 많이 만드는 노력을 확대해나가야 할 것이다.

#4

문제는 어떻게 국민의 일자리 소망을 실현시킬 것인가 하는 점이다. 바로 일자리 정책의 영역이다. 그리고 이에 대한 고민은 정부의 정책 담당자들만의 몫은 아니다. 일자리 정책 과정에 더 많은 사람들의 관심과

---

1 한병철(2012)은 현대 사회가 과거의 규율사회에서 성과사회로 바뀌고 있음을 지적하면서 과도한 성과주의 시스템에 사로잡혀 기력을 다 소모하고 우울증에 빠지는 개인을 양산하고 있음을 비판한다.

창의적인 아이디어가 투입될 때 일자리 정책도 지금보다 나은 모습으로 탄생할 수 있기 때문이다. 아이러니하게도 피로사회 증후군은 공공 정책에 대한 국민의 관심과 참여를 현저히 떨어뜨린 듯하다. 당장 먹고살기도 바쁜데 정부 정책에 관심을 가지라고 하면 과한 요구일까?

이 책에서 다루는 일자리와 관련된 다양한 이슈는 일자리 문제를 해결하기 위해서 무엇이 어떻게 달라져야 하고 어느 것에 더 초점을 두고 정책을 만들어야 하는지 등에 대해 같이 이야기하고자 하는 소망에서 출발한다. 이 글의 제안들이 한국이 직면한 일자리 문제의 해답이라는 만용을 부리고 싶지는 않다. 다만 필자가 그간 일자리 문제를 다루면서 느꼈던 점들과 여러 가지 아이디어를 알려드리면서 같이 고민할 수 있는 출발점을 제공하고자 하는 것이다. 혼자 고민하기보다는 둘이 같이 생각하는 것이 더 낫고, 둘만이 생각하는 것보다는 백 명이 같이 머리를 맞대는 것이 훨씬 더 나은 일자리 정책을 만드는 데 기여할 것이라고 생각한다. 부디 이 책이 그러한 사회적 토론의 밑거름이 되었으면 한다.

—

제1부 도전(挑戰)

—

대한민국 일자리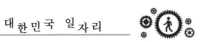

제1장

⬡

●

한국의 고용 좌표

1. 우리가 풀어나가야 할 일자리 문제는 무엇인가?

모두들 일자리 문제가 심각하다고 한다. 국정의 최우선 과제로 일자리 문제를 해결해야 한다고도 이야기한다. 이처럼 많은 사람들이 걱정하고 해결하기를 소망하는 것이지만 추상적으로 일자리 문제라고 이야기하면 너무 막연해진다. 문제의 핵심을 정확히 파악해야 그 해답도 쉽게 찾을 수 있을 것이다. 이런 측면에서 우리가 직면한 일자리 문제의 실체를 구체화하는 작업은 일자리 정책의 성과를 좌우할 수 있는 매우 중요한 출발점이라 할 수 있다. 올바른 문제 인식 없이는 성공적인 해결책도 결코 가능하지 않다.

도대체 많은 국민들이 걱정하고 고민하는 일자리 문제의 실체는 무엇일까? 지금까지 정부가 수많은 고민을 하고 지속적으로 대책을 내놓기도 했지만 여전히 일자리에 대한 국민들의 걱정은 줄어들 줄 모른다. 때로는 문제가 잘 풀리지 않으면 근본적인 고민부터 다시 할 필요가 있다. 우리가 풀어나갈 일자리 정책에 대한 고민을, 직면한 일자리 문제의 대표적인 사례에서부터 출발해보도록 하자. 이러한 과정을 통해 실사구시(實事求是)의 일자리 해법이 나올 수도 있을 것이다.

#1

우리는 2009년에 발생했던 평택 쌍용자동차 사건을 생생하게 기억하고 있다. 회사의 구조 조정에 맞서 쌍용차 노조원들이 76일간에 걸쳐 공장 점거 농성을 벌여 사상자가 발생하고 노조원이 무더기로 구속된 사건이다. 이후에도 해고된 노조원 중 적지 않은 숫자가 생활고를 비관해 자살하는 등 아직까지 그 파장이 완전히 아물지 않은 상태이다.[1] 이 사건의 원인과 배경에는 다양한 이야기가 있지만 새삼 이 글에서 반복하지는 않겠다. 이 이야기를 다시 꺼내는 이유는 왜 쌍용차 노조원들이 회사 측의 구조 조정에 대해 그렇게 극단적으로 저항을 했을지를 다시 한 번 생각해보자는 것이다.

최근 고등법원의 판결은 쌍용차 근로자에 대한 집단 해고가 부당했다는 판결을 했지만 이와는 별개로 가정을 한번 해보자. 쌍용차 노조원들이 구조 조정을 당하더라도 유사한 근로조건을 보장하는 다른 회사로 쉽게

---

[1] 2013년까지 이 사건으로 인해 직간접적으로 23명이 목숨을 잃은 것으로 집계될 정도로 사건의 파장이 지속되고 있다.

취업이 가능했다면 노조원들은 어떤 반응을 보였을까? 아마도 훨씬 더 합리적인 협상과 문제 해결이 가능하지 않았을까? 그런데 현실은 그렇지 못하다는 것을 노조원들은 너무도 잘 알고 있었다. 쌍용차 회사 문을 나서는 순간 그 어느 곳에서도 그 정도의 월급과 근로조건 속에서 일할 수 없으리라는 것을. 그러기에 그들의 선택은 말 그대로 '결사 항전'이 될 수밖에 없었을지도 모르겠다.

이 문제는 한국 노동시장의 여러 가지 취약성을 동시에 잘 보여준다. 무엇보다 노동시장 유연성과 관련된 문제가 그 핵심을 이룬다. 한국은 그간 '대기업'의 '노조'가 있는 '정규직' 근로자의 경우 노동시장의 경직성이 매우 큰 것으로 지적되어왔다. 그 결과로 이 분야 근로자는 상대적으로 두터운 보호를 받고 있다. 그 반면에 보호의 사각지대에 몰려 있는 근로자들도 있다. 중소기업 근로자 그리고 하청·도급 근로자를 포함한 비정규직 근로자, 그리고 근로자라고 부를 수도 없는 특수 고용형태 근로자가 바로 그들이다.

두터운 보호를 받고 있는 근로자들은 최대한 그 보호망 속에 놓여 있기를 기대한다. 인지상정(人之常情)이다. 지금의 일자리를 벗어나면 그만한 일자리를 찾을 수 없다는 것을 알기에 불안한 것이다. 어느 순간 이 일자리를 그만두면 자신도 보호의 사각지대로 떨어질 수 있으므로 절벽에서 떨어지는 심정에 놓이게 되는 것이다.

저임금에 시달리는 중소기업 근로자나 비정규직 근로자들은 의미 없는 고용안정 상태에 놓여 있다. 이들은 원한다면 비슷한 수준의 근로조건을 지닌 일자리로 어렵지 않게 옮길 수 있다. 그러나 이들을 기다리는 것은 '벗어날 수 없는 가난'의 굴레가 될 수 있기에 일자리에 대한 불만은 커져만 간다. 이처럼 경직된 노동시장과 노동시장의 양극화는 고용불안을 심화시키는 주요 원인으로 작용한다. 그리고 양극화의 문제는 '더 많은 일자리 창출'만으로는 해결할 수 없는 다른 차원의 일자리 문제이기도 하다.[2]

#2

여의도의 잘나가는 증권회사에 다니는 40대의 P 씨 이야기이다. 모두의 부러운 시선을 느끼며 입사한 지도 10년이 넘어가고, 팀장직을 맡은 지도 어느새 3년이 지났다. 연봉도 억대를 훨씬 넘어설 정도로 괜찮은 월급쟁이이다. 그런데 요즘 잠 못 이루는 날이 연속되고 있다. 전반적으로 경제 상황이 안 좋아지면서 금융시장도 화려했던 봄날은 지나가고 찬바람이 쌩쌩 부는 추운 겨울로 내몰리고 있는 것이다. 여기저기서 들려오는 구조 조정 소식, 명예퇴직 소식 등에 뒤숭숭하다. 자녀들은 아직 한창 학교에 다닐 때라 교육비 부담도 만만치 않은데 '만약 이 회사를 못 다니게 되면 어떻게 하나'라는 생각에 자다가도 벌떡 깨게 된다.

그래서 요즘 동창회에 나가면 제일 부러운 것이 바로 공무원인 친구들이다. 예전에는 공무원 월급이 너무 적어서 공무원 친구들에게 항상 술을 사고는 했었는데 이제 거꾸로 위로받는 입장이 되었다. 공무원 친구들은 승진하면서 월급도 제법 오른 듯한 눈치이고, 무엇보다 60세 정년 보장에 퇴직 후 공무원 연금으로 노후 걱정 없이 살아갈 수 있으니 정말 신이 내린 직장이라는 말이 틀린 말이 아닌 것 같다.

---

[2] 김혜원(2008)의 '노동시장 이행확률 분석'에 따르면, 외환위기 이후 실직 상태에서 상용직으로 재취업할 가능성이 줄어들면서 한번 상용직에서 밀려나면 다시 상용직으로 복귀하기 어려워짐에 따라 상용직에게까지 고용불안감이 확산되고 있다.

퇴직하면 무얼 할 수 있을까 고민해보지만 딱히 답이 나오지 않는다. 주위에서 명예퇴직을 하고 받은 퇴직금으로 사업을 시작했다가 그야말로 쪽박을 찬 사례도 심심찮게 보아왔기 때문에 흔히 하는 말로 이 기회에 나도 '사장님'이나 한번 되어볼까 하는 생각도 단지 생각으로만 머문다. 자칫하다 퇴직금까지 날리면 정말 빈곤층으로 떨어지지 말란 법이 없는 것이다. 이래저래 현재의 회사에 절대 충성하면서 최대한 오래 버티는 것이 답이라는 결론에 도달하고 나니 맥이 풀린다. 잘 버틸 수 있을까? 앞으로 딱 10년만 더 안정적으로 일할 수 있으면 좋을 텐데…….

이처럼 남들이 부러워하는 직장에 다니는 사람들도 요즘에는 '고용불안'으로부터 결코 자유롭지가 못하다. 평생직장이라는 신화가 무너진 지금, 취업을 했더라도 5년 후, 10년 후가 막막한 벽처럼 느껴지는 사람들이 늘어나고 있는 것이다. 이들은 도대체 어디에서부터 자신들의 일자리 문제를 풀어나가야 할지, 누구로부터 도움을 받을 수 있을지 막막하게만 느껴진다. 누가 이들을 위로하고 실질적인 도움을 줄 수 있을 것인가?[3]

#3

대학 졸업반에 접어든 K 군은 요즘 고3 때보다 더 바쁘다. 바야흐로 취업 전쟁에 들어선 것이다. 그래도 취업이 잘된다는 경영학과를 다니고 있

---

[3] 한국에서 남자의 중장년은 보통 '가장'으로서 경제적 책임감이 가장 강하게 부여되는 시기이다. 이 시기에 일하지 않고 쉬고 있는 남자들은 불안정한 일자리에 대한 실망으로 장기간 쉬게 되고, 쉬고 난 이후에도 결국 불안정한 일자리로 이어지는 경향이 높다는 분석 결과가 있다. 자세한 내용은 권혜자(2012)를 참고하기 바란다.

어서 그나마 나은 편이기는 하지만 마음에 드는 회사를 가려니 준비해야 할 것이 한두 가지가 아니다. 학점 관리는 기본이고 토익 점수도 900은 넘어야 한다니 영어학원에 다니면서 따로 준비하지 않을 수가 없다. 친구들은 외국 대학에 교환학생으로 다녀오거나 어학연수를 받고 오는 등 다들 그 나름대로 스펙을 쌓아왔는데 K 군은 군대에 갔다 오느라 그럴 겨를이 없었다. 이 때문에 괜히 주눅이 든다.

자격증이라도 몇 개 있어야겠다 싶어서 별도로 자격증 공부를 하느라 여념이 없다. 금융기관을 목표로 하다 보니 증권투자 상담사, 파생상품투자 상담사, 펀드투자 상담사 자격증은 갖추는 것이 좋을 거라고 선배들이 말한다. 어디 이뿐인가? 요즘에는 취업 면접이 강화된다고 하니 친구들과 같이 면접 스터디 그룹을 구성해 매주 두 번씩 만나 연습한다. 취업도 때를 놓치면 어렵다는 선배들의 이야기에 잔뜩 긴장을 하게 된다.

삼수를 해서 대학에 들어온 데다 군대를 갔다 오니 동기생들보다 나이가 훨씬 많아 이것도 불안하다. 회사는 나이 어린 애들을 더 좋아한다는데……. 게다가 요즘에는 동기나 후배 여학생들이 너무 잘하다 보니 체감경쟁률은 엄청나게 높아졌다. 옛날에는 현모양처가 장래 희망인 여학생도 많았다던데 요즘에는 눈 씻고 찾아봐도 그런 애들은 찾기 어렵다. 이래저래 늘어나는 취업 경쟁에 살만 빠지고 있다.

요즘에 쉽게 볼 수 있는 이른바 '88만 원 세대'의 대표적인 고민이다. K 군의 주위에는 대학을 졸업하고 조금이라도 더 안정되고 좋은 근로조건이 보장되는 일자리를 찾는 구직자들로 가득하다. 그러다 보니 '스펙 경쟁'은 갈수록 치열해지고 좋은 일자리에 대한 기대는 갈수록 멀어져간다. 그렇다고 미래를 기대하기 어려운 중소기업이나 비정규직에 취업하자니 그곳에서 결코 벗어날 수 없을 것 같은 생각에 쉽게 결단을 내리기도 어렵다.

#4

식당에서 서빙을 하는 L 씨는 다른 일자리를 알아보느라 바쁘다. 월급도 얼마 되지 않는데 그나마 요즘 경기가 안 좋아 두 달째 월급을 못 받고 있는 것이다. 식당에 손님이 줄어든 것이 눈으로 보이니 식당 주인 처지도 딱하기는 하지만 언제까지 기약 없이 이러고 있을 수는 없다는 생각에 다른 일자리가 생기면 옮길 생각이다.

가사 도우미를 하는 친구 이야기를 들어보니 식당 일보다는 가사 도우미가 훨씬 더 편한 것 같아 그쪽으로 일자리를 알아보는 중이다. 그런데 가사 도우미는 한 곳에서 일주일에 두세 번밖에 안 하기 때문에 또 다른 일을 같이 알아봐야 할 것 같아서 머리가 아프다. 월급도 꼬박꼬박 주면서 오랫동안 일할 수 있는 일자리가 생겼으면 하는 마음이 굴뚝같다. 사실 요즘은 일자리 구하기는 더 힘들어지고 월급은 거의 제자리걸음이다. 중국 교포들이 식당에서도 많이 일하다 보니 경쟁이 더 심해진 것이다. 우리 일자리도 이렇게 없는데 왜 중국 교포까지 들어오게 하는지 이해하기가 어렵다.

물가는 계속 오르고 아이들 학원비에 대학 등록금을 생각하면 자꾸 마음이 급해진다. 마땅한 기술도 없다 보니 그간 해본 일들은 식당 서빙, 간병인, 마트 계산원 등 다양하다. 하지만 어느 일자리 하나 계속 안정적으로 다닐 수가 없었다. 비정규직이니 언제 그만두게 될지 모르고, 월급 100여만 원으로는 노후 대비는커녕 당장 먹고살기에도 항상 빠듯하다.

그래도 아직까지는 몸이 건강해서 국가의 지원 없이 근근이 버티고 있지만 이런 생활을 벗어나 중산층이 될 수 있으리라는 꿈은 감히 꾸지도 못한다. 오히려 국가의 도움 없이는 생계유지도 못 하게 되지나 않을까 걱정이 된다.

위의 네 가지 사례는 사실 주위에서 쉽게 볼 수 있는 광경이다. 이러한 일자리 고민을 하는 이들이 '더 많은 일자리 창출'이라는 목표 달성으로 자신들의 일자리 문제가 모두 해결될 수 있으리라 기대할 수 있을까? 일자리 창출도 물론 중요하지만 일자리의 질을 높이기 위한 노력도 그에 못지않게 중요하고, 아울러 전직이 원활하도록 지원해주는 시스템도 구축되어야 한다. 또한 비정규직이 직업 경로에서 헤어 나올 수 없는 '함정'이 아니라 더 나은 일자리로 올라갈 수 있는 '사다리'가 될 수 있도록 정책적 노력을 기울일 필요도 있으며, 예기치 못한 실업을 당했을 때에 생계유지를 하면서 새로운 일자리를 준비할 수 있도록 고용안전망도 강화해나가야 한다. 이처럼 다양한 모습을 지닌 일자리 문제를 총체적으로 해결하기 위해서는 '일자리 창출' 중심의 사고에서 벗어나 일자리 문제의 다각적인 측면을 두루 살펴 국민의 일자리 불안을 해결해나가는 노력이 필요하다.

2. 일자리 문제, 지금 어디쯤 와 있는가?

일자리 문제를 해결해나가기 위해서는 무엇보다 우리 자신의 위치를 정확히 파악하는 것이 필요하다. 굳이 '너 자신을 알라'라는 소크라테스의 명언이 아니더라도 모든 문제의 출발점은 현재 위치를 정확히 파악하는 데에서부터 시작하는 것이 순리라 할 것이다.

일자리 문제와 관련해 국민들은 많은 걱정과 불안을 갖고 있다. 각 개인의 '안정되고 번듯한 일자리'에 대한 소망은 동서고금을 막론하고 공통

그림 1 OECD 국가와 비교한 한국의 고용 좌표(2012년 기준)

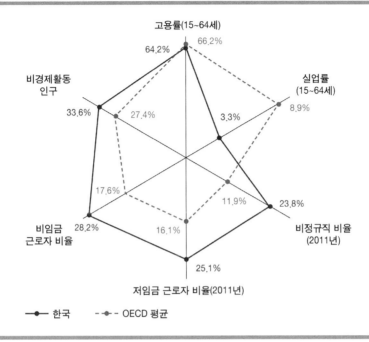

자료: OECD Stat Extracts(http://stats.oecd.org/).

적인 희망사항일 것이다. 이러한 개개인의 미시적 희망을 실현하기 위해 국가 차원에서는 노동시장의 거시적 지표를 분석하고 관리해나가야 한 다. 대표적인 지표가 잘 알려진 '실업률'과 '고용률' 지표이다.

이외에도 다양한 지표들을 통해 고용 상황을 판단해볼 수가 있다. 예 를 들면, 그림 1에서 소개되는 바와 같이 비경제활동인구의 비율이라든지, 비임금 근로자 비율, 저임금 근로자 비율, 비정규직 비율 등이 이에 속한 다. 이러한 지표 중 실업률, 고용률, 비경제활동인구 비율 등은 고용의 양 적 측면을 대표하는 지표라 할 수 있겠고, 비임금 근로자 비율, 저임금 근로자 비율, 비정규직 비율 등은 상대적으로 고용의 질적 수준을 보여주는 지표로 분류해볼 수도 있겠다.

고용 상황을 정확히 인식하고 향후 일자리 목표를 정확히 설정하기 위해서는 OECD 선진국과 비교를 해보는 것도 의의가 있다. 일단 모든 수준에서 OECD 평균 수준까지 도달하는 것이 우리의 일차적 목표이기 때문이다. 그림 1은 앞에서 언급한 여섯 가지 분야에서 한국과 OECD 국가의 평균 수치를 비교한 것으로 우리의 객관적인 고용 상황을 잘 보여준다.

여섯 가지 분야 중 한국이 유일하게 OECD 국가 평균보다 더 나은 성과를 보이는 분야가 바로 '실업률' 부문이다. 2012년 기준으로 한국의 실업률은 3.3%로 OECD 국가 평균인 8.9%에 비하면 5.6%포인트나 낮은 수치를 보이고 있으므로 적어도 지표상으로는 매우 건전한 상태라고 할 수 있을 것이다. 물론 이에는 여러 가지 반론도 있다. 한국 노동시장의 특징이 취업에서 비경제활동인구로 이동하는 수치가 높다는 특성도 있고, 실업 부조가 없는 상황에서 실업자로 응답할 유인이 떨어지는 현실 등도 낮은 실업률의 한 원인이 될 수 있다. 그러나 이런 모든 것을 감안하더라도 한국의 실업률은 OECD 국가 중에서 최저 수준을 유지할 것으로 보인다. 이는 달리 말하면 한국의 노동시장 여건이, 적어도 OECD국가와 비교해서 일자리가 부족한 상황은 아님을 보여주는 것이다.

그러나 고용률 부문에서는 OECD 평균 66.2%에 비해 2.0% 포인트 낮은 64.2%를 보이고 있다.[4] 또한 비경제활동인구의 비율이 한국의 경우

---

4 고용률 국제 비교와 관련해서는 일하는 시간을 기준으로 하는 FTE(Full-time Equivalent) 고용률 개념도 참고할 필요가 있다. 2006년 유럽연합(EU) 기준을 적용하면 한국은 공식 고용률(일하는 사람 수 기준)이 한국보다 높은 독일(57.8%), 네덜란드

33.6%에 달해 OECD 평균 27.4%에 비해 6.2% 포인트나 높게 나타난다. 이 두 가지 지표가 의미하는 바는 한국의 경우 실제 일하는 사람의 비중이 다른 선진국에 비해 낮다는 것이다. 그 이유를 찾아보면 가장 큰 요인이 바로 여성의 경제활동 참가율이 선진국에 비해 크게 낮다는 점이다. 따라서 한국이 선진국 수준으로 고용률을 높이기 위해서는 더 많은 인력, 특히 여성 인력이 경제활동에 참여할 수 있도록 노력을 기울일 필요가 있다.

비정규직 비율을 살펴보면 한국은 23.8%에 달해 OECD 평균 11.9%에 비해 두 배나 높다. 비정규직이 많다는 것은 한편으로는 노동시장의 유연성이 높다는 의미가 될 수도 있지만 다른 한편으로는 고용안정성이 떨어지고 근로 여건이 열악한 일자리가 많다는 의미로 해석될 수도 있다. 이 수치는 저임금 근로자 비율이 25.1%로 OECD 평균 16.1%에 비해 9.0%포인트나 높게 나타나는 현실과도 직결된다. 왜냐하면 비정규직의 상당수가 저임금 근로자로 연결되기 때문이다. 이처럼 고용의 질적인 측면을 살펴보면 아직까지 한국은 선진국과 큰 격차를 보인다. 따라서 무엇보다 이러한 격차를 좁혀야만 선진국 수준의 노동시장을 구축할 수 있을 것이다.

또한 한국은 취업자 중에서 비임금 근로자가 차지하는 비율이 28.2%에 달해 OECD 평균 17.6%에 비해 10.6%포인트 높은 수치를 보인다. 그 배경에는 자영업자 비중이 높게 나타나는 독특한 특성이 자리 잡고 있다. 특히 한국의 자영업자는 영세한 규모로 운영되는 비율이 높을 뿐만 아니라, 그 생성과 소멸도 매우 빈번한 편으로 노동시장의 불안정성을 더욱 높

(57.3%)보다 FTE 고용률은 58.0%로 높은 것으로 나타났다. 이는 한국이 근로자 1인당 근로시간이 많다는 점을 보여준다.

이는 부작용을 초래한다. 따라서 향후 자영업 부문의 더 적극적이고 원활한 구조 조정과 함께 이들을 임금 근로자로 흡수하려는 노력이 절실하다는 점을 이 지표는 잘 보여준다.

요약해보면 일자리의 양적 지표를 보여주는 실업률의 경우 한국의 비경제활동인구 비중이 높다는 점을 감안하더라도 OECD 국가의 평균보다 월등하게 양호한 수준이고, 고용률도 상대적으로 격차가 작은 편임을 알 수 있다. 반면에 일자리의 질적 측면을 나타내는 비정규직, 저임금 근로자, 비임금 근로자의 비율은 OECD 국가 평균 수치보다 많게는 두 배까지 악화되어 있는 상황이다. 이러한 비교 분석 결과는 일자리 정책이 일자리의 질적 측면 개선에 더 초점을 맞출 필요가 있음을 보여준다고 하겠다.

3. '고용불안'을 어떻게 봐야 할 것인가?

한국 근로자의 고용불안감[5]은 **그림** 2에 잘 나타나 있는 바와 같이 OECD 국가 근로자 중 최고 수준을 기록하고 있다.[6] 즉 근로자들은 현재

---

[5] '고용불안'은 한국의 일자리 문제를 대표하는 중요한 개념이다. 그러나 아쉽게도 고용불안을 학술적으로 엄밀하게 정의하고 이 문제를 본격적으로 다룬 연구는 매우 부족한 실정이다. 그나마 최근 남재량 등(2012)이 「고용불안과 재취업 노동시장 연구」라는 논문을 발표해 이 문제에 대한 기본적인 이해를 높일 수 있게 되었다. 그러나 향후 이 문제를 본격적으로 다루기 위해서는 노동경제학적 기본 틀 아래 심리학적 접근 방법과 사회학적 접근 방법을 병행하는 통섭적인 연구가 필요하다.

[6] World Value Survey(2008) 조사 결과를 보더라도 한국의 경우 '일자리 선택 시 직업안정성을 중요하게 고려하는가'라는 질문에 97%가 긍정적으로 답을 했고, '직업 선택 시 가장 중요하게 여기는 요인이 무엇인가?'라는 질문에 '직업 안정(Safe

그림 2 OECD 국가 간 고용불안감 비교 (단위: 점, %)

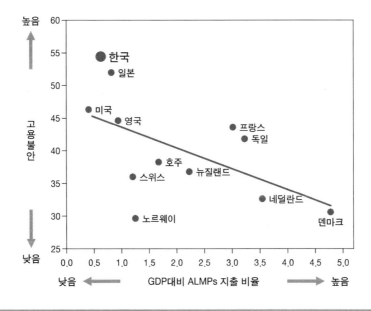

주: 횡축은 GDP 대비 적극적 노동시장정책(ALMPs: Active Labor Market Policies) 지출 비율을 나타냄.
자료: OECD Stat Extracts(http://stats.oecd.org/).

일자리가 있어도 언제든지 실업 상태에 놓일 수 있다는 불안감에 노출되어 있고, 특히 현 일자리가 없어지면 비슷한 수준의 새로운 일자리를 얻기 어려울 것이라는 점을 강하게 느낀다.

또한 학력 수준이 높아진 청년층은 눈에 맞는 좋은 일자리를 찾을 수 없어서 자꾸만 '스펙 경쟁'에 내몰리고, 정년이 보장되는 안정적인 일자리

job with no risk)'을 선택하는 비율이 56.9%로 조사 대상 국가 중 가장 높은 비율을 차지하기도 했다.

인 '공무원'은 유사 이래 최고의 경쟁률을 보이며 선풍적인 인기를 끌고 있다.

사실 고용불안감이 발생하는 가장 큰 원인은 현재의 일자리를 떠났을 때 현재 수준의 일자리를 쉽게 찾을 수 없을 것이라는 우려에서 기인한다. 덴마크 등 북유럽 지역 근로자들에게 이러한 불안감이 가장 낮게 나타난다. 그 이유를 살펴보면 이들 나라의 근로자는 실업을 하더라도 실업 기간에 받게 되는 실업급여 등 공적 부조가 기존 소득의 80% 수준에 육박하기 때문에 생계 위험으로부터 어느 정도 자유롭고, 또한 직업훈련 등의 기회를 활용해 새로운 일자리로 쉽게 연계될 수 있다는 점을 경험적으로 체득했기 때문이다.

외환위기 이후 한국은 '사오정(사십오 세 정년)', '오륙도(오십육 세까지 일하면 도둑놈)'라는 자조적인 표현이 유행할 정도로 근로자들의 고용불안에 대한 걱정이 큰 편이다. 앞에서 언급한 것처럼 최근까지도 문제가 마무리되지 않고 있는 쌍용자동차의 비극적인 사건만 하더라도 구조 조정을 당하게 된 근로자가 자신의 일자리와 비슷한 조건으로 재취업이 가능했다면 그렇게 극단적인 상황까지 가지 않을 수도 있었을 것이다. 특히 '나이를 따지는 문화'와 '연공서열'이 아직까지도 강하게 자리 잡고 있어 재취업에 큰 걸림돌이 된다. 사실 문화를 바꾸는 일은 가장 어렵고 시간도 많이 걸리는 일이다. 따라서 채용 문화를 하루아침에 바꿔나갈 수는 없겠지만 바람직한 재취업 채용 문화를 가꿔나가기 위해 정부가 정책적으로 기여할 수 있는 여지는 충분하다.

아울러 노동시장 내부에서의 원활한 이동도 고용불안 해소를 위해 중요한 요건이다. 즉 '노동이동성 제고'를 통해 모든 국민이 자아실현을 할 수 있는 직업 경로(career path)를 만들어야 한다. 특히 한국은 비정규직의

비중이 너무 클 뿐만 아니라 정규직으로의 이동 가능성도 낮아서 계층 상
승에 대한 기대를 접어야 하는 암울한 현실이 펼쳐지고 있다. '고인 물이
썩는다'라는 말이 있듯이 고용 형태 간 이동이 제약되는 사회는 결코 건강
한 사회가 아니다. 시간이 지나면 사회 갈등을 유발할 폭발성이 그 안에
내재하기 때문이다. 노동이동성이 높아지기 위해서는 개개인의 직업 능
력을 지속적으로 향상시켜줄 수 있는 평생능력개발 시스템이 제대로 가
동되어야 하므로 이러한 측면도 간과해서는 안 될 것이다. 특히 직업훈련
필요성이 큰 비정규직이 오히려 직업훈련을 받기 어려운 현실 상황에 대
해서는 획기적인 발상의 전환을 통한 정책 대응이 필요하다 하겠다.

또한 민간 기업이 좀 더 적극적으로 전직 지원 서비스를 제공하도록 유
도하고 경력직 채용을 활성화하는 노력도 병행해야 노동시장 전체 유연
성이 커질 수 있을 것이다. 예를 들어, 기업체에서 희망퇴직 등 다양한 명
칭으로 일정 규모 이상의 인력 구조 조정을 단행하는 경우 해당 기업이 일
정 기간(예: 6개월 또는 1년) 이상 전직 지원 서비스를 직접 제공하거나 전
문적인 취업 서비스 제공 업체에 위탁해 해당 서비스를 받을 수 있도록 의
무화(중소기업의 경우 일정 수준의 지원금을 보조)하는 방안을 생각할 수도
있겠고, 특정 분야에서 일정 기간(예: 10년) 이상 지속적으로 근무한 경력
직 근로자가 기업 구조 조정 등 본인에게 책임이 없는 불가피한 사유로 장
기 실업 상태에 놓인 경우 이를 고용하는 기업체에 인건비를 보조해주는
인센티브 제도도 노동이동성 제고에 기여할 수 있다.

4. 왜 피부에 와 닿는 고용 상황은 더 열악할까?

우리는 매달 통계청에서 발표하는 실업률, 취업자 수 등을 비롯한 경제활동인구조사 결과를 접한다. 통계청에서 매월 실업률 발표를 하고 나면 자주 나오는 이야기 중 하나가 체감 실업률은 발표된 실업률보다 훨씬 높다는 비판이다. 왜 이런 일이 발생하는 것일까?

그간 체감 실업률과 조사된 실업률 간의 괴리를 설명하기 위해 많은 시도들이 있어왔다. 대표적인 것이 취업할 가능성이 없다고 판단해 구직 활동을 포기한 실망 실업자, 취업 준비생과 같이 통계상 실업자가 아닌 비경제활동인구로 포함되지만 일반 사람들의 시각에서는 당연히 실업자로 느끼는 부류의 사람들이 실업률에서 빠져 있다는 주장일 것이다. 이러한 지적은 나름대로 적절한 측면이 있지만 한국의 실업률 측정 방식이 국제적인 표준을 따른다는 점을 감안할 때 체감 고용 상황이 발표되는 고용 통계와 차이가 나는 이유를 모두 설명하지는 못한다.[7]

조금 다른 시각에서 이 문제를 바라보면 '평균의 함정'에서 그 해답을 찾을 수도 있다. 우리가 접하는 통계 수치는 실업률과 고용률에 대한 전국 평균치인 경우가 대부분이다. 그런데 문제는 실업률 통계에는 구조적인 경향성이 있다는 점이다. 대표적인 것이 도시와 농촌 간 실업률 격차이다. 일반적으로 도시 지역의 실업률이 농촌의 실업률보다 훨씬 높게 나타난다. 그런데 한국의 경우 도시의 인구 비중이 80%를 넘기 때문에 도시

---

[7] 고용 통계는 각 지표의 개념과 정의, 측정 방법까지 상당히 복잡하게 구성되어 있다. 이에 대해 좀 더 자세한 설명을 필요로 하는 경우 노동부(2008)을 참조하면 도움이 될 것이다.

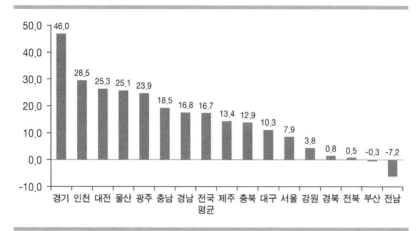

그림 3 **시·도별 취업자 수 증감률(2000년 대비 2012년)** (단위: %)

자료: 통계청, 『경제활동인구조사』(각 연도).

에 거주하는 대부분의 국민에게는 실업률이 전국 평균치보다 높게 인식
되는 측면이 있다.

　예를 들어, 2012년 전국 평균 실업률은 3.2%이지만 서울의 실업률은
4.2%인 반면, 전남의 실업률은 1.4%에 불과하다. 그런데 보통 언론에서
전국 평균 실업률만 발표하다 보니 도시 지역 주민이 체감하는 실업률은
대부분 전국 평균 실업률보다는 높게 나타날 수밖에 없는 실정이다. 게다
가 농촌 지역의 경우 실업률은 낮게 나타나지만 농촌 지역 인구 감소 추세
로 전체적인 일자리 수는 계속 줄어들고 있기 때문에 농촌 지역 주민도 고
용 상황이 괜찮다고 느끼기는 어려운 구도인 것이다.

　또한 시·도 간 일자리 수 변화 추이를 살펴보더라도 지역 간 편차가 매
우 큰 것을 알 수 있다. 그림 3에서 볼 수 있는 것처럼 경기도의 경우 2012
년 기준으로 2000년보다 일자리 숫자가 46.0% 증가했으나 전라남도는 같
은 기간에 오히려 7.2% 정도 일자리 숫자가 감소한 것을 알 수 있다. 이러

한 통계들을 종합적으로 보면 각 지역에서 느끼는 고용 상황이라는 것이 매월 통계청이 발표하는 경제활동인구조사 결과와는 전혀 다를 수 있다 할 것이다.

이처럼 각 지역에서 바라보는 일자리 문제는 전국 평균 실업률이나 고용률로는 설명할 수 없는 구체성과 개별성을 지닌다. 따라서 일자리 문제에 대한 해답도 전국의 평균적인 고용 지표 중심으로 찾기보다는 되도록 지역 노동시장 단위로까지 내려와서 문제를 분석하고 답을 찾는 것이 순리일 것이다.

또 다른 한편으로 청년층 실업률이 전체 고용 상황을 대변하는 척도로 작용할 수 있다는 점도 생각해볼 필요가 있다. 특히 신규 대졸자의 실업률이 실제 체감 실업률에 더 큰 영향을 미칠 수 있다는 점에 주목해야 한다.[8] 대학진학률이 70%가 넘는 상황에서 대학을 막 졸업하고 노동시장에 진입하는 신규 대졸자가 느끼는 취업 장벽은 인터넷, SNS 등을 통해 쉽게 확산되고 있다. 이들이 느끼는 취업의 어려움은 실제 정부에서 발표하는 고용 지표보다 더 설득력 있게 국민에게 다가갈 것이다.

아울러 고용 지표가 반영하지 못하는 측면도 있다. 대표적으로 '구직 활동의 강도'는 각 개인의 측면에서는 심각하고 현실적인 문제이지만 고용 지표상에는 반영되지 못한다. 즉 취업이면 다 똑같은 취업이지 이력서를 한 번만 내고 취업한 것인지 백 번 내고 취업한 것인지 구분하지 않는 것이다. 또한 구직자의 평균적인 취업 준비 수준, 이른바 '스펙'이라는 것도 고용 지표에는 반영되지 않는다. 하지만 지금도 얼마나 많은 청년들이

---

8 이와 관련해 더 자세한 내용은 남재량(2011)을 참고하기 바란다.

이 스펙을 높이기 위해 시간을 투자하고 있는지를 생각하면 체감하는 고용 상황이 더 열악한 이유가 어느 정도 납득이 될 것이다.

5. 일자리는 정말 부족한 것일까?

일자리가 부족하다는 이야기가 계속된다. 그래서 청년 구직자들은 취업을 위해 스펙을 쌓느라 여념이 없고 이력서만 수십, 수백 군데 넣는다는 탄식이 이어진다. 중장년층에서도 재취업하기가 어렵다는 하소연이 많이 들려온다. 그런데 다른 한쪽에서는 일할 사람이 없어서 아우성이다. 필자의 경험으로도 사업주 간담회를 하다 보면 가장 많은 하소연이 바로 '일할 사람 좀 구해달라'라는 이야기이다. 내국인이 없으면 외국인 근로자라도 제발 많이 배정해달라는 것이 중소사업주의 가장 큰 애로 사항 중 하나이다. 직종별 사업체 노동력 조사 결과를 보더라도 사업체의 부족 인력은 2013년 상반기에 28만 5,000여 명이나 되는 것으로 나온다. 이처럼 두 가지 상호 모순되어 보이는 상황이 지속되는 것이 한국 노동시장의 현실이다. 그런데 이러한 현상의 이면에는 일자리 미스매치라는 요인이 자리 잡고 있다. 즉 미스매치가 발생하지 않는다면 현재 상태에서도 일자리 문제는 상당 부분 완화될 여지가 있는 것이다.

그렇다면 일자리 미스매치는 왜 발생하는 것일까? 여러 가지 원인이 있겠지만 청년층의 경우 가장 많이 이야기되는 것이 '고학력화에 따른 눈높이 차이로 인해 발생하는 미스매치'를 들 수 있다. 대학교육을 마친 청년들이 원하는 수준의, 양질의 일자리가 시장에 많이 없다는 것이다. 학력 수준에 따른 미스매치인 것이다. 노동시장에서는 고졸 이하의 학력이

그림 4 학령인구 및 대학 입학 정원 추이   (단위: %)

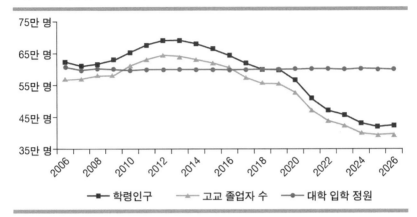

━■━ 학령인구   ─▲─ 고교 졸업자 수   ─●─ 대학 입학 정원

자료: 고용노동부 내부 자료.

면 충분히 감당할 수 있는 일자리가 넘쳐나는데 청년들의 대학진학률이
70%를 넘으니 구조적으로 미스매치가 발생할 수밖에 없는 것이다. 이러
한 문제를 근본적으로 해결하기 위해서는 대학의 구조 조정 문제를 거론
하지 않을 수가 없다. 청소년 인구가 갈수록 줄어드는 상황에서 대학 구
조 조정을 통한 입학 정원의 축소가 병행되지 않는다면 노동시장에서 불
필요한 고학력 인력 과잉 배출이라는 문제는 결코 해결되기 어려울 것이
기 때문이다. **그림 4**가 잘 보여주는 것처럼 향후 학령인구 급감으로 대학
은 불가피하게 구조 조정에 직면할 수밖에 없는 여건에 놓여 있다는 점도
참고할 필요가 있다.

　미스매치가 발생하는 또 다른 원인으로는 '정보의 비대칭성'을 들 수
있겠다. 이론적으로 일자리에 대한 정보와 구직자에 대한 정보가 실시간
으로 완벽하게 공유된다면 이직 과정에서 발생하는 마찰적 실업은 최소
화할 수 있다. 그러나 현실에서는 사업주와 구직자가 '아는 사람〔知人〕'을

통해 일자리를 구하거나 인력을 채용하는 비율이 가장 높게 나타난다. 그간 취업정보 시스템을 개선하는 노력이 지속되어왔지만 여전히 갈 길이 멀다는 점을 잘 나타내준다. 구인·구직 정보가 효율적으로 연계된다면 사업주는 원하는 인재를 적시에 구할 수 있고, 구직자는 취업에 소요되는 시간을 최소화하면서 원하는 일자리를 얻을 수 있을 것이다. 즉 정보의 비대칭성을 완화하기 위해서는 취업 알선을 담당하는 공공과 민간의 고용 서비스 정보망을 발전시키는 노력과 함께 전문적인 직업 상담사를 통해 일자리 매칭 노력을 강화해서 일자리 미스매치를 최소화해야 한다.

이처럼 다양한 일자리 미스매치 요인이 작용해 실제 노동시장에는 실업자도 많고 빈 일자리도 많이 존재하는, 얼핏 보기에 모순적인 현상이 발생하고 있다. 그렇다면 이러한 문제를 해결하기 위해서는 어떤 정책 방향을 선택해야 할까? 그간의 일자리 정책은 기본적으로 일자리의 수를 많이 늘리자는 방향에 치우쳐 있었다. 그래서 항상 새로운 정부가 출범할 때마다 일자리 창출 목표와 고용률 달성 목표 수치를 맨 앞에 내세워왔다. 이러한 목표의 추진이 앞에서 살펴본 구조적 일자리 미스매치를 해결할 수 있을지 다시 한 번 고민해볼 필요가 있다. 일단 일자리가 많아지는 것은 당연히 좋은 일이고 온 국민이 바라는 일이다. 하지만 다시 한 번 강조하고 싶은 것은 단순히 일자리 숫자가 많아진다고 해서 현재의 일자리 문제가 전부 해결될 수 없다는 점이다. 예를 들어, 저임금 단순노동 일자리라든지 고용안정성이 떨어지는 비정규직 일자리에 대한 공급만 자꾸 늘어난다면 오히려 현재의 일자리 미스매치 문제를 더욱 악화시키기만 할 우려가 있다. 그러므로 현시점에서 일자리 문제를 근본적으로 해결하기 위해서는 '양질의 일자리'를 늘리는 데 초점을 맞춰야 한다. 일자리의 양에 초점을 맞추는 정책과 일자리의 질에 초점을 맞추는 정책은 일자리 정책

❖ 현장 풍경 1: 구인난을 애타게 호소하는 목소리

"제발 일할 사람 좀 구해주세요. 주문 물량은 쌓이는데 도대체가 일할 사람이 없어요. 외국인이라도 제발 많이만 보내주세요." 눈물로 호소하는 여성 기업인의 절절한 이야기에 사업주와의 간담회장이 일순간 뜨거워진다.

일자리 문제와 관련해서 사업주들이 바라는 것은 무엇일까? 물론 이 질문에 대한 대답은 지역적 여건에 따라 달라질 수도 있겠지만 일반적으로 가장 큰 애로 사항이 '구인난'이다. 특히 중소 제조업을 중심으로 일할 사람을 구하기 어렵다는 하소연은 계속 이어지고 내국인이 없으면 외국인 근로자라도 많이 쓸 수 있게 해달라는 요청을 가장 쉽게 접하게 된다. 그래서 외국인 근로자 쿼터(quota)가 배정되면 고용센터 밖에서는 전날부터 밤을 새워서라도 외국 인력을 확보하려는 사업주들의 눈물 나는 노력이 이어져 왔던 것이다.

청년들은 일자리를 못 구해서 아우성이라는데 이게 무슨 소리인가 의아해 할 수도 있겠지만 이게 바로 현실이다. 물론 이처럼 구인난을 겪는 기업체의 상당수는 이유가 있다. 가장 큰 문제는 임금이 최저임금 수준에 근접할 정도로 낮은 경우가 많다는 것이고, 또 근무 환경이 흔히 3D(Difficult, Dirty, and Dangerous) 업종이라고 일컬어지는 기업체이거나 사업체 위치가 도심에서 많이 떨어져서 출퇴근이 어려운 경우도 많다. 게다가 이들 기업체의 상당수는 미래에 대한 비전을 명확히 제시하지 못하는 것이 사실이다. 사정이 이렇다 보니 기껏 내국인이 취업을 해도 일주일도 못 버티는 경우가 부지기수이고 심지어 외국인 근로자가 사업장 변경을 요청하는 경우도 많이 발생한다.

사실 구인난이나 구직난 모두 기본적으로 시장의 수요 공급의 법칙에서 자유로울 수 없는 부분이기 때문에 이를 거스르는 인위적인 조치는 한시적인 효과밖에 기대할 수 없다. 따라서 구인난을 해소하기 위해서는 무엇보다 해당 기업의 일자리가 매력적인 일자리가 되도록 도와주는 것이 근본 처방이 될 것이다. 그러나 현실적으로 구인난을 겪는 다수의 중소업체가 자발적으로 근로 여건을 개선하기 어려운 실정이므로 정부가 정책적인 지원을 통해 일자리 수준을 높이도록 유도하는 노력이 필요해 보인다.

의 구성에서 매우 큰 차이를 가져올 수 있다. 세부 내용은 뒤에서 더 자세히 다루겠지만 일자리의 질에 대한 고려 없이 일자리의 양적인 증가에만 매몰되는 경우 일자리 문제 해결은 요원해질 수도 있다는 점만은 명확히 해두고자 한다.

6. 경제만 성장하면 일자리 문제는 해결될까?

경제성장과 일자리 창출이 불가분의 관계라는 것은 잘 알려진 사실이다. 경제성장 없이 일자리가 안정적으로 늘어나기를 기대한다는 것은 정말 실현 가능성이 없는 일일 것이다. 그렇다면 경제가 제대로 성장하기만 한다면 일자리 문제는 사라지는 것일까?

그림 5에서 볼 수 있는 것처럼 기본적으로 경제성장률이 높으면 취업자 수의 증가 폭도 커지는 것을 알 수 있다. 하지만 외환위기 이후 한국 경제가 전반적으로 4% 전후의 경제성장률을 보여왔음에도 일자리 문제는 결

그림 5 **경제성장률과 취업자 증감**   (단위: %, 천 명)

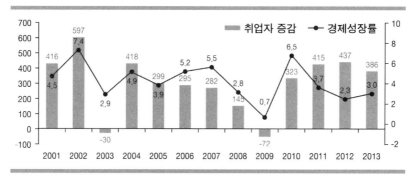

자료: 통계청, e-나라지표(http://www.index.go.kr/).

코 완화되지 않았음을 그간의 경험을 통해 알고 있다.

더욱이 최근에는 4% 수준의 경제성장률을 달성하기에도 벅찬 상황이 전개되고 있어 일자리 문제는 향후 더욱 어려워질 가능성이 높다. 이러한 전반적인 흐름을 염두에 두고 향후 직면할 수 있는 경제성장 수준에 따른 일자리 문제 시나리오를 세 가지로 나눠보면 다음과 같다.

먼저 첫 번째 시나리오로 1970~1980년대처럼 연 7~8%의 고도 경제성장을 하는 경우를 생각해볼 수 있다. 실현성은 매우 낮은 시나리오이기는 하지만 남북통일 등 잠재적인 이슈가 현실화된다면 전혀 불가능한 시나리오만은 아닐 것이다. 이 시나리오하에서는 아마도 실업 문제는 상당 부분 해소될 것이다. 하지만 이 경우 다른 유형의 일자리 문제가 발생한다. 대표적으로 1970~1980년대 겪어왔던 것처럼 인력 부족으로 인해 생산 활동이 지장을 받는 상황을 떠올릴 수 있겠다. 따라서 외국 인력 활용 등을 통한 인력 수급의 원활화 문제가 더욱 첨예한 이슈로 부각될 것이다.

두 번째 시나리오로 고도 경제성장이 아닌, 2000년대 들어서 경험하고 있는 4% 전후의 경제성장이라면 어떤 문제가 발생할까? 이는 가장 현실적인 시나리오로 볼 수 있다. 이 시나리오에서는 경제성장에 따른 일자리 창출이 신규 노동시장 진입 인력을 어느 정도 소화할 수 있으므로 심각한 대량 실업 문제로 이어지지는 않을 것이다. 하지만 경제성장으로 창출되는 일자리의 내용이 중요하다. 동일한 4%의 경제성장이라 하더라도 그 내용이 기업의 아웃소싱(out-sourcing), 사내 하청, 비정규직 확대 등으로 인건비 절약을 기반으로 하는 경우에는 노동시장의 양극화와 고용불안의 해결에 별 도움이 되지 않는다. 오히려 외환위기 이후 겪었던 심각한 일자리 문제가 확대·재생산될 수 있다. 무엇보다 고학력화된 청년층이 갈 만한 일자리가 부족해 청년실업 문제가 더욱 심각해질 우려가 있다. 아울러 제조업을 중심으로 한 이른바 3D 업종에서는 심각한 인력난이 일어날 수 있다. 최근 한국이 겪어온 현상이다.

세 번째 시나리오로 3% 이하의 저성장 국면으로 경제가 내리막길을 걷게 된다면 익히 예상할 수 있는 바와 같이 일자리 문제는 더욱 심각해질 것이다. 총량으로서의 일자리 수 증가 폭이 새롭게 경제활동에 참여하려는 인구보다 적어서 실업률이 급증할 가능성이 커진다. 특히 청년층이 선호하는 양질의 일자리는 더욱 축소될 것이다. 금융위기 이후 스페인, 이탈리아 등 유럽 각국 일자리 문제의 주요 원인이기도 하다. 한국의 경우 아직까지 저성장 국면에까지 몰리지는 않았지만 최근 경제 상황을 보면 결코 안심할 수만은 없어 보인다. 일본식 장기 불황으로 빠져들 가능성도 배제할 수 없기 때문이다. 이 경우 정부는 일자리 창출을 위해 좀 더 적극적으로 시장에 개입하고 새로운 일자리 영역(예: 사회적기업, 협동조합, 서비스 산업 육성 등)을 대폭 확대하기 위한 수단을 강화해야 한다.

저성장이 아니더라도 한국이 직면한 경제성장 관련 일자리 문제는 주로 일자리의 질적 측면과 관련이 있다. 최근 지표상으로는 상용직의 비중이 지속적으로 증가하는 것으로 나타나지만 여전히 비정규직 비율이 OECD 국가 중 최상위권에 위치하고 영세 자영업자의 비중도 매우 높은 현실을 감안하면 경제성장의 과실이 일자리 측면에서 양질의 일자리도 이어질 수 있도록 정책적 노력을 강화해나갈 필요가 있다. 특히 그간 기업들이 경쟁력 강화를 위해 아웃소싱을 확대하는 전략을 구사하면서 파견 근로, 사내 하청 등 고용안정이나 근로조건 측면에서 열악한 일자리를 양산한 측면이 있으므로 정책적으로 양질의 일자리를 창출하는 기업에 인센티브가 돌아갈 수 있는 방안을 더욱 적극적으로 마련해야 한다.

결론적으로 이야기하자면 경제성장이 모든 일자리 문제를 해결할 수 있는 필요충분조건은 아니라는 점을 인식하는 것이 매우 중요하다. 일자리 문제를 해소하기 위해 경제성장이 필요조건인 것은 분명하지만 그와 더불어 다양한 적극적·소극적 노동시장 정책의 개발과 함께 조세정책, 금융정책 등도 병행해 경제성장이 진정으로 좋은 일자리 창출로 연결될 수 있도록 경로를 설정해나가야 한다.

아울러 더 근본적으로는 경제가 성장하고 일자리 수가 늘어난다 하더라도 일자리의 질적 측면에서 봤을 때 당연히 좋은 일자리가 늘어날 것으로 기대하기 어렵다는 점도 분명히 짚고 넘어가야 한다. 이는 외환위기를 극복하는 과정에서 체험했다시피 세계화된 경제체제에서 기업이 살아남기 위해서는 아웃소싱·비정규직 확대와 같은 인건비 절감형 기업 성장을 추진할 가능성이 커지기 때문에 기업이 적극적으로 양질의 일자리를 만들도록, 정부가 정책적으로 유도해나가는 노력이 더욱 중요하다. 즉 시장이 스스로 좋은 일자리를 만들 것이라는 기대는 환상에 지나지 않는다는 점을 항상 잊어서는 안 된다.

7. 한국의 노동시장은 유연한가, 경직적인가?

일자리 문제를 이야기하다 보면 빠지지 않고 나오는 주제 중 하나가 바로 '노동시장의 유연성' 문제이다. 주로 사업주들은 노동시장이 경직되어 있어 새로운 일자리(특히 정규직 일자리)를 만드는 데 부담이 된다는 주장을 많이 하고, 노동계에서는 노동시장에 비정규직이 너무 많고 실질적으로 구조 조정도 사업주가 원하는 대로 상시적으로 일어나 노동시장이 지나치게 유연하다는 입장이다.

그림 6 **고용보호법제 유연성 국제 비교**

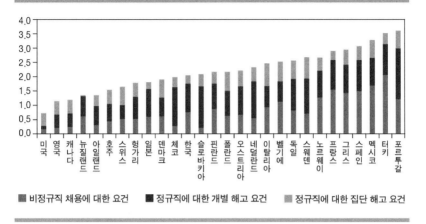

주: 종축의 수치가 낮을수록 유연함을 나타냄.
자료: OECD, *Employment Outlook* (2004).

　사실 OECD 국가와 비교해도 비슷한 지표를 보인다. 즉 전체적으로 봤을 때 한국의 노동시장 제도의 고용보호 지수는 중간 정도의 경직성을 지닌 것으로 나타나 유연성도 중간 수준이다(그림 6 참조). 그런데 한국 노동시장의 중요한 특징은 노조가 있는 대기업 정규직의 경우 상대적으로 경직성이 높은 반면, 노조가 없는 중소기업은 유연성이 매우 높게 나타나는 이중 구조를 보인다.

　한편, 근로자들이 받아들이는 고용불안은 OECD 어느 국가보다 높게 나타나므로 이를 유의할 필요가 있다. 즉 근로자들은 객관적인 노동시장의 유연성 수준보다 주관적·심리적으로 훨씬 더 큰 고용불안을 느낀다. 이는 아마도 외환위기 이후 겪었던 대규모 구조 조정과 이로 인해 형성된 트라우마(trauma)가 심리적으로 고착화된 결과로 볼 수도 있겠다.

　아무튼 노동시장에서 적정 수준의 유연성을 확보하면서 동시에 고용

그림 7 **유연안정성의 황금 삼각형**

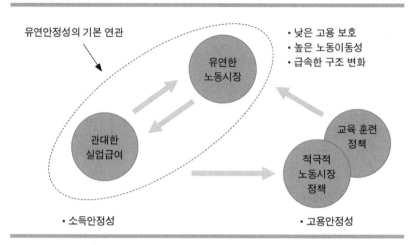

유연안정성의 기본 연관

유연한 노동시장

• 낮은 고용 보호
• 높은 노동이동성
• 급속한 구조 변화

관대한 실업급여

교육 훈련 정책

적극적 노동시장 정책

• 소득안정성

• 고용안정성

자료: 정원호·김영중, 『덴마크 고용안정 사례의 정책수용방안』(한국 직업능력개발원, 2006), 6쪽.

안정감을 높이는 문제는 일자리 정책이 잡아야 할 두 마리 토끼라 할 수 있겠다. 이 두 마리 토끼를 모두 잡는 묘책을 마련하는 것이 당분간 일자리 정책의 가장 큰 숙제가 되지 않을까 싶다. 이런 측면에서 두 마리 토끼를 비교적 잘 잡은 것으로 평가받는 덴마크의 유연안정성(flexicurity) 정책 사례는 적극적으로 참고할 필요가 있다. 물론 덴마크와 한국은 국가 규모나 복지 시스템 등에서 큰 차이가 있으므로 덴마크 사례를 그대로 도입하기는 어렵겠지만 **그림 7**처럼 황금 삼각형으로 잘 알려진 유연안정성을 동시에 제고하려는 노력은 많은 시사점을 준다.[9]

---

[9] 덴마크의 유연안정성에 대한 분석과 이를 한국에 도입할 가능성에 대한 자세한 내용은 정원호·김영중(2006)을 참고하기 바란다.

참고 자료: 유연안정성의 개념과 유형

1) 의의

• 노동시장 정책의 핵심적인 목표인 유연성과 안정성은 양립하기 어렵다는 전통적인 인식을 깨고 양자 간의 균형과 조화를 통해 경제성장과 노동시장 안정이 가능함을 보여줌.

※ 노동시장의 유연성: 노동시장의 환경 변화에 신축적으로 대응해 고용량, 임금, 근로시간, 배치전환, 직무 숙련도 등을 탄력적으로 조정할 수 있는 노동시장의 특성.

※ 노동시장의 안정성: 고용 단절로 발생되는 소득 상실의 위험, 재취업 가능성 등의 문제를 보험, 사회보장제도, 적극적 노동시장 정책 등으로 해소할 수 있는 노동시장의 특성.

2) 등장 배경

• 1980년대 이후 (유연) 생산기술의 급속한 발전과 세계화로 인한 국제 경쟁의 심화로 유연 생산방식이 확산됨에 따라 노동시장 유연성(flexibility) 제고에 대한 요구가 증대.

- 한편으로 노동시장의 유연화는 고용 관계의 불안정성을 증대시킴에 따라 근로자의 안정성에 대한 요구도 동시에 증대.

• 1990년대 중반 유럽에서는 이러한 상반되는 두 요구를 동시에 충족시키기 위해 유연성과 안정성의 균형을 추구하는 유연안정성 전략이 추진됨.

- 네덜란드는 1997년 정규 근로자의 해고 요건을 완화하고 비정규 근로자의 근로조건을 증진하는 「유연성과 안정성 법」 입법(1999년 발효) → '유연안정성' 개념 탄생.

- 유럽연합(EU) 차원에서도 1998년부터 시작된 '유럽고용전략(European Employment Strategy: EES)'에서 유연안정성을 주요한 고용 전략의 하나로 제시했으며, 회원국 고용정책에 대한 중요한 권고 사항으로 제시되고 있음.

3) 유형

• 유연안정성의 국가별 유형은 유연성과 안정성의 형태 간 결합 방식에 의해 다양하게 나타날 수 있으며 각기 고유한 특성이 있음.

- 유연성의 형태
  - ·외부적 수량적 유연성: 채용과 해고의 유연성, 비정규지 활용.
  - ·내부적-수량적 유연성: 노동시간 유연성.
  - ·기능적 유연성: 숙련 향상을 통한 작업 조직의 유연성.
  - ·임금 유연성: 생산성에 따른 임금의 유연성.
- 안정성의 형태
  - ·직장안정성: 동일 직장 유지.
  - ·고용안정성: 고용 상태의 유지.
  - ·소득안정성: 실직 시 소득 보장(사회보장).
  - ·결합안정성: 취업과 가사(육아)의 결합.
- 대표적 사례
  - 덴마크: 높은 외부적-수량적 유연성(낮은 고용보호) + 관대한 소득안정성 (높은 실업수당) + 높은 고용안정성(적극적 노동시장 정책) → 유연안정성 의 황금 삼각형.
  - 네덜란드: 높은 외부적-수량적 유연성(파트타임 확산) + 높은 고용안정성 (비정규직 보호) + 높은 결합안정성(높은 비중의 여성 파트타임).
    ※ 기타 유럽 국가들은 유연성과 안정성의 균형 정도가 다소 약한 것으로 평가됨.

자료: 정원호·김영중, 『덴마크 고용안정 사례의 정책수용방안』(한국 직업능력개발원, 2006).

8. 베이비부머 일자리 vs. 청년 일자리, 공존 가능한가?

최근 당면한 일자리 문제 중 청년실업 문제와 베이비부머(baby boomer)로 대표되는 고령층의 고용 문제는 매우 중요한 문제이다. 두 이슈는 그 해결 방안을 찾는 과정에서 상호 충돌할 수도 있는 개연성을 갖는다. 문제는 일자리 정책을 추진할 때 고령층과 청년층의 일자리 문제를 동시에 해결해야 하는 과제를 안고 있다는 것이다. 일자리의 절대량이 충분하게

표 1 연령대별 취업자 수와 고용률 (단위: 천 명, %, 증감 고용률은 %p)

구분	2011년			2012년			증감		
	인구	취업자 수	고용률	인구	취업자 수	고용률	인구	취업자 수	고용률
전체	41,052	24,244	59.1	41,582	24,681	59.4	530	437	0.3
15~19세	3,348	227	6.8	3,298	231	7.0	-50	4	0.2
20~29세	6,241	3,652	58.5	6,219	3,612	58.1	-22	-40	-0.4p
30~39세	8,018	5,786	72.2	7,912	5,756	72.7	-106	-31	0.5
40~49세	8,432	6,611	78.4	8,452	6,622	78.3	20	11	-0.1
50~59세	7,100	5,083	71.6	7,411	5,353	72.2	310	270	0.6
60세 이상	7,913	2,886	36.5	8,290	3,108	37.5	377	222	1.0

자료: 통계청, 『경제활동인구조사』(2012).

늘어난다면 별 문제가 없겠지만, 일자리 수 증가가 제한되는 상황에서는 양자 간 충돌이 생기지 않도록 노력할 필요가 있다.

2012년 고용 동향을 분석해보면 전체적으로 일자리 수가 전년도와 비교할 때 43만 7,000개 증가한 것으로 나타났는데 그 세부 내용을 살펴보면 세대 간 편차가 상당히 큰 것을 확인할 수 있다. 즉 표 1에서 볼 수 있듯이 일자리 수가 늘어나고 있지만 대부분은 50세 이상 고령층에게 쏠려 있고 청년층(20~29세)의 일자리는 전체 수치와 고용률 모두 감소하고 있다.

왜 이런 현상이 발생하는 것일까? 일차적으로는 인구 효과를 들 수 있다. 베이비부머의 고령화에 따라 50세 이상 인구는 지속적으로 증가한 반면, 청년층 인구는 저출산의 영향으로 계속해서 감소함에 따라 양 세대 간의 취업자 수 증감 추이도 같은 패턴을 보일 수밖에 없는 측면이 있다. 또한 연령대별로 상이한 직장 탐색 방식에서 그 원인을 찾을 수도 있다. 청년층의 경우 학교에서 직장으로 이동하는 시기이기 때문에 원하는 직장을 찾기 위해서 더 많은 시간을 투자하고 장기적으로 지속 가능한 일자리를 찾는 경향이 있다. 그래서 보통 청년층이 첫 일자리를 얻기까지의 소요 기간이 평균 11개월에 이를 정도로 길게 나타난다. 반면에 고령층의 경우 이미 주된 일자리에서 퇴직한 경우가 대부분이므로 단기적으로 만족할 수 있는 일자리에 쉽게 취업하는 경향을 보인다. 또 다른 요인으로는 노동시장의 구조적인 문제를 들 수 있다. 여전히 많은 중소기업은 구인난을 겪고 있으며 이들 업체 일자리의 상당 부분은 최저임금 수준의 일자리이기도 하다. 청년들은 이러한 일자리를 기피하는 경향이 뚜렷하며, 따라서 이러한 일자리는 대부분 중장년층 또는 외국인 근로자에 의해 채워지는 것이 현실이다.

그렇다면 베이비부머를 비롯한 중장년층의 근로를 장려하기 위한 정책들, 대표적으로 정년 연장, 임금피크제(salary peak) 등은 청년 일자리에 어떤 영향을 미칠 것인가? 이와 관련해서는 여러 가지 논란이 있지만 궁극적으로는 그 대상이 되는 직종의 성격이 가장 중요하다. 예를 들어, 청년층의 선호도가 낮은 건설업종의 경우 인력의 고령화 추세가 급격히 진전되고 있는데 이런 분야에서는 정년 연장, 임금피크제 등이 활성화된다고 하더라도 이로 인해 청년층 고용이 줄어드는 효과는 극히 미미할 것으로 볼 수 있다.

반면에 공공 부문의 경우 다소 사정이 다르다고 할 수 있겠다. 정부, 공기업 등 공공 부문에 대한 청년들의 선호도가 지속적으로 증가하는 상황에서 정년 연장, 임금피크제가 활성화된다면 신규 인력을 선발할 기회가 그만큼 축소될 여지가 충분하기 때문에 중장년층 일자리 유지가 청년층 일자리 증가를 가로막을 가능성이 커진다. 특히 현재처럼 공공 부문에 대한 총액인건비제도와 총 정원을 제한하는 정책이 지속되는 경우 중·고령층에 대한 고용 보장으로 이 분야에 대한 청년층의 일자리는 축소될 가능성이 매우 높다. 따라서 이러한 부작용을 예방하기 위해서는 노동시장 정책과 함께 공공 부문의 인력정책도 동시에 고려할 필요가 있다.

이처럼 고령층과 청년층의 일자리 문제의 충돌 여부는 한마디로 결론 내릴 수 없다. 미시적인 차원에서 세부 업종별, 민간·공공 영역별로 나누어 파급 효과를 분석해가면서 미세 조정하는 과정이 병행되어야 상호 윈-윈(win-win)하는 일자리 대책이 가능하다. 다만 지금까지의 국내외 연구 결과는 대부분 고령층과 청년층 일자리 간의 고용 대체 효과는 미미하고 오히려 상호 보완적 효과가 크다는 점을 보여주므로 지나치게 세대 간 일자리 싸움을 걱정할 필요는 없어 보인다.[10]

9. '반값 등록금'이 청년 고용 문제의 해결에 도움이 될까?

최근 청년층의 최대 이슈로 반값 등록금 문제가 등장해 사회적 논란이 지속된 바 있다. 사실 반값 등록금 문제는 다양한 시각에서 접근이 가능하기 때문에 어느 주장이 옳고 그른지 절대적인 답을 제시하기는 쉽지 않다. 이는 옳고 그름의 문제라기보다는 어떤 가치를 더 중요하게 여길 것인가 하는 가치관의 문제에 더 가깝기 때문일 것이다. 하지만 반값 등록금 이슈가 일자리 정책 차원에서 청년 고용 문제에 어떤 영향을 미칠 것인

[10] 세대 간 일자리의 대체 가능성에 대한 최근 연구로는 안주엽(2011)이 있으며 이 연구는 세대 간 직종 분리가 상당한 수준에 이르렀고 이러한 추세가 심화되는 경향을 보이기 때문에 세대 간 고용 대체 가능성이 매우 낮다는 결론을 제시한다. 금재호(2012) 역시 동일한 결론에 도달하고 있다.

지에 대해서는 한번 생각해볼 필요가 있다.

일단 경제학적인 관점에서 본다면 반값 등록금을 도입했을 때 대학 진학에 대한 수요는 더욱 늘어나게 될 것이다. 그 결과 다른 조건이 동일하다면 대학진학률이 현재보다 올라갈 가능성이 높다. 이는 어떤 의미를 지니는가? 대학진학률이 지난 2008년 83.8%까지 오른 이후 최근 감소 추세[11]에 있지만 OECD 국가 평균 대학진학률이 2007년 당시 56%임을 감안할 때 가히 세계 최고 수준의 대학진학률이라고 할 수 있다. 대학 진학은 인적 자원의 고급화라는 측면에서는 바람직한 현상이라고 할 수 있지만 노동시장 측면에서는 반드시 바람직한 것만은 아니다. 왜냐하면 대체적으로 한국 노동시장의 일자리 중 절반 정도는 고졸 수준의 학력으로 충분히 감당할 수 있다고 평가되기 때문이다. 따라서 과다한 대졸 인력은 오히려 노동시장의 미스매치를 심화하는 요인으로 작용할 가능성이 있다. 흔히 말하는 눈높이 차이로 인한 실업 증가의 근본적인 원인이 여기에서 비롯된다고 할 수 있을 것이다.

이러한 상황에서 입학 정원 감축, 부실 대학 통폐합 등과 같은 대대적인 대학 구조 조정 없이 반값 대학 등록금을 위해 국고에서 보조를 해준다면 이는 오히려 과다한 대학진학률을 더욱 부추기는 결과로 이어질 가능성이 높아 보인다. 따라서 좀 더 종합적인 접근이 필요하다. 즉 대학 구조 조정에 대한 명확한 청사진을 제시하는 동시에 취약 계층 자녀에 대한 장학제

---

11 한국의 대학진학률은 2008년 83.8%로 정점에 이른 후 하락 추세로 반전해 2012년에는 71.3% 수준에 머무르고 있다. 특히 1990년의 대학진학률이 33.2%에 불과한 점을 감안하면 급속한 대학진학률에 따른 학력 미스매치가 청년실업의 주요 원인으로 작용하고 있음을 알 수 있다.

도를 대폭 확충하는 것이 일차적인 정책 과제가 될 것이다. 다시 한 번 강조하지만 대학 구조 조정에 대한 명확한 비전과 계획이 없는 상태에서 반값 등록금 제도가 도입된다면 오히려 부실 대학이 조기에 퇴출되는 것을 막는 역효과가 나타나고 청년 고용 문제도 계속해서 어려워질 수 있다.

또한 노동시장 정책 차원에서 아이디어를 내본다면 고졸자를 대상으로 국비 유학생을 선발하는 방법이 있겠다. 국비 유학의 기회를 주되 많은 사람들이 선호하는 영어권 국가가 아닌 타 문화권 국가로 보내고 졸업 후 현지 직장에서 일정 기간 이상 근무하도록 연계하는 방안을 고민한다면, 국내 노동시장의 미스매치 문제를 피하고 고학력에 대한 국민의 욕구를 풀어줄 수 있을 듯하다.

사실 이명박 정부도 청년 인력 10만 명을 해외에 취업시키려고 노력했으나 성과는 크지 못했다. 가장 큰 원인은 청년들이 국내에서 대학을 마치고 짧은 훈련을 거쳐 갈 수 있는 괜찮은 해외 일자리가 없다는 점이었다. 이를 돌파할 수 있는 방법은 현지에서 대학 교육과 같은 장기 교육과정을 거쳐 일자리로 연계하는 시스템을 설계하는 것이다. 아울러 미국의 '워싱턴 센터'[12]처럼 청년들이 교육과정 속에서 정부 기관과 기업체의 현실을 체험할 수 있는, 제대로 된 기회를 확대해나가고 이를 활용해 취업과 연계하는 노력을 강화한다면 더 현실적인 대안이 되지 않을까 싶다.

---

[12] '워싱턴 센터'에 대해서는 제3장에서 자세히 소개하고 있다.

10. 여성은 모두 취약 계층인가?

새삼스러운 이야기일 수 있지만 그간 노동시장에서 여성은 취약 계층으로 취급되어왔다. 가장 큰 원인은 여성에게 전담되다시피 한 출산과 육아에서 찾을 수 있다. 즉 **그림 8**의 그래프가 M자형 커브를 나타내는 것에서 알 수 있듯이 여성의 경제활동 참가율은 대체로 20대 이후 점증하다가 출산·육아 시기인 30대 전후에 떨어진 후 40대부터 다시 증가하는 양상을 보인다.

이러한 M자형 커브는 여러 가지 문제를 초래하는데, 가장 중요한 문제점은 여성의 경력 단절로 인한 손실을 들 수 있다. 그간 출산·육아로 인한 여성의 경력 단절을 줄이기 위해 다양한 제도를 도입했지만 여전히 많은 민간 기업에서 이러한 제도를 적극적으로 활용하지 않는 것이 현실이다. 대표적으로 육아휴직제도가 있지만 민간 기업체에 종사하는 여성 근로자가 회사 눈치를 보지 않고 이를 활용하기는 쉽지 않다. 그나마 다행인 것

그림 8 **여성의 경제활동 참가율** (단위: %)

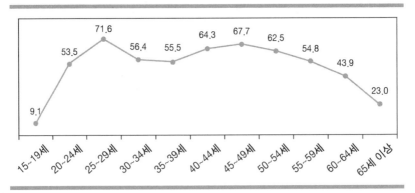

자료: 통계청, 『경제활동인구조사』(2012).

은 공공 부문에서는 이러한 제도가 어느 정도 정착되어가는 양상을 보인다는 점이다.

여성의 경력 단절은 개인적으로나 사회적으로 모두 큰 손실을 야기한다. 개인적으로는 일단 경력 단절이 발생하면 다시 노동시장에 복귀할 때 예전과 같은 대우를 받기 어렵다. 일부 전문 직종을 제외하고는 경력 단절 이후에는 악화된 근로조건을 감수해야 하는 것이 한국 노동시장의 현실이기 때문에 여성 근로자의 생애에 걸친 경력개발에 중대한 장애로 작용한다. 또한 사회적으로도 여성의 전문성을 사장시키는 결과를 초래하게 되므로 인적 자본의 고도화라는 관점에서도 크나큰 낭비가 아닐 수 없다. 아울러 저출산 사회가 지속되는 중요한 요인 중 하나가 바로 여성들이 경력 단절을 두려워해 출산을 늦추거나 기피하기 때문임을 감안하면 이 문제는 비단 일자리 정책 차원을 넘어서는 파급력을 지닌다고 할 수 있다.

한 가지 재미있는(?) 현상은 20대 청년층에 한정해서 성별 고용 상황을 분석해보면 최근에는 오히려 남성이 취업에 어려움을 겪는다는 것이다. 일례로 표 2에서 볼 수 있는 바와 같이 2012년에는 20대 여성의 경제활동

표 2 20대 성별 경제활동 참가율 추이   (단위: %)

연도	남성		여성	
	전체	20~29세	전체	20~29세
2012	73.3	62.6	49.9	62.9
2010	73.0	64.0	49.4	62.4
2008	73.5	64.6	50.0	62.7
2006	74.1	67.3	50.3	63.5
2004	75.0	69.8	49.9	63.3
2002	75.0	70.9	49.8	61.1

자료: 통계청, 『경제활동인구조사』, 각 연도.

참가율이 62.9%로 20대 남성의 경제활동 참가율 62.6%를 최초로 역전했다. 특히 20대 남성 청년층의 경우 최근 10년 동안 경제활동 참가율이 무려 8.3%포인트나 감소한 것은 주목할 필요가 있다.

왜 이런 현상이 발생하는 것일까? 여러 가지 요인이 있겠지만 일차적으로는 20대 남성의 경우 병역 문제로 인해 여성이 30대에 겪는 경력 단절과 유사한 취업 준비 또는 학업 단절 기간이 존재한다는 점을 들 수 있겠다. 또한 한국 사회는 전통적으로 남성의 경우 성공적인 취업에 대한 압박이 훨씬 더 강하다는 점도 고려할 필요가 있다. 거기에다가 최근 알파걸(alpha girl) 신드롬[13]이라고 일컬어질 정도로 젊은 여성이 남성보다 학업성취 능력과 리더로서의 역량이 높아진 것도 빼놓을 수 없겠다. 아울러 과거 남성 전유물로 여겨지던 구조대원, 건설 근로자, 군인 등의 다양한 영역으로 여성의 직업 영역이 확장된 것도 들 수 있는데 이는 향후 가속화될 전망이라 젊은 여성의 일자리는 지속적으로 증가할 것으로 기대된다.[14]

이처럼 노동시장에서 취약 계층을 일률적으로 정의하기는 어렵지만 여전히 여성은 경력 단절의 위험에 노출되어 있는 것이 현실이므로 이를 해소하기 위한 정책적 노력을 더욱 강화해야 하겠고, 다른 한편으로는 새롭게 부각되고 있는 20대 남성 청년층이 오무족(五無族)[15]으로 전락하지 않도록 이들의 취업 애로에 대해서도 특별한 관심이 필요한 시점이다.

---

[13] 알파걸이란 말은 아동·청소년 심리학자인 댄 킨들런(Dan Kindlon)이 펴낸 『알파걸(Alpha girl): 새로운 여자의 탄생』(2009)이라는 책에서 비롯되었다.

[14] 여성들의 직업분야 확장 추세에 대해서는 펜·젤리슨(2008)에 잘 소개되어 있다.

[15] '직업'이 없으니 '소득'이 없고 소득이 없으니 '집' 얻을 돈도 없고 집도 없으니 '결혼'도 못 하고 결혼 못 하니 '애'도 없다는 요즘 청년층을 일컫는 신조어이다.

제2장

일자리 정책의 불편한 진실

외환위기 이후 정부의 일자리 정책에 지속적으로 참여해온 입장에서 일자리 정책의 문제점을 쓰는 것이 껄끄러울 수도 있지만, 누구보다 그 내면의 과정을 잘 알 수 있는 위치에 있었기 때문에 외부에서는 보이지 않는 진솔한 이야기를 할 수 있을 것 같다. 일자리 정책이 발전하기 위한 첫걸음은 기존 정책 과정에서 드러난 문제점을 반복하지 않고 시정해나가는 노력에서 출발한다. 사실 국민의 기대 수준에서 보면 항상 부족하겠지만 과거 10여 년간 일자리 정책을 담당해온 많은 담당자들은 주어진 여건하에서 그 나름대로 최선을 다해 새로운 길을 개척해왔다고 생각한다. 그러나 되돌아보면 여전히 아쉬운 대목도 많다. 더 나은 미래를 그려본다는 차원에서 그간의 부족했던 부분을 몇 가지 살펴보면서 더 나은 일자리 정책을 만들어나가는 것은 의미 있는 일이라 생각한다.

1. 일자리 정책, 과거 그리고 미래

가만히 기억을 돌이켜보면 일자리 때문에 온 국민이 걱정을 하게 된 지가 그리 오래되지 않았음을 알 수 있다. 사실 1970~1980년대 그리고 1990년대 중반까지만 하더라도 고도 경제성장의 달콤한 과실을 취할 수 있었기 때문에 대규모 인력 구조 조정이라든지 실업이나 취업 등과 같은 일자리 문제가 그다지 큰 국민적 관심사가 아니었다. 그러나 1997년 말 외환위기를 겪으면서 모든 것이 달라졌다. 결코 망하지 않을 줄로만 알았던 대기업과 은행이 무너지는 모습을 지켜보면서 세상이 바뀌고 있음을 실감해야만 했다. 과거 대마불사(大馬不死)의 믿음은 깨져버렸고 일자리 문제에서도 평생직장이라는 믿음을 이제는 접어야만 한다는 씁쓸한 현실과 마주하게 되었다. 전례 없는 경제위기로 대규모 인력 구조 조정이 이루어져 대량 실업이 현실화되었다. 1999년 2월에는 실업자 수가 178만 명에 이르고 실업률도 8.6%까지 치솟았다. 이후 금 모으기 운동 등 온 국민의 헌신적인 노력과 정부의 적절한 위기 대응 능력이 합쳐져 외환위기로 인한 파국에서 벗어나고 경제와 노동시장은 외관상 어느 정도 안정을 찾았다.

하지만 외환위기의 트라우마는 노동시장에 짙게 그림자를 드리웠다. 아니, 어쩌면 노동시장 패러다임의 전환이라 일컬을 정도로 큰 변화가 진행되었다. 몸집 불리기로는 경쟁 시대를 헤쳐 나갈 수 없다는 것을 알게 된 기업들은 비용을 절감하기 위해 아웃소싱, 인력 구조 조정 등 모든 노력을 다했다. 그 결과 노동시장도 과거 정규직 중심의 노동시장에서 벗어나 비정규직이 급격하게 늘어났고 고용안정성은 심각한 위협에 직면했다. 기업들이 바로 실무에 투입할 수 있는 경력직 고용을 선호하면서 학교를 졸업하고 안정적인 직장에 취업할 수 있는 길은 더욱 좁아졌다. 설상가상으로 대학 정원의 확대에 따라 대학진학률은 무려 80%대까지 치솟아 취업 시 학력 미스매치 현상은 더욱 심각해질 수밖에 없었다. 이러한 상황에 대응하기 위해서는 정부의 일자리 정책도 달라져야만 했다. 사실 외환위기 이전까지는 대규모 구조 조정과 실업 문제에 대응하기 위한 정부정책이 거의 전무하다시피 할 정도로 일자리 대책은 그 비중이 낮은 실정이었다. 그러나 노동시장에서 외환위기의 파괴력은 일자리 정책의 새로운 판을 짜야 할 정도로 심각한 실정이었다.

외환위기 시대의 정책은 사실상 일자리 정책의 본격적인 출발점으로 불러도 크게 무리가 없을 것이다. 물론 이를 위한 준비기는 있었다. 1990년대 초반 고용보험을 도입해 향후 다가올 고용 문제에 대응해야 한다는 정책적 판단하에 관련법을 제정하고 1995년부터 고용보험을 본격적으로 시행했다. 고용보험 도입 당시에는 외환위기와 같은 경제위기가 닥칠 것이라고는 전혀 예상할 수 없었겠지만 결과적으로 적절한 타이밍에 일자리에 대한 사회안전망을 구축했기에 그나마 외환위기로 촉발된 대규모 실업 문제에 능동적으로 대응할 수 있었다. 외환위기를 거치면서 전 세계에서 찾아보기 어려운 속도로 고용보험 적용 대상을 확대했고 범정부차원의 실업 대책도 본격적으로 추진했다. 공공 근로를 비롯한 다양하고 직접적인 일자리 창출 사업과 대규모 실업자 직업훈련을 실시하고, 고용유지 지원금과 채용 장려금 등과 같은 다양한 고용안정사업과 함께 실업급여를 확대해 사회안전망을 대폭 보강했다. 또한 그간 유명무실했던 취업 지원 서비스를 대대적으로 확충하기 위해 직업 상담원을 대규모로 채용하고 전국에 고용센터를 설치하는 등 인프라를 구축했다. 무엇보다 이러한 정책이 중앙정부의 계획하에 전국적인 단위로 일사불란하게 도입·확

❖ 현장 풍경 2: 정보화 사회의 그늘

IT 기술의 비약적인 발전은 지식의 무한 확장을 약속하는 것처럼 보였다. 정책에서도 마찬가지이다. 인터넷을 이용하면 필요한 국내외 정보에 쉽게 접근할 수 있고 그만큼 정보화로 인한 정책 혁신도 쉬워질 것이라는 기대를 갖게 만들었다. 그런데 실제 기대한 만큼 정보화의 혜택을 누리고 있는가 생각해보면 선뜻 긍정적인 답을 내놓기가 어려운 것이 실정이다.

크게 두 가지 문제가 있다. 먼저 아이러니하게도 컴퓨터의 활용과 전자결제 시스템 확산이 오히려 정보 공유를 막는 측면이 있다. 정보는 대부분 전자파일 형식으로 생산되는데 전자파일이 넘쳐나다 보니 실제 무엇이 중요한 파일이고 무엇이 덜 중요한 파일인지 구분하기조차 어렵다. 또한 파일 생산자는 그 파일의 내용을 잘 기억하지만, 그 파일을 복사해서 건네받은 사람의 경우 각각의 파일이 무엇을 담고 있는지 거의 확인 불가의 상태에 빠지게 된다. 특히 인사이동이 잦은 한국의 행정 시스템하에서는 문제의 정도가 더 심각하다. 오히려 예전에는 중요 서류를 따로 서류철로 관리하거나 연말에 별도의 책자로 만들어 보관했기 때문에 정보를 놓치지 않고 활용할 수 있었다는 생각이 든다. 기술의 발전이 곧 정보화를 의미하지는 않음을 새삼 일깨워주는 대목이다.

IT 기술 발전의 또 다른 그늘로는 '형식'을 과다하게 강조하는 경향을 들 수 있다. 다양한 소프트웨어가 등장함에 따라 정책 보고서도 예전에 비해 훨씬 화려해지고 시각적인 효과를 강조하는 방향으로 나아가고 있다. 일면 바람직한 측면이 없는 것은 아니지만 행정의 효율성이라는 측면에서 보면 꼭 좋은 것만은 아니다. 형식을 지나치게 강조하다 보면 상대적으로 내용에 투자할 시간이 적을 수밖에 없는 것이다. 정책 내용에 대한 고민이 우선되어야 함에도 보고서의 겉모습을 신경 쓰지 않을 수 없는 현실은 정보화가 불러온 예상치 못한 비용이라 할 것이다.

대된 것이 가장 큰 특징이라 할 수 있다.[1] 또한 이 시대를 관통하는 가장 기본적인 철학은 급격히 늘어난 실업을 최소화해야 한다는 생각이었다. 이를 위해 일자리를 늘리고 직업훈련 기회를 확대하는 동시에 고용보험의 적용 대상을 확대하는 작업을 동시에 추진했다.

외환위기를 슬기롭게 극복한 이후 외관상 고용 지표는 안정적인 모습을 보였으나 여전히 많은 국민이 세대를 불문하고 안정적이며 근로 여건이 좋은 양질의 일자리에 목말라하는 실정이다. 그리고 시간이 지날수록 문제가 완화되기보다는 일자리 문제 해결에 대한 국민들의 욕구는 더욱 커져 가는 느낌이다. 그렇다면 향후 일자리 정책은 어디로 가야 하는 것일까? 지금까지 정부가 어느 정도 일자리 정책 시스템을 구축해놓았지만 여기서부터 한 걸음 더 나아갈 수 있도록 새로운 비전과 전략을 제시해야 할 시점이다. 업그레이드된 일자리 정책으로 일자리 문제에 대한 국민의 우려와 걱정을 해소하기 위해서는 기존의 실업 극복과 일자리 창출이라는 패러다임에서 벗어나 새로운 시야로 일자리 미래를 설계하는 고민을 본격화해야겠다.

2. 일자리 정책, 무엇을 목표로 하는가?

같이 한번 생각해보자. 일자리 문제 해결을 통해 우리는 무엇을 얻고

---

[1] 외환위기 시 정부가 시행한 고용정책에 대한 자세한 내용은 김성중·성제환(2005)에 잘 정리되어 있다.

자 하는가? 이는 달리 말하면 일자리 정책의 궁극적인 목표이다. 그간 한 국 사회는 '더 많은 일자리 창출'이라는 목표 달성을 위해 끊임없이 노력 해왔다. 그런데 일자리만 많이 만들어지면 모든 일자리 고민은 끝나는 것 일까? 우리가 희망하는 일자리, 우리가 꿈꾸는 일자리는 바로 그 일자리 를 통해 이루고자 하는 행복을 달성해줄 수 있는 일자리가 되어야 할 것이 다. 즉 '일을 통한 행복'을 달성하는 것이 궁극적인 일자리 목표가 될 수 있다는 의미이다. 일자리 자체가 목적이기보다는 좀 더 풍족하고 가치 있 는 삶으로 이끌어주는 중요한 수단이라고 할 수 있다. 그리고 국민들의 일자리가 이러한 목적에 부합할 수 있도록 도와주는 역할이 일자리 정책 이 나아갈 방향이다.

'행복'이라는 단어는 모두가 공감할 수 있는 가치이긴 하지만 그런 만 큼 추상적일 수밖에 없다. 그래서 좀 더 손에 잡히는 목표를 찾기 위해서 는 행복을 대표할 수 있는 구체적인 지표가 필요하다. 달리 말하면 행복 은 살아가면서 충족되었으면 하는 다양한 욕구를 실현하는 것으로 파악 할 수도 있다. 그러한 욕구는 참으로 다양하겠지만 대표적으로 매슬로 (Abraham H. Maslow)의 욕구단계설(Hierarchy of Needs)을 떠올리면 쉽게 이해될 것이다.[2]

이를 일자리 영역에 적용해보면 일자리는 의식주와 같은 기본적인 생 계를 해결할 수 있어야 하고 아울러 안정된 생활을 유지할 수 있어야 한

---

[2] 매슬로는 인간의 욕구가 피라미드처럼 계층을 이루고 있다고 파악하면서 가장 아래 단계에서부터 차례로 의식주 해결과 같은 생리적 욕구, 안전과 안정의 욕구, 소속감과 애정 같은 사회적 욕구, 존경 욕구, 자아실현 욕구 등이 자리 잡고 있다는 이론을 제시했다.

다. 또한 직장 내에서 인정을 받음과 동시에 일과 가정생활이 조화를 이루어 사회적 인정과 애정 욕구도 실현해야 하고 더 나아가 사회적 존경과 궁극적인 자아실현에도 기여해야 한다. 이러한 기능을 할 수 있는 일자리를 만드는 것이 일자리 정책의 목표이고 국민들이 원하는, 일자리 걱정 없는 사회를 만들어가는 방향일 것이다.

물론 모든 것을 국가가 홀로 떠맡아서 할 수는 없다. 그러나 적어도 일자리가 기본적인 생리적 욕구와 안전·안정의 욕구는 실현할 수 있도록 국가의 역할을 강화해야 한다. 따라서 일자리 대책은 기본적인 인간의 욕구는 실현해줄 수 있는 일자리를 만드는 것이어야 한다.

이를 위해 기존의 일자리든 새로운 일자리든 간에 '양질의 일자리'가 되도록 노력해나가야 한다. 무엇보다 먼저 1인당 국민소득 2만 달러를 넘어서면 그 경제적 위치에 걸맞게 일자리의 질적 수준도 달라져야 한다는 점을 강조하고 싶다. 질적인 측면에서 과거 1970~1980년대 수준에 머물러 있는 일자리를 산업구조 조정을 통해 양질의 일자리를 창출할 수 있는 산업 위주로 재편해야 한다.

직업에는 귀천이 없다고들 하지만 현장의 상황은 다르다. 화학약품 냄새가 코를 찌르는 염색 공장, 각종 산업재해의 위험에 노출되어 있는 주물 공장, 기본적인 위생 시설마저 내팽개쳐진 도축장……. 산업 현장을 직접 가보면 이러한 일자리를 양산해내는 것이 국민의 행복 증진과는 별 관련이 없다는 생각이 저절로 든다. 아니 오히려 이런 일자리는 없애는 것이 국민들의 행복을 높이는 길이 아닐까 하는 다소 과격한 생각마저 드는 것이 솔직한 심정이다. 이러한 일자리라도 많이 만드는 것이 선(善)이라는 수준에서 탈피해 기본적인 욕구 충족마저 어려운 일자리는 근로 여건을 개선해 좀 더 나은 일자리로 탈바꿈시키는 방향으로 힘을 모아야 할 것이다.

참고 자료: 이행 노동시장(Transitional Labor Market: TLM) 이론

1) 등장 배경

- 1980년대 이래 세계화와 기술 혁신의 확산으로 적시 대응 여부에 따른 성과 격차가 훨씬 커지는 경제 환경에 직면
  - 이에 고용 시스템도 유연성을 확대하는 방향으로 변화하게 되었고 노동시장의 보호 시스템이 약화됨에 따라 개인이 생애에 걸쳐 노동시장에서 직면하는 위험 요인도 증가
- 1990년대 중반 독일의 귄터 슈미트(Günther Schmid) 교수는 생애에 걸친 다양한 노동력 상태 간의 이행에 관심을 갖고 이행 노동시장 이론을 처음 제기
  - 이후 유럽을 중심으로 논의가 진행되어왔으며 최근에는 노동시장의 유연안정성과 연계해 활발한 논의 진행

2) 이행 노동시장의 개념

- 상용직 고용과 생애에 걸쳐 발생하는 노동력 상태 간의 다양한 이행 과정에 초점
  ① 다양한 고용 형태 간의 이행: 전일제 근로와 단시간 근로, 임금 근로와 자영업 간의 이동 등과 같이 노동시장 내 다양한 고용 형태 간 이행
  ② 실업과 고용 간의 이행: 실업 상태에서 소득을 유지하면서 적극적 노동시장 정책 등을 통해 고용으로 이행
  ③ 교육 훈련과 고용 간의 이행: 취업 능력 강화를 통해 일자리를 얻거나 더 나은 일자리로의 이행
  ④ 가사 활동과 고용 간의 이행: 개인의 필요에 의한 육아, 간병 등과 같은 가사 활동과 취업 간의 이행
  ⑤ 고용과 장애·퇴직 간의 이행: 소득 보전이 가능하도록 취업 상태에서 퇴직으로의 점진적 이행
- 이행 과정은 소득 상실과 같은 사회적 위험을 수반하므로 노동시장 정책을 통해 사회적 위험을 최소화시키는 노력이 필요
- 이러한 이행 과정이 원활하게 진행되도록 지원함으로써 노동시장의 유연성과 안정성을 제고할 수 있다고 인식

- 기존의 취업 중심의 고용·정책(Making Work Pay: MWP)에서 더 나아가 노동시장에서의 원활한 이행을 지원하는 일자리 정책(Making Transitions Pay: MTP)을 통해 개인이 더 나은 상태로 이행하여 노동시장에 안착할 수 있도록 유도

3) 시사점
- 기존의 취업 중심의 사고에서 벗어나 생애 주기 동안 필연적으로 발생하게 될 다양한 노동력 상태의 변화를 적극 지원해 더 나은 일자리로 나아가도록 노동시장 정책의 영역을 확대
- 노동시장 유연안정성의 이론적 배경으로 기능하면서 노동시장에서 발생하는 사회적 위험에 취약한 집단이 노동시장에 원활하게 편입되어야 함을 시사

좋은 일자리만 많이 만들면 일자리 문제가 모두 해결될 수 있을 것인지에 대해서도 의문을 던져보아야 한다. '모든 국민이 좋은 일자리에서 일하면 일자리 문제는 다 해결되는 것 아닌가?'라고 생각할 수도 있겠지만 이는 어느 특정 시점에서 바라볼 때만 가능한 답이다. 즉 특정 시점을 기준으로 모든 국민이 좋은 일자리에서 만족하고 있다면 일자리 문제는 없을 것이다. 하지만 삶은 시간과 공간 속에서 다양한 모습을 보이며 변화해간다. 우리 사회의 표준적인 생애 유형은 '출생-교육-취업-퇴직-사망'의 일직선상의 경로를 보여왔지만, 시간이 지나면 의식도 바뀌고 생활 양태도 달라지기 마련이다.

이제까지 표준이라고 인식해온 생애 유형은 한 가구에서 가장(대부분 남자)은 바깥에서 일을 해서 돈을 벌어오고 주부는 집 안에서 살림을 하는 시대에 만들어진 틀이라고 해도 크게 틀린 말이 아니다. 그런데 이제 맞벌이 부부가 표준인 시대가 도래했다. 이러한 상황과 더불어 급속한 기술 발전은 과거처럼 젊었을 때 배운 것을 평생 동안 직장에서 활용하며 살 수

있는 여유를 앗아가고 있다. 즉 취업 후에도 꾸준히 재교육을 받지 않으면 어느 순간 경쟁력 없는 사람으로 낙인찍히는 시대에 살게 된 것이다.

이처럼 지속적으로 변화하고 있는 삶의 환경은 일자리 문제에 대처하는 데서도 좀 더 동태적으로 변화를 잘 관리해야 한다는 점을 보여준다. 예를 들어, 좋은 일자리가 많이 있다고 하더라도 그 일자리를 얻기 위해 지나치게 많은 시간과 노력이 소요된다면 어떻게 할 것인가? 가사와 육아를 위해 좋은 일자리를 떠나야 하는 경우, 다시 그 일자리로 복귀할 수 없다면 어찌할 것인가? 좋은 일자리지만 조기에 퇴직해야 한다면 어떻게 할 것인가? 이러한 예처럼 삶은 고정적인 상태에 머물러 있는 것이 아니기 때문에 인생이 주는 생로병사의 기본적인 사이클에 더해 육아, 교육 훈련, 퇴직, 장애 등의 여러 가지 상황으로 '고용'도 다양한 변화가 불가피하다. 이러한 변화의 과정이 삶을 위협하지 않도록 잘 관리해주는 것 또한 중요한 일자리 과제이다. 이는 1990년대 중반부터 노동경제학계에서 제기되어온 '이행 노동시장(Transitional Labor Market)'이라는 이론과도 그 맥을 같이 한다.[3] 이러한 관점이 시사하는 바는 생애 주기에서 취업으로 일자리 문제가 끝나는 것이 아니라 취업 이후 겪게 될 일과 육아·가사의 조화, 일하면서 배우기, 고용 형태 간 이동, 고용에서 은퇴로의 원활한 이동 등을 같이 고민하면서 궁극적으로는 개인의 '취업 능력(employability)'을 높이는 방향으로 일자리 목표를 잡아야 한다는 것이다.

즉 처음 노동시장에 진입하는 단계에서부터 출산·육아로 인한 경력 단

---

[3] 최근 진행되어온 '이행 노동시장'에 대한 연구에 대한 자세한 내용은 정병석 외(2011)와 정원호 외(2011)를 참조하기 바란다.

절 불안의 해소, 조기 퇴직의 불안 해소, 실업 시 생계에 대한 불안 해소 등을 포함하는 '튼튼한 사회안전망 구축'이 중요한 일자리 목표가 되어야 한다. 이는 궁극적으로 국민이 고용불안에서 벗어날 수 있는 사회 시스템을 구축하는 일이 될 것이다.

3. 오늘도 새로운 정책을 찾아서

'뭐 새로운 거 없어?' 일자리 대책을 세우다 보면 가장 많이 듣게 되는 말 중 하나이다. 일자리 정책 수립 시 가장 힘든 것이 자꾸만 새로운 정책을 내놓으라는 독촉에 시달릴 때이다. 비단 일자리 정책만의 문제는 아니겠지만 일자리 정책과 같이 사회적 이슈가 되는 사안은 특히나 독촉의 강도가 세지는 것을 느낄 수 있다. 그러나 어디 새로운 정책이라는 것이 도깨비 방망이처럼 뚝딱하면 나올 수 있는 것인가? 더 큰 문제는 새로운 정책이 항상 더 나은 결과를 가져오리라는 보장도 없다는 것이다. 흔히 이야기하는 것처럼 그렇게 좋은 정책이면 벌써 했지 왜 아직까지 도입을 안 했겠느냐는 지적이 허투루 들을 이야기만은 아니다.

어쨌든 새로운 정책에 대한 강한 압박이 효력을 발휘해서인지 한국의 일자리 정책은 가히 전 세계의 일자리 정책을 집대성한 모양새이다. 적어도 겉으로 보기에는 그렇다. 일자리 정책에서 후발 주자인 한국은 그간 선진국이 고민했던 일자리 정책을 단숨에 따라잡을 기세로 좋다고 소문난 정책들은 대부분 도입을 시도했다. 그래서 사실 다양한 일자리 정책을 살펴보기 위해 여러 나라를 돌아다닐 필요 없이 한국의 정책들을 쭉 둘러보면 될 정도이다. 이처럼 외견상으로는 다양한 정책이 개발·시행되는데

❖ 현장 풍경 3: 또 전담 창구야?

"만만한 정책이 전담 창구인가 봐. 사람은 안 주면서 또 전담 창구를 만들래." 고용센터 담당자는 전담 창구를 만들라는 본부의 지침에 시큰둥하게 반응한다.

"그러니까 말이야. 전담 창구가 필요한지 우리한테 한번 물어나 보면 좋을 텐데." 다들 이심전심으로 공감하며 한마디씩 거든다.

사실 새로운 일자리 정책을 만들라는 주문에 시달리다 보면 만만한 선택이 있다. 그중 하나가 바로 '전담 창구' 개설이다. 즉 집행기관에 문제를 전담할 창구를 만들어 특별히 관리하겠다는 것이 자주 쓰이는 레퍼토리(repertory)인 것이다. 보기에는 그럴듯하다. 특별히 어려움을 겪는 사람들을 위해 별도의 전담 창구를 마련해서 도와주겠다는데 누가 마다하겠는가?

문제는 이를 뒷받침해줄 현장의 여건이다. 정책을 만드는 본부에서는 각 분야별로 모두 자기 분야가 중요하기 때문에 가급적 전담 창구를 만들고 싶어 한다. 그러나 전담 창구를 만들라는 지침에 운영 인력에 대한 대책은 없는 경우가 많다. 인력은 집행기관이 알아서 충당하고 어찌 되었든 간에 전담 창구를 만들라는 이야기이다. 그러다 보니 현실에서는 상당수가 팻말만 하나 갖다 놓는 형식적인 전담 창구로 전락하고 만다.

예를 들어, 고용센터에 가면 자유무역협정(Free Trade Agreement: FTA)으로 인한 고용 문제를 도와주기 위해 FTA 신속지원팀 전담 창구가 개설되어 있다. 그 취지는 익히 알려진 대로 자유무역협정으로 인해 피해를 입은 기업이나 근로자에게 전담 창구를 통해 일자리 지원을 해주겠다는 것이다. 하지만 이를 제대로 알고 있는 기업체나 근로자는 거의 없다. 그럼에도 FTA 신속지원팀 전담 창구 팻말은 공허하게 내걸려 있다. 정책을 기획·운영하는 담당자들에게는 뼈아픈 이야기가 될 수 있겠지만 보여주기 위한 정책이 되지 않도록 정책 기획과 집행이 긴밀히 연계되어야 하겠다.

과연 그만큼 일자리 문제도 해결되고 있는 것일까? 아쉽지만 이 질문에 긍정적인 답을 하기에는 뭔가 부족함을 느낀다. 여전히 많은 국민이 일자리 문제로 어려움을 겪고 있고 오히려 갈수록 더 힘들다는 하소연도 많기 때문이다.

왜 이런 현상이 발생하는 것일까? 옛 고사성어 중에 '귤화위지(橘化爲枳)'라는 말이 생각난다. 중국의 화남에서 잘 자라던 귤나무도 화북으로 옮겨 심으니 탱자나무로 바뀌었다는 이야기이다. 선진국도 일자리 문제를 겪으면서 그 나름대로 많은 고민을 거쳐 하나둘 대책을 내놓았다. 이러한 대책의 이면에는 그 나라 특유의 사회제도와 문화가 자리 잡고 있는데 우리가 정책을 도입할 때 그 이면에 대한 충분한 고찰 없이 조급하게 겉모양만 본떠서 들어오는 경우가 많았다. 그러다 보니 제대로 성과를 낼 수 없었던 것이다.

정책은 쉽게 수입하는 외국의 과일이나 공산품과는 전혀 다르다. 그 정책을 받아들이는 국민의 의식과 문화도 중요하고 경제 시스템, 사회복지제도 등 사회 전반의 제도와 융화되어야 하며, 정책 집행 시스템이 그러한 정책을 수용할 준비가 되어 있어야 한다. 이러한 전제조건에 대한 충분한 고찰 없이 자꾸 새로운 것만을 강조하는 것은 오히려 일자리 문제를 더욱 꼬이게 만드는 일이 될 것이다.

예를 들어, 선진국에서는 실업급여 수급자에 대해 사례 관리를 하면서 맞춤형 취업 상담과 취업 알선을 제공한다. 이러한 방식이 더 효과적이라는 연구 결과도 많다. 그래서 이 방식을 도입해 시행하도록 정책을 마련했다. 그런데 제대로 운영되지 못했다. 왜일까? 한국 고용센터의 실업급여 담당자는 센터마다 편차는 있지만 대도시 지역의 경우 보통 1인당 하루 40~50명의 수급자를 대상으로 상담을 진행해야 한다. 1인당 10분씩 상

❖ 현장 풍경 4: 분노하는 민원인

"소장님, 큰일 났어요! 조기 재취업 수당을 못 받게 된 민원인이 꼭 소장님을 만나야겠다고 막무가내로 소리를 지르면서 소장실로 오겠대요."

밖이 소란스러운가 싶더니 담당자가 정신없이 들어와 이야기한다. 고용센터에서 가끔씩 부딪히는 풍경이다. 당연히 수당을 받을 것이라고 믿고 있다가 이런저런 요건이 충족되지 못해 수당을 줄 수 없다고 하면 수긍하는 경우도 있지만 요란스럽게 항의하는 경우도 많다. 이럴 때는 일단 만나서 하소연을 들어주면서 진정시키는 것이 최우선이다.

"이곳으로 모시고 오세요."

"아이고, 많이 억울한 일이 있으셨나 보네요. 자, 차 한 잔 드시면서 차분히 이야기해보시지요." 민원인들에게 차를 권하며 이야기를 풀어가면 대부분 마음이 누그러진다.

이야기를 듣고 보니 억울하겠다는 생각도 들었다. 요지는 조기재취업수당을 받으려면 신청일로부터 1년 이내에 중복해서 이 수당을 받은 경력이 없어야 하는데 이 민원인의 경우 단 하루 차이로 수당을 받지 못하게 된 것이다. 센터 담당자는 이러한 내용을 알려주고 사인을 받은 서류를 보여주지만 민원인은 설명을 들은 적이 없다고 억울해했다.

"듣고 보니 억울한 마음도 드시겠네요. 하지만 이곳 센터도 규정에 따라야 하고 재량으로 해줄 수 없는 부분이 많습니다. 하지만 고용보험심사위원회에 심사를 청구할 수 있으니 저희가 심사 청구 절차를 도와드리겠습니다."

센터의 입장을 설명하며 이해를 구하고 할 수 있는 한도 내에서 최선을 다해 도와드리겠다고 하니 민원인의 마음이 조금은 풀린 듯하다. 제도의 악용을 막기 위해 갈수록 지원 요건에 단서 조항이 늘어만 간다. 이에 비례해서 억울해하는 민원인도 늘어가는 것이 현실이다. 이 사이에서 절충점을 찾는 것도 중요한 정책 과제 중 하나이다. 아울러 지원 요건을 부분적으로 충족시키지 못한 경우 지원금을 부분적으로 조정하는 '슬라이딩 방식'을 적극적으로 활용하는 노력도 억울한 민원인을 줄이는 데 도움이 될 것으로 보인다.

담을 하면 하루에 상담 시간만 400~500분이 소요된다. 이러한 현실에서 선진국에서 운영하는 맞춤형 취업 상담을 강조하는 것은 난센스에 가깝다. 이처럼 눈에 보이는 해답은 애써 외면하면서 더 나은 일자리 정책 추진을 위해 자꾸만 새로운 정책만을 찾아 나서는 것은 우스운 일이다.

프로야구 선수들도 연습을 할 때는 가장 기본적인 수비 자세, 스윙(swing) 자세부터 확인한다고 하지 않는가? 그러한 기본이 갖춰진 이후에야 멋진 다이빙 캐치(diving catch)도, 호쾌한 홈런도 가능한 것이다. 일자리 정책도 너무 새로운 것에 혹하지 말고 가장 기본적인 영역에서부터 차근차근 해나가야 하지 않을까 싶다. 뭔가 그럴듯한 것을 한 방 터뜨려서 국민의 시선을 끌어보려는 욕심은 이제 좀 접었으면 좋겠다. 일자리 문제는 그렇게 단순한 문제가 아닐 뿐 아니라 그 정책 효과도 상당한 시일에 걸쳐서 나타난다는 것을 이해해야 한다.

4. 모두의 연인은 누구의 연인도 아니다

일자리 정책을 기획할 때 우선적으로 명확히 해야 할 것 중 하나가 바로 정책으로 문제를 해결하고자 하는 대상 집단(target group)이 누구인지를 규정하는 것이다. 대상이 특정되지 않은 채 정책을 시행하는 것은 마치 전쟁터에서 앞도 보지 않고 무차별 난사를 하는 것과 똑같다. 그만큼 효율성이 떨어지는 것이다. 현대 첨단 무기가 GPS(Global Positioning System)의 도움을 받아 목표 지점을 정확히 타격하는 스마트 폭탄으로 진화한 것처럼 일자리 정책도 타깃(target)을 좁혀 특화된 정책을 수행하는 것이 필요하다.

즉 일자리 정책이 좀 더 스마트해지려면 정책 대상을 세분해서 접근할 필요가 있다. 예를 들어, 청년실업 대책을 생각해보자. 요즘 청년들이 취업에 어려움을 겪는다는 것은 다 아는 사실인데, 도대체 어떤 청년들을 대상으로 정책을 펼쳐야 하는 것인가? 청년이라면 모두가 일자리 정책의 도움을 받아야 하는 대상인가? 이런 질문에서부터 문제를 풀어나갈 필요가 있다. 정부의 모든 정책은 재원이 한정되어 있기 때문에 가장 도움이 필요한 대상을 선별하는 것이 중요하다. 그런데 그간의 정책은 주로 청년 전체를 동일한 그룹으로 생각하고 대책을 세운 측면이 있다. 그나마 한 걸음 나아간 것이 최근 '열린 고용'이라는 이슈로 제기된 특성화고를 중심으로 한 고졸자 취업 대책이다.

그런데 다시 한 번 생각해보자. 분명 청년이라고 해서 모두가 정부의 도움이 필요한 것은 아니다. 다수의 청년들은 스스로 일자리를 찾을 능력이 있고, 또 실제 스스로 취업 준비를 하고 취업에 성공하고 있다. 그렇다면 도움을 필요로 하는 청년들은 누구인가? 이들을 좀 더 세분해본다면 인문계 고등학교를 졸업한 비(非)진학자, 지방대학교 졸업 청년, 취업률이 낮은 예체능·인문사회 계열 졸업자, 장기간 공무원(공공 기관) 시험 준비 중인 청년 등등으로 세분해볼 수 있다. 이처럼 문제가 되는 정책 대상 집단을 세분화해 특정한 후 각각의 집단에 적합한 정책을 개발한다면 일자리 정책에서도 스마트 폭탄처럼 효율적이면서 강력한 정책 효과를 기대할 수 있을 것이다.

그간의 일자리 정책을 살펴보면 미시적인 접근이 상당히 제한적이었다. 일자리 정책의 기본적인 구성 틀은 정책 수단의 기능적 분류(예: 능력 개발, 실업급여, 취업 알선 등)에 우선순위를 두고 여기에 부분적으로 사회적 이슈가 되는 타깃 집단별(예: 청년, 여성, 고령자, 장애인 등) 정책이 가미

되는 식이었다. 이런 방식으로는 현장의 일자리 수요와 구직자의 다양한 일자리 희망을 제대로 반영하기가 어렵다. 이러한 분류가 일자리 정책의 효과를 높이는 데 적절한지에 대한 근본적인 고민이 수반될 필요가 있다.

이러한 구분의 틀은 이미 외환위기 당시 일자리 정책에서도 있던 것으로, 현재 일자리 문제가 더 다양화되었고 시대의 변화에 따라 일자리 정책에 대한 수요도 변하고 있으므로 과거의 분류 틀에만 얽매일 것이 아니라 현재 시점에서 더 엄밀하게 일자리 정책 수요를 판단해 정책 대상 집단을 재정의하는 노력이 필요하다. 가끔 일을 하다 보면, 과거의 틀은 당연히 주어진 것으로 생각하고 이러한 틀이 적절한지에 대한 고민은 하지 않는 경우가 많다. 이러한 한계를 넘어설 때 비로소 새로운 패러다임으로의 전환이 가능해지리라 생각된다.

이를 위해 분석 수준은 한 단계 더 세부적으로 내려가야 한다. 즉 일자리 문제를 산업별·직종별 수준에서 구체적으로 분석하고 대안을 고민해야 한다. 예를 들어, 조선업이 아직까지는 경쟁력이 있지만 인력 부문에서 향후 문제가 될 소지는 없는지 구체적으로 살펴봐야 한다. 이는 또한 직종별 일자리 문제와도 직결된다. 조선업이라고 하지만 세부적으로 들어가면 용접공 같은 직종은 다른 산업에서도 필요로 하기 때문에, 산업별·직종별로 교차 분석해서 인력 수급 문제를 점검하고 인력 양성을 비롯한 다양한 대책을 고민해가는 정책이 필요한 것이다.

구직자에 대한 정책의 경우에도 세부적인 접근이 매우 중요하다. 그간 주로 관심을 보여온 청년, 여성, 고령자 등의 범주에 한정해서는 여전히 두루뭉술한 대책이 될 수밖에 없다. 구직자의 특성을 감안하면 맞춤형 대책이 가능하다. 사실 모든 구직자가 정부의 정책적 도움을 필요로 하지는 않는다. 상당수의 구직자는 스스로 일자리를 구할 능력이 있기 때문에 정

❖ 현장 풍경 5: 손님, 여기서 이러시면 안 됩니다

"저분들 아침 일찍부터 또 오셨네."

"출근부를 만들어놓고 도장이라도 받아야겠어." 잡 카페(Job Cafe)를 운영하는 담당 부서의 직원들에게는 눈엣가시처럼 보이는 고객들이 있다. 바로 '단골손님'이다. 일반 가게 같으면 환영받겠지만 이곳 잡 카페를 하루 종일 점령하고 마치 개인 사무실처럼 여기는 이들을 보는 시선이 고울 수가 없다.

고용센터에서는 여러 가지 특화된 프로그램을 운영하는데 그중에 '잡 카페'라는 것이 있다. 원래 취지는 청년들이 좀 더 쉽게 고용센터를 이용하도록 카페처럼 안락한 공간 속에 취업 관련 서적도 비치하고 인터넷으로 직업 정보도 검색하도록 별도의 공간을 만든 것이었다. 그런데 잡 카페를 설치하고 나니 예상치 못한 문제들이 발생했다. 일부 '단골손님'이 등장한 것이다. 아예 출근 도장을 찍듯이 매일 잡 카페에 와서 자리를 차지하고 종일 시간을 보내는 것이다. 잡 카페에는 무료 전화에 컴퓨터, 프린터, 복사기 등이 다 갖춰져 있으니 이들에게는 좋은 아지트이다. 심지어 술에 취해 와서 자기도 하고 다른 민원인들과 시비가 붙기도 하는 등 문제를 일으키기도 한다. '악화가 양화를 구축한다'는 말처럼 이들 때문에 잡 카페가 제 기능을 하지 못할 지경에 이른 것이다.

세상의 많은 일들이 그렇지만 정부 정책을 기획하고 운영하는 데서도 여러 가지 예상하지 못했던 일들이 벌어지고는 한다. 사실 어느 정도의 부작용이야 불가피한 측면이 있기 때문에 그 부작용이 확대되지 않도록 관리하는 노력을 병행해야 한다. 특히 정책을 집행하는 현장에는 전혀 예상치 못한 복병들이 기다리고 있다. 고용 서비스를 희망하는 민원인들을 무조건 편하게 해주고 안락한 환경을 제공해준다고 해서 더 좋은 결과를 가져오는 것은 아니다. 예상되는 문제점을 현장의 시각에서 더 철저하게 분석하고 대응책을 마련하지 않으면 자칫 '책상머리 정책'으로 조롱받을 수밖에 없다.

부가 관여할 필요가 없다. 반면에 어떤 유형의 구직자는 정부의 도움이 절실함에도 정부 지원을 받는 방법을 몰라 지원의 사각지대에 방치되기도 하고, 도움이 필요 없는 상황임을 숨긴 채 지원을 받기도 한다.[4]

이러한 문제들을 근원적으로 해결하기 위해서는 정부의 지원이 필요한 구직자의 우선순위를 명확하게 제시하는 노력이 필요하다. 이를 위한 기초 시스템이 바로 프로파일링(profiling) 시스템[5]으로 향후 한국형 구직자 프로파일링 시스템을 구축해 효율적으로, 구직자 맞춤형으로 취업 지원 서비스가 제공될 수 있도록 노력해야겠다. 아울러 이러한 시스템이 원활하게 작동되기 위해서는, 전문성을 갖춘 직업 상담사들이 충분히 채용·배치되어 구직자 개인별 특성을 충분히 파악하고 맞춤형 상담을 진행할 수 있는 여건을 마련하는 것이 선행조건이다.[6]

---

[4] 일례로 직업능력개발계좌제를 통해 무료 직업훈련을 시켜준다고 하니 커피 바리스타 양성 과정에 취업할 의사가 없는 강남 지역의 주부들이 몰리는 부작용이 발생하기도 했다.

[5] 프로파일링 시스템은 어떤 사람이 오랫동안 실업 상태에 머무를 것인지 각 개인의 다양한 특성을 토대로 예측하는 시스템으로, 이를 통해서 장기 실업 가능성이 높은 구직자에 대해서는 초기 단계에서부터 좀 더 세밀한 취업 지원 서비스 제공이 가능해진다.

[6] 호주의 구직자 분류 도구(Job Seekers Classification Instruments)는 개인이 장기적으로 실업 상태에 놓일 가능성을 측정하기 위해 ① 연령 및 성별, ② 언어 능력, ③ 장애 및 건강 상태, ④ 최근 2년 동안 취업 경험, ⑤ 주거지의 안정성, ⑥ 교육 수준, ⑦ 공개된 범죄 경력, ⑧ 선문가 판단이 필요한 개인적 특성, ⑨ 지역적 특성, ⑩ 출생국, ⑪ 거주 지역, ⑫ 직업 자격, ⑬ 가정 구조, ⑭ 전화 유무, ⑮ 지역적 불리함 등의 요소를 기초로 가중치를 활용해 측정한다.

5. 멀리 가려면 함께 가야 한다

일자리 문제가 중요하다 보니 중앙정부는 물론이고 지자체, 공기업 등 다양한 기관에서 일자리 대책을 마련해 추진한다. 일자리 문제 해결이 간단하지 않기 때문에 많은 기관들이 문제 해결에 동참하는 것은 매우 바람직한 측면이 있다. 즉 전체적으로 일자리 문제 해결에 많은 자원이 투입될 수 있는 여건이 조성된다는 측면에서는 그 의미가 매우 크다.

하지만 걱정스러운 측면도 동시에 존재한다. 사실 공공 부문의 일자리 사업은 거의 대부분 국민 세금을 기초로 하거나 사회보험 기금을 토대로 추진되기 때문에 가능한 한 효율적으로 사용될 수 있게 하는 조정 장치가 필요하다. 그런데 현재 상황은 전반적인 조정 역할이 상당히 취약한 실정이다. 다행히 최근 들어 고용노동부에서 중앙 부처 일자리 사업의 효율화를 위해 조정 역할을 일부 수행하고 있지만 아직까지 지자체, 공공 기관 등의 일자리 사업은 중구난방으로 진행되고 있다.

물론 지자체나 공공 기관 모두 조직의 자율성과 자치라는 정신을 감안할 때 일방적인 조정은 바람직하지 않지만, 비효율성과 중복 등의 문제가 눈에 보이는데도 이러한 사업이 계속 진행하는 것은 분명 국가 차원에서 손해가 아닐 수 없다. 예를 들면, 일부 지자체의 경우 관할 지역의 기업체가 관할 지역 거주 청년을 인턴으로 채용하면 해당 기업체에 지원금을 준다. 그런데 고용노동부에서도 '중소기업 청년 취업 인턴제'라는 사업을 전국적으로 실시한다. 이처럼 사업 내용이 거의 유사한 경우 행정력만 이중으로 들고 효율성은 많이 떨어질 수밖에 없다. 이러한 사업들을 중복해 제공하는 것이 적절한지에 대해 분명히 검토할 필요가 있지만 이러한 기능을 체계적으로 수행할 공식적인 조직체가 없는 실정이다.

"저희 센터에서는 취업 지원을 위해 수당을 지급하고 면접 기법과 이력서 작성 지도, 그리고 심층 상담을 진행하고 있어요."

"오~ 이렇게 좋은 제도가 있었네요. 미처 몰랐어요." 직업 상담을 마친 아파트 주민이 진심으로 고마워한다.

이는 고용센터 직원들이 주택관리공단의 도움을 받아 임대 아파트 단지에서 직접 사업 홍보와 상담을 진행하면서 만나는 모습이다. 요즘은 관공서가 과거의 권위주의가 많이 없어져서 문턱이 많이 낮아졌다고들 하지만 여전히 많은 국민들에게 관공서는 적극적으로 서비스를 제공하는 기관이 아니다. 그래서 웬만해서는 관공서에 도움을 청해야겠다는 생각은 하지 못한다. 사정이 이렇다 보니 일자리 사업 참여의 확산을 위해서는 적극적인 행정이 필요하다.

실제 사무실을 벗어나 임대 아파트 단지라든지 쪽방촌과 같은 취업 취약 계층이 많은 지역을 찾아가 상담을 진행하면 훨씬 더 많은 관심과 호응을 느낄 수 있다. 국민은 이렇게 취업 지원 서비스에 목말라 하고 있다. 이러한 활동을 위해서는 유관 기관과의 적극적인 네트워킹이 매우 중요하다. 예를 들어, 임대 아파트 단지에서 직접 상담을 하기 위해 주택관리공단 같은 기관과 업무 협약 등을 통해 상호 업무 지원을 하기로 약정해놓으면 훨씬 수월하게 업무를 진행할 수 있다. 또한 지하철 내 홍보를 위해 지하철공사와 협약을 맺고 일을 추진하면 의외로 쉽게 도움을 받으며 홍보를 전개할 수 있다. 특히 요즘에는 공공 기관들도 모두 일자리 문제 해결에 동참하려는 생각이 있기 때문에 이러한 잠재적 우군과 협력하면 더 많은 국민과 직접 소통하면서 사업을 진행할 수 있다.

옛말에 '구슬이 서 말이라도 꿰어야 보배'라는 말이 있듯이 다양한 기관에서 추진하는 일자리 정책도 체계적으로 관리·연계되지 못하면 국민들 눈에는 산만하고 비효율적으로 운영되는 것으로 느껴질 수밖에 없다. 따라서 더 나은 고용 서비스를 개발하고 발전시키는 노력과 함께, 다양해진 고용 서비스를 국민의 눈높이에서 정리하고 연계하는 노력이 매우 중요하다.

6. 일자리 정책, 그 '느낌'을 국민들은 모른다

국민이 체감하는 정책을 위해서는 정책이 잘 기획될 필요도 있지만 그 못지않게 중요한 것이 바로 정책 집행 과정이다. 아무리 좋은 정책도 집행 과정이 부실하면 국민이 정책을 피부로 느낄 수 없는 것은 지극히 당연한 이치이다. 신문이나 방송을 보면 일자리 대책에 엄청난 예산을 쏟아붓고, 이름도 다 알기 어려울 정도로 많은 일자리 대책 프로그램이 등장한다. 그러나 그럼에도 여전히 많은 국민은 이러한 취업 지원 서비스로부터 소외받고 있는 듯한 느낌을 받는다. 어디서부터 이런 문제가 발생한 것일까? 아래 현장의 사례들을 보면 조금이나마 문제의 근원을 찾을 수 있을 듯하다.[7]

1) 사례 1: 왜 전화를 안 받아요?

취업 지원 서비스를 위해 직업 상담원이 민원인을 접하는 방식은 크게 두 가지가 있다. 가장 큰 비중을 차지하는 것이 대면 상담으로 직접 찾아

---

[7] 본 사례들은 필자가 인천고용센터 소장으로 근무하면서 실제 경험하고 느꼈던 바를 중심으로 재정리한 것이지만, 대부분의 고용센터에서도 유사한 현상이 발생하고 있다는 사실을 여러 가지 경로로 확인할 수 있었다.

온 민원인을 대상으로 취업 상담 등 취업 지원 서비스를 제공하는 것이고, 다른 하나는 전화로 민원인을 상담하는 경우이다.

고용노동부는 늘어나는 전화 민원을 해결하기 위해 전국을 대상으로 콜센터를 운영하고 있지만 여전히 해당 고용센터로 직접 걸려오는 전화가 많다. 그런데 문제는 개별 고용센터가 방문 민원과 전화 민원을 동일 상담원이 동시에 수행하는 구조로 운영되다 보니 고객만족도가 떨어지는 문제가 발생한다.

그래서 민원인들의 가장 큰 불만 중의 하나가 전화가 연결되지 않는다는 점이다. 그리고 기껏 전화가 연결되면 담당자에게 다시 연결시켜주느라 또다시 기다리게 만들 때가 많아 짜증을 유발한다는 것이다. 그래서 전화를 받으면 대뜸 '왜 전화를 안 받아요?'라면서 불만을 토로하거나 심지어 욕을 하기도 한다.

사실 전화를 통한 상담과 취업 지원 서비스 제공은 민원인의 편의 증진과 비용 감소에 유용한 수단이다. 전화로 해결할 수 있는 민원인을 모두 대면 상담하는 것은 극히 비효율적이기 때문에 일차적으로 기초 상담을 전화로 진행하거나 상담 준비 과정에서 필요한 사항은 전화로 해결하는 것이 바람직하다.

문제는 각 센터의 인력 여건이 충분하지 못해서 내부적으로 자체 콜센터를 운영하기 어려운 경우가 많다는 점이다. 실제 자체 콜센터를 운영해 보니 전화 수신율이 높아지고 내부 직원의 만족도도 크게 향상된 것을 확인할 수 있었다. 따라서 가장 좋은 방법은 인력 충원을 통해 별도의 전화 상담을 위한 콜센터를 운영하는 것이고, 인력이 충원되기 전이라도 내부적인 인력 차출을 통해 별도의 콜센터를 운영하거나 각 팀별로 전화가 많이 걸려오는 시간대에는 교대로 전화 상담 전담자를 두는 방안을 고민할 필요가 있다. 이처럼 국민이 피부로 느낄 수 있는 효율적인 취업 지원 서비스를 제공하기 위해서는 기본적인 인프라부터 재정비하는 것이 절실히 요구된다.

2) 사례 2: '비정규직' 직업 상담원의 애환

참 아이러니한 일이다. 계약직으로 채용된 직업 상담원의 경우 구직자들에게 직업 상담을 열심히 해주는 역할을 수행하면서 본인의 일자리 걱정도 끊임없이 해야 하는 상황에 놓여 있다. 일자리 사업이 확대되면 당연히 그에 걸맞게 인력이 확충되는 것이 정상인데 현실은 그렇지 못할 때가 많다. 정규 인력을 추가로 확보할 수 없다 보니 여러 가지 명칭의 계약직 직업 상담원의 비율이 자꾸만 높아져 간다. 많을 때는 고용센터 인력의 거의 절반에 가까운 인원이 계약 기간이 정해진 비정규직으로 채용되는 사례가 발생하고 있다. 한시적인 사업이라면 당연히 계약직으로 충원하고 사업이 끝나면 담당 인력도 같이 정리하는 것이 적절하겠지만, 일자리 사업의 경우 대부분 계속 사업으로 연결된다. 그럼에도 상당수의 인력을 비정규직으로 채용하는 것은 정부가 '모범적 고용주'로서의 역할을 제대로 수행하지 못하는 것이다.

2012년의 경우, 고용센터 내 인력 중 고용 서비스 인턴, 구인 상담원, 명예 직업 상담원, 한시 계약직 상담원, 취업 성공 패키지 상담원, 직업훈련 상담보조원, 통계조사 요원 등의 계약직 인력이 있고, 이외에도 외부 용역을 통한 경비와 청소 인력이 있다.

이들 비정규직 상담원 중 일부는 정규직으로 전환되기도 하지만 대다수는 계약 기간이 종료되면 다른 일자리를 찾아야 한다. 게다가 비정규직

보호법에 따라 동일 기관에서 동일 업무에 2년 이상 종사하면 정규직 전환이 되기 때문에 1년 계약 기간이 끝나면 대부분의 경우 재임용을 하지 않는 실정이다. 따라서 이들 비정규직 상담원들은 인근의 지자체나 다른 고용센터 등을 순환하면서 계속 비정규직으로 일한다.[8]

사실 모든 인력을 정규직으로 활용하는 것은 인력 운영상 가능하지도 않고, 또 그것이 항상 바람직한 것도 아니다. 그러나 지속적으로 수행해야 할 업무에 1년 계약직을 순환 채용하는 것은 조직이나 개인 모두에게 불합리하다. 조직 차원에서도 기껏 업무가 숙달될 만하면 계약 기간이 만료되어서 새로운 사람으로 교체해야 하니 업무의 연속성과 전문성 측면에서 손해를 볼 수밖에 없으며, 각 개인도 안정적으로 근무할 수 없기 때문에 조직에 대한 애착과 충성도가 떨어질 뿐만 아니라 불만 요인이 발생할 수밖에 없다.

이처럼 계속되는 업무를 비정규직이 담당하는 것은 득보다 실이 훨씬 더 많은 구조이므로 조속히 시정될 필요가 있다. 그리고 비용 측면에서 보더라도 비정규직 활용이 결코 효율적이지 않으며 오히려 낭비적인 요소가 크다는 점도 인식할 필요가 있겠다.

3) 사례 3: 일할 사람이 없어요!

흔히 들을 수 있지만 결코 틀림이 없는 진리 중의 하나는 '일은 사람이

---

[8] 현재 중앙 부처의 인력 운용은 안전행정부의 강력한 통제하에 있어 각 부처의 충원을 위한 자율성이 매우 낮은 실정이다. 인력 운영의 권한과 책임을 각 부처로 위임하려는 노력이 강화될 때 이 글에서 나오는 문제점도 보다 빨리 개선될 수 있다.

한다!'라는 말이다. 아무리 기술이 발전했다고 하더라도 궁극적으로 사람의 손을 거치지 않고서는 대부분의 일이 진행될 수 없다. 특히나 서비스 행정에서는 그 일을 담당하는 사람의 역할이 절대적이다.

그래서 일자리 문제 해결을 위해 정부가 할 수 있는 가장 기본적이면서도 중요한 일이 바로 문제 해결을 위해 필요한 인력을 충분히(!) 확보하는 일이다. 그런데 현실은 전혀 그렇지 못하다. 일자리 사업은 해가 갈수록 계속해서 늘어나고 국민의 기대와 사업에 대한 수요도 커져 가지만 이를 담당해야 할 인력 충원은 항상 더디게 진행된다. 특히 2000년 이후 공무원 인력 증원에 대해 갈수록 엄격히 통제함에 따라 최근 수요가 늘어나고 있는 일자리 문제나 복지 문제를 담당할 인력은 크게 부족한 실정이다.

이를 잘 보여주는 지표 중 하나가 각 조직의 정원 대비 현원 충원율이다. 정원 자체도 워낙 적게 잡혀 있어서 어려움이 큰데 여기에 더해 현원 충원율은 항상 90% 전후 수준에 머문다. 여러 가지 요인 때문이지만 최근 들어 육아휴직의 광범위한 활용이 중요한 요인으로 작용한다. 특히 고용센터처럼 가임기 여직원의 비율이 높은 조직에서는 상시적으로 육아휴직자가 발생할 수밖에 없는 구조이다. 그나마 상담직 공무원의 경우 한시 계약직으로 대체 근로자의 채용이 가능하지만 일반직 공무원은 대체 근로가 인정되지 않아 결원을 유지할 수밖에 없다. 안전행정부에서 향후 육아휴직 등을 감안해 신규 인력 충원 시 반영하겠다는 발표도 있었지만 아직까지 현장에서는 체감할 수 없는 상황이다.

4) 사례 4: 왜 이제야 오셨어요

일자리 정책이 효과적으로 수행되기 위해서는 크게 두 가지 부문이 동시에 갖춰져야 한다. 이른바 일자리 정책의 소프트웨어와 하드웨어가 그것이다. 소프트웨어는 다양한 취업 지원 프로그램으로 구성되는데, 사실 한국만큼 다양한 메뉴를 갖춘 나라를 찾기도 쉽지 않다. 물론 그렇다고 해서 일자리 정책의 성과가 지원 프로그램의 숫자에 비례하는 것은 아니므로 으쓱댈 일만은 아니다.

오히려 일자리 정책의 성과에 일차적인 영향을 주는 것은 하드웨어 부문이라 할 수 있겠다. 취업 지원 서비스가 필요한 국민이 가까운 곳에서 전문성을 갖춘 직업 상담 인력의 도움을 받을 수 있도록 하는 것이 바로 일자리 정책의 출발점이다. 그런데 하드웨어 측면에서 보면 아직까지 아쉬운 점이 너무 많다. 우선 고용 서비스를 받을 수 있는 기관의 숫자가 너무 적다. 일례로 고용노동부의 고용센터 숫자가 82개에 지나지 않으니 전국 지방자치단체 244곳에 비하면 자치단체 3곳에 하나 정도의 비율이다.

대도시 지역이야 교통이 발달되어 있어서 그나마 나은 편이지만 군 단위로 내려가면 고용센터에 가기 위해 왕복 네 시간 이상을 할애해야 하는 지역도 적지 않다. 직업 상담을 수행할 상담원의 숫자도 터무니없이 적을 뿐만 아니라 지방자치단체의 경우 전문성을 갖춘 상담원을 찾기도 쉽지 않다. 직업 상담원 1인이 담당하는 경제활동인구 숫자는 주요 선진국의 열 배가 넘는 수준에 이른다.

직업 상담은 고용센터 등 직업안정 기관에만 필요한 것이 아니다. 무엇보다 학교에서 직업 생활을 준비할 수 있도록 지도해주는 역할이 매우 중요한데, 그동안에는 각급 학교에서 취업 지도를 해줄 전문 인력이 없어서 주로 진학 위주의 진로 지도만을 할 수밖에 없었다. 그나마 최근 들어 특성화고등학교와 대학교를 중심으로 정부가 '취업지원관' 채용을 지원하면서 현장에서는 많은 도움을 받고 있다. 실제 취업지원관 채용 전후의 취업 지원 실적을 비교해보면 엄청난 변화가 있음을 확인할 수가 있다. 그래서 학교 현장에서는 학생들과 선생님들로부터 왜 이제야 오셨냐는 반가움 섞인 힐난을 듣는다.

이처럼 현장에서는 전문성을 지니면서 취업 지원 기능을 실제 수행할 수 있는 인력에 대한 수요가 매우 크고, 이들 인력이 늘어남에 따라 고용서비스의 양적·질적 수준도 한층 높아질 것으로 기대된다. 튼튼한 하드웨어 없이 자꾸 소프트웨어만 개발하는 것은 자칫 사상누각(砂上樓閣)이 될 우려가 있다.

5) 사례 5: 그거 이미 하고 있는데요!

한국의 일자리 사업은 종류의 다양성으로만 따지자면 전 세계 어디에서도 별로 뒤지지 않을 정도로 다채롭게 구성되어 있다. 이러한 배경에는 고용정책의 후발 주자로서 선진국의 다양한 정책들을 적극적으로 벤치마킹(bench-marking)할 기회를 얻었기 때문이기도 하고, 일자리 문제가 지속적으로 사회 이슈가 됨에 따라 계속적으로 새로운 대책에 대한 갈증이 있어왔기 때문으로 해석할 수 있을 것이다. 이처럼 종류가 많다 보니 가장 어려운 점 중 하나가 바로 적극적으로 사업을 홍보하는 문제이다. 아무리 사업이 다양하더라도 이를 활용해야 할 정책 수요자에게 알려지지 않으면 유명무실하기 때문이다.

가끔 사업주 또는 구직자들과 간담회를 해보면 허탈해지는 경험을 한다. 사업주와 구직자들의 건의 사항을 들어보면 상당수는 이미 정부가 사업으로 시행하고 있는 것들인데 이를 잘 모르는 경우가 제법 많다. 그래서 '사실 그거 이미 하고 있는 사업이거든요'와 같은 답을 수없이 하게 된다. 이를 전적으로 사업주나 구직자가 게으른 탓이라고 책임을 전가할 수 있을까? 이 대목에서 홍보의 중요성이 다시금 부각된다. 그간 홍보는 사업을 추진하는 데서 부수적인 업무로 여겨지는 경향이 있었다. 그리고 실제로 별도의 홍보비는 매우 적게 편성되어 있어 적극적인 홍보 활동을 펼치는 데 상당한 제약이 있는 것이 현실이기도 하다.

그러나 홍보는 부차적인 업무가 아니라 고유의 업무 영역으로 재편될 필요가 있다. 지금까지는 정책을 기획하는 본부에만 별도의 홍보 조직이 있고 집행 조직에는 홍보를 전담하는 부서가 없는 실정이었는데, 과감한 변화가 필요한 시점이다. 민간 기업체에서 제품 판매를 위해 다양한 홍보와 판촉 전략을 세우고 실행해나가듯이 일자리 사업도 히트 상품으로 만든다는 생각으로 적극적인 홍보 전략을 짜야 한다. 그리고 이러한 활동이 가능하도록 홍보에 대한 재원과 인력 배분이 반드시 수반되어야 하겠다.

6) 사례 6: 이 제도 바뀐다면서요?(민원인) …… 글쎄요(담당자)

정책의 기획과 집행은 상호 유기적으로 연계되어야 일이 전체적으로 원활하게 돌아간다. 그런데 정책을 기획하는 조직과 집행하는 조직이 서로 분리되어 있다 보니 여러 가지 문제점이 발생한다. 그중 하나가 바로 정책 결정의 '비밀주의'에서 비롯된다. 정책 결정을 최종 발표하기 전까지는 언론은 물론 같은 조직 내에서도 보안을 요구하는 경우가 많아 집행기관의 업무 담당자들은 거꾸로 언론에 발표된 내용을 본 민원인의 전화를 받고 제도가 바뀌는 것을 알게 되는 경우도 종종 발생한다.

민원인으로부터 이러한 확인 전화를 받으면서 식은땀을 흘리는 담당자들의 모습을 보면 측은한 생각이 들지 않을 수 없다. 민원인의 질문에 제대로 답을 못하니 복지부동(伏地不動)의 태도로 밥그릇만 챙기는 공무원으로 매도당하고, 정부는 머리와 손발이 따로 논다는 인상을 주어 정부에 대한 국민의 신뢰도를 떨어뜨리는 요인으로 작용한다. 이러한 부분은 정책 기획 부서가 지나치게 위만 쳐다보며 일을 하기 때문이다. 입안한 정책이 결정되도록 설명하고 지원하는 역할도 중요하지만 실제 집행 부서에서 정책이 제대로 집행될 때 비로소 의도한 효과가 나타날 수 있다는 점을 결코 간과해서는 안 된다. 따라서 언론에 정책 관련 자료를 배부할 때는 적어도 집행기관 담당자가 우선적으로 정보를 접할 수 있도록 조금만 더 신경 써주는 자세가 필요하다. 그러한 작은 조치 하나가, 집행 담당자가 바보로 전락하는 것을 막아줄 수 있고 똑똑한 정부를 만드는 지름길이 될 수도 있다.

7) 사례 7: 이거, 사람 불러야 해

고용센터의 고객 대부분은 의기소침해 있는 경우가 많다. 왜 아니겠는가? 수십 년 다니던 직장을 잃고 실업급여를 신청하러 오는 분들, 거듭된 실직으로 다시금 일자리를 찾기 위해 오는 분들, 새로운 분야의 기능을 습득해 새 일자리를 찾아보려는 분들……. 모두들 쉽지 않은 상황에 놓인 분들이다.

따라서 이 분들을 대하는 고용센터 직원들은 항상 조심스럽다. 그렇지 않아도 심기가 불편한 분들인데 잘못하면 폭발(!)할 수도 있기 때문이다. 사실 적게는 수백 명에서 많게는 1,000여 명에 이르는 고객이 매일 고용센터를 방문하기 때문에 이 분들 중에는 특이하다고 표현할 수밖에 없는 분들이 있는 것도 당연하다. 어떤 분은 아침부터 술을 마시고 와서 직원들과 시비가 붙기도 하고, 어떤 분은 막무가내로 센터 소장을 만나서 따져야겠다고 소리를 높이기도 한다. 또 어떤 분은 차마 입에 담기도 어려운 욕설을 퍼부어 창구를 담당하는 직원(주로 여직원)들을 아연실색하게 만든다.

이런 분들을 대할 때마다 직원들의 스트레스는 날로 쌓여만 간다. '감정 노동'을 수행하는 상담원들의 어려움을 보고 있자면 이들의 힘만으로는 모든 것을 헤쳐 나가기가 쉽지 않겠다는 생각이 저절로 든다.

그나마 조금 나아진 것은 최근 일부 고용센터에서 외부 경비업체에 용역을 의뢰해 제복을 입은 방호 요원을 채용한 것이다. 역시 제복의 힘은 위력을 발휘하는 측면이 있다. 언성을 높이고 폭력 행사 직전까지 간 경우에도 방호 요원이 나타나면 보통은 조금 수그러드는 경우가 많기 때문이다. 심층 상담, 취업 알선 등과 같은 대민 서비스 제공 업무의 원활한 수행을 위해서는 이른바 '특이 민원'에 대해 별도의 프로세스로 관리할 수 있는 시스템을 구축할 필요가 있다.

제2부 응전(應戰)

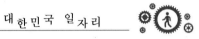
대한민국 일자리

최근 등산을 해보면 예전과 달리 산을 즐길 수 있는 방법이 많아졌음을 실감하게 된다. 예전에는 '등산' 하면 무조건 산 정상을 향해서 올라갔다가 정상에서 사방을 조망하며 '야호' 함성도 외치고 하산하면서 막걸리 한잔 걸치는 것이 주로 정해진 코스였다. 그러던 것이 최근에는 산 곳곳에 '둘레길'이 생겨나기 시작했다. 잘 알려진 것처럼 제주도에 올레길이 생기고 선풍적인 인기를 얻으면서 전국 각지의 산에도 경쟁적으로 둘레길이 만들어졌다. 둘레길은 다른 종류의 산행(山行)을 제공한다. 둘레길에는 정상이 없다. 올라갔다 내려가기도 하고 때로는 동네의 골목길을 거닐기도 하면서 두루 살피며 순환하는 길이다. 시작도 없고 끝도 없는 자유로운 길이다. 그야말로 예전에는 경험하지 못한 새로운 길인 것이다. 산에 가면 당연히 산 정상을 올라가야 한다는 상식(?)을 깨뜨리는, 그러면서도 또 다른 기쁨과 만족을 주는 길이 등장한 것이다. 여전히 풀리지 않는 일자리 문제를 고민하면서 '둘레길'과 같은 새로운 패러다임을 만들 수

그림 9 '새로운 일자리 정책' 개념도

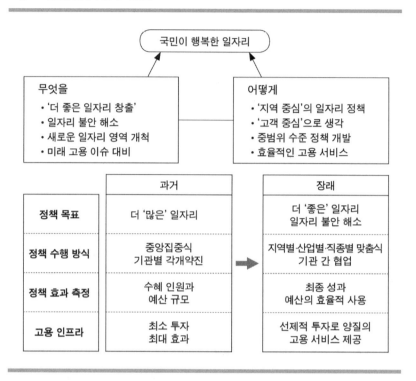

는 없을까 하는 생각을 해본다.

크게 보면 일자리 창출이 고용 문제를 해결할 것으로 보일 수 있다. 일자리 수가 늘어난다면 분명히 누군가는 그 일자리를 얻게 된다는 것을 의미하기 때문이다. 하지만 창출된 일자리의 구체적인 실상을 보지 않고서는 이렇게 결론 내리는 것이 성급할 수 있다. 새로 창출된 일자리의 대다수가 불안정하거나 근로조건이 열악한 일자리라면 어떤가? 일자리 변동을 경험하는 대다수가 기존보다 열악한 일자리로 취업할 수밖에 없다면 어찌할 것인가?[1] 당장 실업을 겪는 것은 아니더라도 언제라도 고용이 단절될 수 있다는 고용불안에 떠는 근로자가 다수를 차지한다면 이 또한 어떻게 받아들여야 할 것인가? 오늘날 일자리 문제는 이처럼 중층적(multi-layer)일 뿐만 아니라 문제들 상호 간에 긴밀히 연계되어 있어 동시에 다차원적인 사고로 문제를 해결해나가야 한다.

　제1부에서 살펴본 바와 같이 기존의 '더 많은 일자리 창출'이라는 단선적인 패러다임으로는 다양한 일자리 문제를 모두 해결할 수 없다. 패러다임의 전환이 필요한 것이다. 일자리가 국민들의 행복한 삶의 기반이 될 수 있도록 좋은 일자리를 만들어내는 노력과 함께, 다양한 삶의 경로 변화에서 국민이 고용불안을 떨쳐낼 수 있도록 '일자리 사회안전망'을 확충해나가는 것이 바로 일자리 정책의 새로운 패러다임으로 자리 잡아야 한다. 그림 9가 보여주는 바와 같이 일자리 문제에 대한 새로운 사고와 이에 기반을 둔 참신한 정책적 대안이 효과적으로 작동한다면 일자리를 통해 행복을 가꾸어나갈 수 있는 기회가 그만큼 더 많아질 것으로 믿는다. 이어지는 제3장과 제4장에서는 '국민이 행복한 일자리'를 만들기 위해 일자리 정책이 '무엇을' '어떻게' 해야 하는지 좀 더 구체적으로 살펴보고자 한다.

---

1 한국은행(2013)이 한국의 산업 간 노동이동을 분석한 결과를 살펴보면 최근 10년 간 고부가가치산업에서 저부가가치산업으로의 노동이동 비율이 크게 증가하고 있음을 보여준다.

제3장

•

•

일자리 정책, '무엇을' 할 것인가?

1. 바보야, 문제는 '더 좋은 일자리'야

국민이 행복한 일자리를 만들기 위해 현시점에서 우선적으로 역량을 집중해야 할 영역으로 '더 좋은 일자리 창출'을 들 수 있겠다. 이는 양적 확대에 초점을 둔 일자리 정책에서 탈피해야 하는 것을 의미하는 것이기도 하다. 사업주의 구인난과 청년층의 구직난이 동시에 발생하는 현상이 보여주듯이, 그리고 과도한 비정규직 숫자가 이야기하듯이 대한민국에는 안정적인 고용을 보장하면서 일을 통해 생계유지와 노후 대비를 할 수 있는 좋은 일자리가 무엇보다 절실하다.

우리 주위에는 비어 있는 일자리가 많다. 다만 이러한 일자리 대부분은 고용불안정, 열악한 근로 여건, 비전 부족 등의 이유로 구직자의 선택을 받지 못하는 것이다. 또 많은 저임금 근로자가 취업과 실업을 반복하는 것도 취업 가능한 일자리가 양질의 일자리가 아니기 때문이라는 점을 직시해야 한다. 따라서 향후 일자리 정책은 중산층이 늘어나도록 '더 좋은 일자리' 창출에 집중할 필요가 있다.

그간 저소득층, 경력 단절 여성, 고졸 청년 등 취업 취약 계층을 중심으로 많은 사업을 해왔지만, 사회의 양극화 현상은 더욱 심화되어온 것이 현실이다. 일자리 정책만으로 중산층 확대를 이루어내기에는 어려움이 있겠지만 국민기초생활보장 수급자가 국가가 제공하는 복지에 의존하는 상태에서 벗어나도록 도와주는 동시에, 근로 빈곤층이 중산층으로 올라갈 수 있도록 좋은 일자리를 많이 만드는 노력을 강화해야 한다. 이를 위해 근로 빈곤층이 확대되지 않도록 근로에 대한 인센티브를 확대하는 동시에 각각의 일자리가 좀 더 나은 일자리가 될 수 있도록 정책적으로 지원하는 노력을 병행할 필요가 있다.

1) 더 많은 일자리 vs. 더 좋은 일자리[1]

최근 박근혜 정부는 국정 목표로 고용률 70% 달성을 내걸었다. 달성하기에 쉽지 않은 목표이기에 일각에서는 현실성 없는 목표라고 비판하지만, 한편으로는 기존의 경제성장 일변도의 국정 목표에 비해서는 국민이

---

[1] 국제노동기구(International Labor Organization: ILO)가 1999년 처음 제시한 '좋은 일자리(decent work)'란 "고용의 양적 성장에만 치중해서는 근로자들의 삶의 질을 높이기 어렵기 때문에 질적 성장에 초점을 두어야 한다"는 문제의식에서 비롯되었다. 국제노동기구는 1999년 총회 결의에 따라 좋은 일자리를 측정하기 위한 11개 부문, 29개 세부 지표로 된 '좋은 일자리 지표'를 만든 바 있다. 좋은 일자리 지표 관련 자세한 내용은 방하남 외(2007)를 참고하기 바란다.

피부로 느낄 수 있는 일자리 정책을 국정 운영의 전면에 내세웠다는 측면에서는 분명 진일보한 목표 설정이라는 생각이 든다. 하지만 여전히 딜레마가 있다. '고용률 70%가 되면 국민 모두가 더 행복해지는 것일까?' 하는 질문이 머릿속을 맴돌기 때문이다. 사실 고용률은 그 자체가 궁극적인 목적이 아니라 국민 모두의 안정적인 생활, 자아실현이 가능한 토대 마련 등을 통해 국민 행복 증진이라는 상위의 목표에 도달하기 위한 수단인 하위 목표이다. 따라서 고용률 70%라는 수량적 목표도 중요하지만 더 중요한 것은 이러한 목표를 채우는 구체적인 내용이 의미가 있어야 한다는 것이다.

예전에 일자리 정책을 고민하면서 동료들끼리 우스갯소리로 돈 안들이고 고용률을 높이는 획기적인 방법에 대해 이야기를 나눈 적이 있다. 가장 공감을 얻은 방안이 집에서 가사를 전담하는 주부들끼리 서로 상대방 집에서 가사노동을 하도록 하고 그 대가로 동일한 임금을 주도록 하면 된다는 것이다. 이렇게 하면 비경제활동인구로 잡혀 있던 전업주부들이 모두 취업자가 되고 당연히 고용률이 올라가게 된다는 것이다. 논리상으로는 전혀 문제가 없다. 이런 방식으로 하더라도 당연히 고용률은 올라간다. 현재 사용하는 고용률 통계 시스템이 그렇게 설계되어 있기 때문이다. 그런데 다들 '이건 아닌데'라는 생각이 들 것이다. 이렇게 해서 설령 고용률이 올라간다고 한들 그게 도대체 국민이 행복해지는 데 무슨 의미가 있을지 생각해보면 답이 나온다. 내 집 살림은 다른 사람에게 맡기고 다른 집 살림을 해주면서 그 가사노동의 질이 더 높아질 리도 없을 것이며 괜히 교통비만 더 축내는 결과로 이어질 것이다.

앞에서도 살펴본 바와 같이 일자리 문제는 양과 질이 모두 강조되어왔다. '더 많은 일자리, 더 좋은 일자리'로 대표되는 것처럼 그간의 일자리 정책은 일자리의 양과 질 모두를 개선하기 위한 목표를 세워왔다. 이제 이러한 목표가 여전히 유효한지 질문을 던져볼 필요가 있다. 당연하게도 일자리의 양과 질이 모두 개선된다면 이보다 더 좋은 일은 없을 것이다. 그런데 사실 그간의 일자리 정책을 살펴보면 표면상으로는 일자리의 양과 질을 이야기하고 있지만 주로 일자리의 양을 늘리는 데에 무게중심이 실려 있었다.[2] 대표적으로 지난 이명박 정부가 대선 과정에서 내걸었던 일자리 300만 개 창출 목표를 보더라도 일자리의 양적인 측면에 초점을 맞추었지 질적인 측면에 대해서는 명확한 목표가 제시되지 않았다. 그러다 보니 모든 관심이 매월 발표되는 통계청의 경제활동인구조사에서 취업자 수가 몇 명 늘었는지에만 관심을 두는 현상이 반복되어온 것이다.

더 심각한 것은 정책 수단 또한 주로 일자리의 양적인 측면에 초점을 맞춰 개발되어왔다는 것이다. 경제위기 상황을 타개하기 위해서 희망 근로와 같은 공공 부문의 단기 일자리 수를 늘리거나 청년인턴사업을 통해 정부가 보조해주는 일자리 수를 늘리는 데만 정책 수단이 집중되어온 문제가 있다. 물론 이러한 정책 수단이 모두 불필요한 것은 아니지만 상대적으로 일자리의 질을 개선하거나 양질의 일자리를 만들기 위한 정책적 노력은 많이 취약했다고 할 수 있겠다. 이제는 이런 단계를 수준을 넘어서야 한다. 제2장에서 살펴본 바와 같이 한국 노동시장이 선진국에 비해

---

[2] 현실적으로 '정책 목표의 측정'이라는 문제도 있다. 양적인 목표에 대한 측정은 명확하고 논란의 여지가 별로 없지만, '더 좋은 일자리'와 같은 질적인 목표는 합의된 측정 방식의 도출이 어려울 뿐만 아니라 측정결과 해석도 합의를 이루기 어려운 측면이 있다. 그러나 이러한 측정의 어려움 때문에 목표 설정 자체가 영향을 받는다면 이는 본말이 전도된 것이라 할 것이다. 참고로 강중구 외(2013)는 고용의 질 지표를 지수화하는 방법을 제안하고, 이를 토대로 산업간 고용의 질적 현황을 분석하고 있으니 참고하기 바란다.

표 3 **사업체 규모별 인력 부족률**   (단위: %)

규모별	2005년	2007년	2009년 상반기	2010년 상반기	2011년 상반기	2012년 상반기	2013년 상반기
5~9인	5.7	5.2	4.5	5.3	4.5	4.3	4.4
10~29인	3.3	3.5	2.9	4.0	3.4	3.5	3.2
30~99인	2.4	3.3	2.6	3.3	2.8	3.0	3.0
100~299인	2.9	2.8	1.9	2.5	2.5	2.6	2.6
300인 이상	1.0	1.1	1.3	1.7	1.5	1.3	1.1

자료: 고용노동부, 『사업체노동력 조사』(각 연도).

가장 뒤떨어지는 분야가 일자리의 질적 측면이다. 따라서 현시점에서는 일자리의 총량도 중요하지만 '좋은 일자리'[3]를 어떻게 많이 늘리느냐 하는 점에 중점을 두고 일자리 정책을 고민할 필요가 있다. 이를 보여주는 가장 좋은 사례가 바로 중소기업의 구인난이다. 표 3에 잘 나타나있듯이 영세 규모의 사업체일수록 구인난에 시달린다. 취업을 희망하는 실업자도 많지만 중소 제조업체를 중심으로 여전히 많은 기업체에서는 일할 사람을 구하지 못해 쩔쩔매고 있다. 이는 달리 말하면 양적인 측면에서 일자리가 부족한 것이 노동시장의 가장 큰 과제가 아니라는 것을 의미한다. 빈 일자리는 여전히 많지만 구직자들이 희망하는 양질의 근로조건과 발전 가능한 미래 비전을 제시하는 일자리는 제한적인 것이 가장 큰 문제인 것이다.

---

[3] '좋은 일자리'라는 개념은 다양한 수준에서 정의될 수 있다. 거시 경제적 측면에서 고용의 질을 측정할 수도 있고, 개별 기업 또는 개인의 입장에서 일자리의 질적 수준을 평가할 수도 있다. 자세한 내용은 각 수준별 '고용의 질' 지표를 제시하는 방하남 외(2007)를 참고하기 바란다.

그림 10 **비정규직 종사자 현황 추이** (단위: 만 명, %)

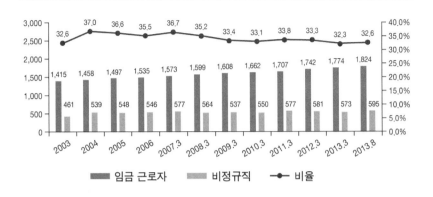

자료: 통계청, 『경제활동인구조사 부가조사』(각 연도).

동시에 기존 일자리를 좋은 일자리로 탈바꿈시켜나가는 노력도 매우 중요한데 대표적으로 일자리의 안정성을 증진시키는 노력이 필요하다. 이미 지적한 바와 같이 근로자의 고용불안감은 OECD 국가 중 최고 수준에 이른다. '사오정(사십오 세 정년)' 이라는 신조어가 말해주듯이 현재 일자리가 있다 하더라도 구조 조정 등으로 언제 퇴직할지 모른다는 불안감이 널리 퍼져 있기 때문에 일자리에 대한 위기감은 더욱 증폭되는 것이 현실이다. 또한 그림 10이 보여주는 바와 같이 최근 전체 임금 근로자 중 비정규직이 차지하는 비중이 30%대 초반으로 정체되어 있기는 하지만 그 비중을 살펴보면 OECD 국가 중 거의 최고 수준을 보인다. 이처럼 고용불안과 낮은 근로조건으로 대표되는 일자리는 직업에 대한 만족감을 떨어뜨리고 사회 전체를 고용불안 사회로 몰고 가는 핵심적인 요인이다. 따라서 이러한 일자리를 더 좋은 일자리로 변화시켜가는 정책적 노력 없이는 일자리 문제 해결이 매우 어렵다.

✎ 참고 자료: 국제노동기구의 좋은 일자리 지표

부문	세부 지표
고용 기회	① 경제활동 참가율 ② 고용률 ③ 실업률 ④ 청년 고용률 ⑤ 비농업 부문 임금노동 비율
철폐되어야 할 노동	① 학교에 다니지 않는 아동 비율 ② 임금노동 또는 자영업에 종사하는 아동 비율
적당한 수입과 생산적 노동	① 저임금 고용 비율 ② 주요 직종 평균 수입(earnings)
적절한(decent) 노동시간	① 장시간 노동 비율 ② 시간 관련 과소 고용 비율
고용안정성	① 재직 기간이 1년 미만인 임금노동자 비율 ② 임시 임금노동자 비율
일과 가정의 양립	① 의무교육 연령 이하의 아동이 있는 여성들의 취업률
고용 평등	① 성별 직종 분화 ② 경영 행정 직종에서 여성이 차지하는 비율
안전한 작업 환경	① 치명적 부상 빈도 ② 근로감독관 비율 ③ 산업재해보험 적용을 받는 임금 근로자 비율
사회보장	① 공공 사회보장 지출(GDP 대비) ② 현금소득 보전 지출(GDP 대비) ③ 현금소득 보전 수혜자 비율 ④ 연금 수혜자 비율(65세 이상) ⑤ 연금 가입자 비율(경제활동인구 대비) ⑥ 평균 연금액(중간 또는 최소 수입 대비)
사회적 대화	① 노조 가입률 ② 단체임금협약 적용률 ③ 파업과 직장폐쇄 빈도
경제사회적 맥락	① 비공식 고용

자료: 방하남 외, 『고용의 질: 거시·기업·개인 수준에서의 지표개발 및 평가』(한국노동연구원, 2007).

구분	세부 지표	정의
직무 · 직업 특성	자율성	일상 근무 활동에서 허용되거나 요구되는 직무와 관련된 독립성, 주도성, 자유의 크기
	권한	무엇을 해야 할 것인지를 결정하고 그 일을 할 수 있는 권리, 그리고 그 일을 시킬 수 있는 권리
	위세	사회구성원들이 어떤 직업에 대해서 일반적으로 가지고 있는 권위, 중요성, 가치, 존경에 대한 인식 정도 또는 평가
고용안정	정규 고용	객관적으로 현재 하는 일을 계속 할 수 있는(직장에 계속 다닐 수 있는) 고용 형태
	고용안정성	주관적으로 현재 하는 일을 계속 할 수 있다고(직장에 계속 다닐 수 있다고) 느끼는 정도
발전 가능성	숙련 향상 가능성	일을 하면서 업무 능력이 향상되거나 그런 기회를 가질 수 있는 정도
	승진 가능성	일자리에서 승진이나 개인 발전이 가능한 정도
보상	급여	일을 통해 얻을 수 있는 직접적이고 가시적인 금전적 혜택
	부가 급여	급여 이외에 일을 통해 얻을 수 있는 간접적이고 비가시적인 금전적 혜택
근무 조건	근무 시간	일하는 시간
	작업 환경	일하는 곳의 작업 환경
관계	참여·발언	일하는 곳에서 개인의 의사를 피력하고 전달할 수 있는 정도
	인간관계	동료 및 상사, 고객과의 인간관계

자료: 방하남 외, 『고용의 질: 거시·기업·개인 수준에서의 지표개발 및 평가』(한국노동연구원, 2007).

2) 더 좋은 일자리 창출에 정책 수단 집중

경제성장과 민간 기업만 바라볼 수는 없다

양질의 일자리를 늘리기 위해 가장 중요한 요소는 두말할 필요 없이 경제성장이다. 경제가 꾸준히 성장하지 않고서는 결코 일자리가 양적으로나 질적으로 개선되기 어렵다. 한편 일자리 정책 측면에서 고민해야 할 사항은 바로 동일한 경제 여건하에서 어떻게 하면 좋은 일자리를 더 많이 만들어낼 수 있을 것인가 하는 문제이다. 경제성장만으로 좋은 일자리를 충분히 만들 수 있다면 사실 별도의 일자리 창출 정책은 필요 없을 수도 있다. 경제성장 정책만으로 충분할 테니 말이다. 하지만 한국의 경제 상황을 살펴보면 과거 1970~1980년대의 고도 경제성장을 다시 기대하기는 매우 어려운 것이 현실이다. 산업구조를 살펴봐도 노동집약적 제조업은 이미 쇠퇴의 길로 접어들었고 자본적·기술집약적 제조업과 서비스업 중심으로 재편되어 있으므로 대량 고용 창출, 특히 양질의 일자리를 많이 늘리는 문제는 정부가 의도적으로 정책 목표를 설정하고 강력하게 추진하지 않는 한 상당히 더딘 속도로 진행될 수밖에 없다.

특히 유의해야 할 점은 민간 기업의 경영 활동은 본질적으로 양질의 일자리 창출을 일차적인 목표로 삼기 어렵다는 사실이다. 민간 기업의 경우 일차적으로 시장 경쟁 속에서의 생존을 토대로 최대한의 수익을 창출하는 것이 지상 목표이다. 이 목표에 배치되는 정부의 주문에 대해서는 겉으로는 어떤 반응을 보이든지 간에 장기적으로는 기업이 수용하기 어렵다. 시장경제를 채택하는 한 불가피한 한계이기도 하다. 달리 이야기하면 직접적인 수익 창출이 아닌 양질의 일자리 창출을 위해 기업 활동을 하라고 주문하는 것은 한계가 있을 수밖에 없는 것이 엄연한 현실이다. 정부는 이러한 한계를 분명히 인식하면서 경제성장 촉진, 민간 경제활동 활성화 등을 통해 일자리 문제를 어떻게 해결할 것인지 고민할 수밖에 없다.

청년들의 실업난 속에서도 빈 일자리는 여전히 많이 존재한다. 빈 일자리가 지속적으로 존재하는 이유는 이 일자리들이 그리 매력적이지 못하기 때문이다. 구직자들은 여러 가지 측면에서 일자리를 평가하고 그곳에 취업할 것인지 여부를 결정하게 된다. 일반적으로 평가 기준이 되는 항목을 정리해보면 크게 세 가지로 구분할 수 있는데 해당 일자리의 근로조건, 고용안정성, 장래 발전 가능성이다. 그러므로 이러한 요건을 충족하는 양질의 일자리를 더 많이 만들어내는 것이 가장 큰 숙제이다.

그렇다면 정부는 어떤 방식으로 기업이 양질의 일자리를 많이 만들도록 유도해나갈 수 있을까? 먼저 쉽게 생각할 수 있는 대책으로 기업에 인센티브를 지급하는 방안을 생각할 수 있다. 지금도 고용보험의 고용안정사업 등을 통해 새롭게 일자리를 만들거나 취약 계층에게 일자리를 제공하는 경우 다양한 보조금을 지급한다. 그런데 정부의 일자리 정책을 살펴보면 일자리의 질적 수준을 높이기 위한 민간의 노력에 대한 직접적인 지원 정책은 상당히 제한적으로 시행되었다. 즉 일자리를 새로 만드는 데만 지나치게 초점을 맞추다 보니 질적 수준에 대해서는 상대적으로 관대하게 취급해온 것이다. 예를 들어, 취약 계층을 고용할 때 지원해주는 고용촉진 지원금의 경우 제공되는 일자리의 수준을 고려하지 않다 보니 사실상 근로 여건이 열악한 빈 일자리에 취약 계층을 고용하는 경우에도 제한 없이 지원하는 결과를 가져왔고, 그 결과 그러한 일자리에 취업한 취약 계층은 오래 근무하지 못하고 또다시 실업자로 전락하는 상황이 반복되었다. 일종의 사중손실(死重損失, dead-weight loss) 효과가 발생하고 있는 것이다.

현행 보조금 지급 방식으로 양질의 일자리 창출을 유도하기에는 한계가 있다. 질적 수준을 묻지 않고 일자리를 만들기만 하면 보조금이 주어지는 상황에서 기업체가 특별히 좋은 일자리를 만들려고 고민할 이유가 없는 것이다. 따라서 새로운 일자리 창출 시 보조금을 주더라도 좋은 일자리의 기준을 설정해 이를 충족시키는 일자리에 대해서는 추가적인 인센티브를 주거나 아니면 좋은 일자리에 한정해서만 보조금을 주는 방식 등을 도입해 양질의 일자리 확대라는 정책 목표를 분명하게 구현해나가야 한다. 즉 정부의 지원 대상이 되는 일자리에 대한 기준선을 재정립할 필요가 있다. 기존에는 최저임금 등 법상 최저 수준 요건만 충족하면 지원 대상이 되는 일자리로 간주했으나 이 정도 기준으로는 양질의 일자리를 확산하는 데 한계가 있다. 따라서 지원 대상 일자리 기준을 상향 조정할 필요가 있다. 예를 들어, 평균적인 근로조건을 업종별·기업 규모별로 세분화해서 임금, 산업재해율 등의 근로조건 기준을 제시하고, 고용안정성 측면에서도 원칙적으로 무기 계약 일자리에 한정해서 지원하는 등의 지원 기준 가이드라인(guide-line)을 설정할 필요가 있다. 이는 청년인턴사업에도 마찬가지로 적용될 수 있다. 현재는 인턴 일자리의 질적 측면에 대해서는 거의 고려하지 않고 있어 실질적으로는 사업주가 인건비 절감을 목적으로 인턴사업을 악용하는 측면이 있다. 향후 정부가 지원하는 청년인턴 일자리의 경우 엄격하게 요건을 제한해 양질의 일자리로 지원 대상을 좁히는 노력을 기울일 필요가 있다.[4]

다른 한편으로 규제 완화를 통해 산업 활동을 활성화시키는 방안도 더

---

[4] 이때 사중손실(지원금이 없더라도 청년들의 선호가 높은 일자리에 대한 지원은 예산 낭비의 소지가 있으므로)의 우려를 해소하기 위해서는 청년들이 선호하는 대기업이나 공공 부문 일자리는 지원 대상에서 제외해야 할 것이다.

욱 강화해야 한다.[5] 사실 규제 완화는 어제오늘 이슈가 아니다. 역대 거의
모든 정권이 이구동성으로 규제 완화를 외쳐왔다. 그럼에도 규제 완화가
더디게 진행된 것은 그만큼 규제의 이면에는 복잡한 이해관계가 얽혀 있
거나 서로 상이한 가치가 충돌하기 때문이다.[6] 이러한 어려움이 있음에도
규제 완화를 위한 획기적인 노력은 반드시 필요하다. 특히 독과점하에 놓
인 시장의 경쟁 촉진 등을 위한 규제 완화는 국민에게 돌아가는 혜택이 더
커질 뿐만 아니라 일자리 측면에서도 매우 긍정적인 영향을 미칠 것이다.
예를 들어, 국내 맥주 제조업체는 현재 과점 상태에 놓여 있다. 그 배경을
살펴보면 여러 가지 원인이 있겠지만 대표적으로 소형 맥주업체가 시장
에 신규 진입할 때 대기업 맥주회사와 동일한 주세율(酒稅率)을 적용받고
있어서 실질적으로 대기업과 경쟁할 수 있는 구도가 형성되지 못하는 점
도 빼놓을 수 없다. 독일에서 다양한 맥주를 접할 수 있는 것도 중소 규모
의 맥주 제조업체를 장려하기 위해 할인된 주세율을 적용하고 있기 때문
이라는 지적도 새겨들을 필요가 있는 것이다. 이처럼 공정 경쟁을 위해
규제를 완화하거나 중소기업을 지원하는 정책을 펼치면 그만큼 더 좋은
일자리 창출에도 기여할 것이다.

[5] 최공필(2009)은 서비스 분야의 낮은 생산성에 주목하면서 부문 간 생산성 격차를
토대로 고용 친화적 성장 전략을 제안하며, 서비스 분야 생산성 제고를 위해 개방
과 규제 완화를 기반으로 공정 경쟁 환경의 조성이 필요함을 제기한다.
[6] 예를 들어, 영리 병원(투자개방형 의료법인) 허용과 관련해서도 벌써 오래전부터
검토 중이지만 의료 서비스의 공공성을 해친다는 입장과 팽팽히 맞서고 있어 아직
까지 답을 내지 못하고 있다.

중소기업의 일자리 개선

한편, 이와 같은 기준 설정 시 상당수의 영세 중소기업이 지원 대상에서 제외될 가능성이 높아 반발할 우려가 있다. 따라서 영세 중소기업이 일자리 수준을 높이는 노력을 했을 때에는 적극적으로 지원하는 정책을 병행해야 한다. 현행 정책 중 이와 비슷한 것으로는 '중소기업 고용환경개선 지원금'7이 있는데, 중소기업이 기숙사, 샤워실, 체육 시설 등 복지 시설을 신축하거나 통근 버스 구입 등 근로자의 편의를 제공하는 조치를 하면서 새로운 일자리를 창출하는 경우 고용보험을 통해 지원해주고 있으나 지원 수준이 아직 미약한 실정이다. 중소기업은 직접적인 근로조건이 상대적으로 열악한 경우가 많고 근로자에 대한 복지 수준도 낮은 경우가 많아 구직자가 기피하곤 한다. 중소기업 근로자에 대해 직접적으로 임금을 보조해주는 방식은 재원 소요 규모 등을 감안할 때 도입이 어렵겠지만 시설 개선, 복지설비 지원 등을 통해 더 나은 근로 환경을 조성해주는 정책적 노력은 획기적으로 확대될 필요가 있다.

최근 이슈가 되고 있는 경제민주화도 크게는 중소기업 양질의 일자리 창출에 긍정적으로 작용할 수 있다. 이른바 갑과 을 간의 불합리한 상하 관계가 지속될수록 일자리 창출의 핵심 동력인 중소기업이 설 자리는 점차 좁아질 수밖에 없고 중소기업 일자리의 질적 개선을 기대하기도 어렵다. 아울러 중소기업 근로자는 대기업 근로자와의 지속적인 임금 격차를 바라보면서 상대적 박탈감을 느낄 수밖에 없고, 더 심각한 것은 양극화로

7 중소기업이 기숙사, 식당, 교육장, 체력단련장 등의 복지 시설을 만들어 고용환경을 개선하고 추가로 신규 인력을 채용하는 경우, 소요 비용의 50%(5,000만 원 한도)와 신규 채용 인력에 대한 보조금을 지원해주는 고용보험사업이다.

인해 국내 소비가 점차 줄어들어 경제 활성화에도 걸림돌로 작용한다는 점이다. 이는 궁극적으로 일자리 창출을 저해하는 요인이 되므로 경제민주화를 더 과감하게 추진해 경제 각 부문이 같이 잘살 수 있는 사회·경제 구조를 만들어가야 할 것이다.

리쇼어링 유도를 통한 양질의 일자리 창출

LG경제연구원 연구 결과(2013)에 따르면, 과거 10년 동안 업종별 좋은 일자리 변화 추이를 분석해보니 제조업의 좋은 일자리 비중은 2002년 22.6%에서 2012년 34.8%로 12.2%포인트 증가한 반면, 서비스업의 경우 27.6%에서 29.8%로 소폭 증가하는 데 그친 것으로 나타났다. 다만 제조업의 일자리 수는 53만 개 증가에 그쳐 서비스업 356만 개의 약 15% 수준에 그쳤다. 즉 아직까지는 제조업이 양질의 일자리를 만드는 능력이 더 뛰어나지만 제조업의 일자리 수는 매우 더디게 증가한다.

제조업의 일자리 증가를 위해서는 규제 완화, 노사관계 개선, 반기업 정서 해소 등 여러 가지 수단이 복합적으로 필요하겠지만 해외에 진출한 기업의 국내 복귀를 지원하거나 기업의 해외 투자를 국내 투자로 전환하는 대책도 매우 중요한 시점이라고 할 수 있다. 표 4에서 볼 수 있는 것처럼 최근 들어 기업의 해외 직접투자 규모는 가파른 상승세를 보였다. 2003년에는 41억 달러에 그쳤으나 2012년에는 무려 236억 달러에 이르러 다섯 배 이상 증가한 것이다. 기업들이 해외 투자를 늘리는 배경에는 현지 시장 개척, 낮은 노동비용 활용, 관세 회피 등 여러 가지 요인이 있는데 일자리 측면에서 보면 기업들의 적극적인 해외 투자는 국내의 일자리 축소로 연결된다는 문제가 있다. 특히 수로 제조업체의 양질의 일자리가 해외로 빠져나가는 결과를 초래하므로 적극적으로 국내 기업의 해외 투자

표 4 **기업의 해외 직접투자 규모 추이** (단위: 억 달러, 배)

구분	2003년	2004년	2005년	2006년	2007년	2008년	2009년	2010년	2011년	2012년	계
해외 직접투자(A)	41	57	64	112	197	203	172	233	212	236	1,526
외국인 직접투자(B)	35	92	63	36	18	33	22	11	48	50	409
비율(A/B)	1.2	0.6	1.0	3.1	11.1	6.1	7.7	21.3	4.4	4.7	3.7

자료: 이은석 외, 『국내기업 해외현지생산 확대의 영향 및 시사점』(한국은행, 2012).

를 국내 투자로 유도하는 노력과 지원책이 필요하다.

다행히 2013년 「해외진출기업의 국내복귀 지원에 관한 법률」을 제정하고 코트라(KOTRA)에 'U턴기업 지원센터'를 설치하는 등의 노력을 시작했으나 아직까지 가시적인 성과는 부족한 실정이다. 미국은 오바마 정부 출범 이후 2010년 「제조업증강법(Manufacturing Enhancement Act)」을 제정하는 등 해외에 진출해 있는 미국 기업들의 리쇼어링(reshoring)을 위해 많은 노력을 기울였다. 그 결과 100여 개의 기업들이 미국 본토로 돌아오는 성과를 올려 양질의 일자리 창출에도 크게 기여했다는 점은 우리에게 좋은 참고 사례가 될 수 있을 것이다.

3) '비정규직' 일자리를 더 나은 일자리로

전문직 프리랜서와 같이 자발적 비정규직 일자리가 존재하기도 하지만 한국 사회에서 아직까지 비정규직이라고 하면 비자발적 정규직, 즉 정규직이 되고 싶지만 정규직 일자리가 없어서 어쩔 수 없이 비정규직을 택하게 되는 경우가 주류를 이룬다고 해도 과언이 아니다. 그리고 무엇보다 우려스러운 것은 이러한 비정규직 비중이 지나치게 높아서 비정규직 일자리를 더 나은 일자리로 바꾸어나가는 노력 없이 양질의 일자리 대책을 이야기하기 어려운 상황인 것이다. 하루아침에 비정규직 일자리를 모두 없애는 것은 가능하지도 않고 바람직하지도 않지만, 비정규직이 더 나은 근로조건과 더 나은 일자리로 연결될 수 있는 기회가 될 수 있게 정책적으로 지원하는 노력은 매우 절실하다. 즉 한편으로는 비정규직이 정규직에 비해 임금, 근로시간, 사내 복지 등 여러 측면에서 부당한 처우를 받는 것을 막는 노력이 필요하겠고, 이와 더불어 비정규직 비중이 선진국에 비해 지나치게 높은 현실을 감안할 때 비정규직의 정규직 전환을 적극 유도하고 지원해나갈 필요가 있다. 다만 비정규직이 무조건적으로 나쁜 일자리를 의미하는 것은 아니므로 전환 대상이 되는 비정규직 업종이나 직종에 대해서는 엄밀한 조사를 거쳐 가이드라인을 설정할 필요가 있다.

현재 기업체들이 비정규직을 활용하는 가장 중요한 요인은 '인건비 절감'과 '탄력적인 인력 운용' 두 가지를 들 수 있다. 글로벌 경쟁 심화에 따라 기업들은 지속적으로 생산 비용의 감소를 위해 노력할 수밖에 없으며, 그 과정에서 인건비 절감 효과를 거두기 위해 비핵심 업무의 아웃소싱, 단기 계약직의 도입 등을 적극적으로 활용한다. 이 같은 현상은 외환위기 이후 급속도로 퍼져 비정규직이 급증하는 중요한 원인이 되었다. 기업이 인건비 절감을 위해 비정규직을 남용하는 것을 막을 수 있는 정책적 방안으로는 우선 비정규직을 과다하게 채용하는 경우 경제적 부담을 늘리는 방안을 생각해볼 수 있다. 기업의 노동비용 감소라는 측면에서 일정 수준의 외주화(out-sourcing, 사내 하청 포함)가 불가피한 측면이 있을 수 있지만 이는 사회 전체적인 측면에서 보면 일종의 부정적인 외부 효과(negative external effects)를 초래한다.[8] 대표적으로 고용불안으로 인해 발생하는 실업급여 지급, 복지 비용 증가, 일자리 사업 확대 등에 따른 사회적 비용을 들 수 있겠다. 따라서 이러한 부정적인 외부 효과를 발생시키는 기업에 세금을 추가로 징수(예: 가칭 고용 부담세)하거나 고용보험료를 인상하는 방안(예: 고용보험에 경험요율 도입) 등을 적극적으로 고민해야 한다.

경기 변화에 신속하게 대응하기 위해 기업들이 비정규직 채용으로 인력 구조 조정을 쉽게 하려는 시도에도 다양한 대응이 필요하다. 우선 이미 시행하고 있는 비정규직보호법이 정착될 수 있도록 노력을 강화해야겠다. 비정규직으로 2년 이상 근로하면 정규직으로 전환하도록 하는 제도는 비정규직의 무분별한 확산을 막기 위한 좋은 장치이기는 하지만 현실에서는 이를 회피하려는 시도가 지속되고 있다. 대표적으로 계속고용 기간이 2년이 넘지 않도록 관리해 2년이 되기 직전에 다른 근로자로 교체하는 시도를 들 수 있다. 이는 사실상 비정규직보호법을 우회하는 방안으로 법 취지를 거스르는 것임에도 심지어 공공 기관에서도 이러한 방식을 거리낌 없이 활용한다. 이를 해결하기 위해서는 기본적으로 특정 '사람〔人〕'을 기준으로 2년 고용 여부를 판단할 것이 아니라 특정 '일자리'를 기준으로 2년 이상 동일 업무가 지속되는 일자리라면 원칙적으로 정규직 일자리로 제공하도록 의무화시킬 필요가 있다. 그리고 이러한 방안에 대해서는 공공 기관이 우선적으로 '모범적인 고용주'로서 철저하게 준수하려는 노력을 해야한다. 사실 공공 부문은 정부의 확고한 의지만 있다면 얼마든지 가시적인 효과가 가능한 영역이다. 인건비 확보와 정원 인정이라는 두 가지 문제만 제도적으로 보장해주면 당장이라도 가능하기 때문에 민간 기업에 이를 강조하기에 앞서 공공 부문의 선도적인 노력이 매우 중요하다

---

8 급격히 진전된 세계화는 기업이 최소한의 비용으로 상품을 생산하고 가장 수익성 높은 곳에서 그 상품을 판매하도록 내몰고 있다. 이런 세계화의 메커니즘과 대응 방안에 대해서는 서로(2005)에 잘 소개되어 있다.

고 하겠다.

또 간접고용 방식에 대해서도 대대적인 수술이 필요하다. 최근 현대자동차에서 문제가 되었던 것처럼 사내 하청이 광범위하게 퍼져 있고 파견·도급 등의 간접고용도 큰 비중을 차지하는 실정이다. 가장 비근한 예로 같은 작업장 내에서 자동차의 오른쪽 바퀴는 정규직이, 그리고 왼쪽 바퀴는 사내 하청 근로자가 조립하는 이해하기 어려운 장면이 연출되어왔다. 이러한 노동 현실은 어떠한 이유에서도 합리화되기 어렵다고 할 것이다. 사실 노동시장의 유연화라는 차원에서도 무작정 간접고용을 막아서는 안되겠지만, 간접고용이 인력 구조 조정이나 인건비 감소 등의 목적으로 남용되지 않도록 제도를 개선해야 한다.[9] 하지만 이런 취지에도 불구하고 현실적으로는 간접고용이 허용되는 업종과 범위를 설정하는 일은 복잡하고 다양한 이해관계가 얽혀 있어 노사 간 합의를 이끌어내기가 상당히 어려운 영역이기도 하다. 분명한 것은 간접고용이 정규직 고용 형태를 보완하는 보조적 수단으로 활용되어야 한다는 원칙이 명확하게 적용되어야 할 것이며, 이러한 원칙하에 개별 업종의 고용 실태와 해외 유사 업종의 고용 실태 등을 종합적으로 고려해 간접고용이 허용되는 범위를 설정해야 한다. 기업의 입장에서도 무조건 노동시장의 유연성만을 주장할 것이 아니라, 양질의 일자리를 더 많이 사회에 제공하는 것이 기업의 사회적 책임이라는 차원에서 중요한 가치라는 사실을 인식하고 적극적으로 간접고용을 줄이려는 노력을 기울여나가야 하겠다.[10]

---

[9] 홍민기(2012)는 간접고용과 기업 생산성 간의 관계에 대한 연구를 통해, 비정규 근로와 간접고용이 늘어나면 기업의 생산성은 하락하는 반면 기업 이윤에 미치는 영향은 통계적으로 유의미하지 않다는 결론을 도출하기도 했다.

아울러 안정적인 일자리를 늘리려는 민간 기업체의 노력을 적극적으로 지원하는 정책도 매우 중요하다. 최근 비정규직 근로자의 비율이 더는 늘어나지 않고 있지만, OECD 평균 수준에 비춰 보면 여전히 비정규직 규모가 부담스러울 정도로 높은 편이다. 이로 인해 발생하는 노동시장의 양극화 문제는 향후 많은 사회비용을 필요로 할 수 있다. 그러므로 현시점에서는 적극적으로 기업체의 고용안정 제고 노력을 유도해야 한다. 예를 들어, 기존에 상당 기간 외주화를 통해 활용했던 인력을 자체 고용으로 전환하는 경우 일자리 정책 차원에서 지원하는 방안이 있다. 이를 통해 사회 전체적으로 안정적인 일자리가 늘어나는 효과를 기대할 수 있을 것이다.

또한 기업들이 비정규직의 고용안정성을 높이도록 유도해나가는 일자리 정책이 필요하다. 규제의 방식으로 비정규직을 정규직으로 전환하도록 하는 정책은 고용 형태의 다양성을 존중한다는 측면에서 그리 바람직하지도 않고, 실제 고용안정 효과도 높지 않은 것으로 보인다. 따라서 인센티브 방식을 활용해 비정규직의 고용안정성을 제고하는 방안을 고민해볼 필요가 있다. 즉 비정규직을 무기 계약직으로 전환하도록 컨설팅을 해주고, 전환에 소요되는 비용을 부분적으로 지원해주는 방식이다. 특히 이러한 방식이 의미 있는 부문은 중견 기업과 대기업 수준의 기업들이다. 인력난을 겪고 있는 상당수의 중소기업은 실질적으로 정규직과 비정규직

---

[10] 간접고용 방식이 확산되는 현상은 비단 한국만의 문제는 아니다. 독일, 일본, 영국 등 세계 각국에서 비슷한 문제가 발생하고, 이에 대한 대응 노력도 강화되고 있다. 자세한 내용은 한국노동연구원이 발간하는 《국제노동브리프》, 7월호(2012)를 참고하면 도움이 될 것이다.

간에 고용안정성이 큰 의미가 없다. 계약 기간 만료보다는 해당 일자리에 만족하지 못해서 떠나는 경우가 훨씬 더 많기 때문이다.[11]

4) 단시간 일자리[12]로 '일자리 유연성' 확대

단시간 일자리는 왜 필요한가?

그간 일자리 하면 으레 하루 종일 일하는 전일제(full-time) 일자리를 의미하는 것으로 여기는 경향이 있었다. 그래서 근로시간이 짧은 단시간 근로는 전일제 일자리로 가기 위한 과도기적인 일자리거나 '알바'라고 불리는 것처럼 정식 일자리가 아닌 일시적인 돈벌이를 위한 일자리로 생각해 왔다. 또한 단시간 일자리 확대가 비정규직 양산으로 이어질 것이라는 우려로 인해 노동계에서도 단시간 일자리에 대해 그리 우호적이지 않다. 그러다 보니 정부에서 단시간 일자리 창출에 여러 가지 인센티브를 주는 정책을 도입해도 크게 호응이 없는 실정이다. 정말 단시간 일자리는 국민에게 도움이 되지 않는 사라져야 할 일자리일까?

그렇지 않다는 답을 줄 수 있는 근거들은 여기저기서 많이 발견된다.

---

[11] 한국 근로자의 평균 근속 기간은 67개월(2013년 8월 기준)로, 프랑스의 11.7년, 영국의 8.7년 등에 비해 크게 낮은 수준이다.

[12] 전일제 일자리에 대칭되는 개념으로 '단시간 일자리', '시간제 일자리', '시간선택제 일자리' 등 다양한 용어가 쓰인다. 이 글에서는 단시간 일자리를 '파트타임 잡(part-time job)'의 개념으로 쓰고자 하며, 다만 현 정부가 정책적으로 채택하고 있는 '시간선택제 일자리'는 그 문맥에 따라 필요 시 사용하고자 한다. 참고로 「근로기준법」에서는 단시간 근로자를 '1주간의 소정근로시간이 당해 사업장의 동종 업무에 종사하는 통상근로자의 1주간의 소정근로시간에 비해 짧은 근로자(「근로기준법」 제2조 제1항 제8호)'로 정의한다.

먼저 외국의 사례를 보더라도 단시간 일자리 확충을 통해 고용률을 크게 끌어올린 사례가 제법 있다. 대표적으로 네덜란드를 들 수 있는데, 네덜란드는 단시간 일자리를 통해 여성들의 경제활동 참가율을 대폭 높일 수 있었고 궁극적으로 고용률을 끌어올리는 정책 수단으로 활용했다. 하지만 네덜란드의 사례가 한국에도 무조건 적용 가능하리라고 낙관할 수는 없다. 네덜란드에서 단시간 일자리가 안정적인 일자리로 자리 잡을 수 있었던 배경에는 전문직 일자리가 단시간 일자리로 활용되는 비중이 높았고, 이로 인해 단시간 일자리에 있는 여성들이 경제적인 이유로 전일제 일자리를 희망하는 비율이 낮았다는 점을 잊어서는 안 된다(Bosch, Ours and Klaauw, 2009). 또한 네덜란드에서도 단시간 일자리가 여성에게 집중됨에 따라 여성 노동력이 과소 활용되고 여성들의 승진 기회 등이 축소되고 있다는 우려가 있다는 점도 염두에 둘 필요가 있겠다.

논리적으로도 단시간 일자리를 더 많이 만들어나가야 할 필요성은 많다. 무엇보다 고령화 사회 진입에 따라 고령 인구가 급격히 늘고 있다는 점에 주목해야 한다. 고령 인구의 경우 신체적으로 전일제 근무가 부담스러운 경우가 많고, 개인적으로 일과 여가를 균형 있게 활용하고자 하는 고령 인구도 점차 늘고 있으므로 이들에게 단시간 일자리는 매우 적절한 근로 형태라 할 수 있다. 또한 육아기 여성(꼭 여성이 아니더라도 육아에 참여하는 남성도 포함)들의 경우에도 일과 가정의 양립이라는 측면에서 일정 기간 단시간 일자리로 전환해서 경력을 이어갈 수 있다면 그간 보여온 경력 단절 후 저임금 일자리로 노동시장에 복귀하는 악순환을 끊을 수 있는 좋은 수단이 될 수 있다. 그뿐 아니라 청년의 경우에도 정규 일자리를 갖기 전에 직업생활을 처음 접해보는 수단으로서, 또는 일과 학업의 병행이라는 측면에서 단시간 일자리는 나름대로 유용한 가치를 지닐 수 있다.

'더 좋은 일자리'라는 기준에서 볼 때도 단시간 일자리는 중요한 위치를 차지한다. 무엇보다 일자리 형태의 '다양성'을 확보한다는 측면에서 그 의미가 크다. 예를 들어, 이미 언급한 바와 같이 그간 여성들의 경제활동 참가율이 M자 곡선을 보이면서 불안정한 모습을 보여온 이유 중 하나가 일자리 형태가 너무 경직되었기 때문이다. 풀타임(full-time) 중심의 일자리 형태는 육아, 교육, 건강 등의 피할 수 없는 삶의 이벤트와 맞닥뜨릴 때 일을 그만두게 만드는 요인으로 작용해왔다. 이들에게는 단시간 일자리가 '더 좋은 일자리'가 될 수 있는 것이다. 특정 기업의 일자리가 100개라고 했을 때 기존에는 100개를 모두 전일제 일자리로 운영했다면, 이 중 10%인 10개를 단시간 일자리로 전환 가능한 유연한 일자리로 운영하는 것도 비록 순수 일자리 수 증가는 없겠지만 매우 의미 있는 조치이다. 오히려 특정인의 특정 일자리를 단시간 일자리로 못 박아버리면 부작용이 더 크다. 예를 들어, 육아로 인해 단시간 일자리가 필요했던 사람도 자녀가 어느 정도 자라면 전일제 일자리로 복귀하기를 원하는 경우가 많기 때문에 이런 경우에 유연하게 일자리 형태를 전환할 수 있도록 해주는 것이 진정 '더 나은 일자리'를 만드는 과정이라 할 것이다.

단시간 일자리를 둘러싼 논란

이처럼 일자리 문제를 해소할 수 있는 많은 장점을 보유하고 있음에도 단시간 일자리가 아직까지 그에 합당한 대우를 받지 못하는 것은 무슨 이유에서일까? 박근혜 정부는 출범 이후 고용률 70% 달성을 국정 목표로 제시했다. 그리고 이러한 국정 목표를 달성하기 위한 주된 수단으로 '단시간 일자리' 확충을 제시했다.[13] 단시간 일자리가 지닌 여러 가지 긍정적 측면을 감안할 때 한국의 단시간 일자리 비중이 너무 낮은 것이 맞다. 다만 단시간 일자리를 늘리자는 정책이 처음 나온 것이 아니고 지난 이명박 정부에서도 적극적으로 추진되었지만 그 결과는 기대만큼 좋지 못했던 점을 감안할 때 그 원인을 면밀히 분석하는 것이 단시간 일자리 확충을 위한 선결 요건이라 하겠다. 또한 무엇보다 단시간 일자리를 늘리는 문제에 대해서는 다양한 사회 주체들이 단시간 일자리의 필요성에 대해 공감대를 이루고 가능하다면 사회적 합의를 통해 같은 방향으로 힘을 합치는 노력이 병행되어야 할 것으로 보인다.

먼저 사회적 논란이 벌어지고 있는 배경을 살펴보자. 야당이나 민주노총 등 노동계에서 우려하는 바를 요약해보면, 결국 단시간 일자리가 비정규직 일자리를 늘리는 결과만 초래할 것이므로 단시간 일자리를 늘리기보다는 양질의 정규직 일자리를 늘리는 것이 더 절실하다는 입장이다. 이러한 주장을 반대를 위한 반대로만 치부하기에는 몇 가지 중요한 문제점이 있다. 우선 정책적으로 늘리려고 하는 단시간 일자리의 모습과 우리가 일상적으로 느끼는 단시간 일자리의 현실 사이에 실재하는 괴리를 생각해보아야 한다. 정부가 늘리겠다고 하는 단시간 일자리는 무기 계약직으로, 고용이 안정적인 단시간 일자리를 의미한다. 그러나 지금까지의 단시간 일자리는 실질적으로 고용안정이나 근로조건 측면에서 취약한 일자리인 경우가 많았다. 이러한 현실을 어떻게 극복할 것인지에 대한 명확한 비전이 없으면 단시간 일자리 확대에 대한 반발이 지속될 수밖에 없을 것

13 박근혜 정부가 최우선적인 일자리 과제로 '시간선택제 일자리 확산'을 들고 나옴에 따라 사회 전체적으로 이 이슈에 대한 관심이 높아지고 논쟁이 진행되고 있는 점은 고무적인 현상이라 할 수 있다. 이러한 과정을 거치면서 사회 내에서 단시간 일자리가 확산될 수 있으리라 기대한다.

이다.

즉 단시간 일자리가 또 다른 의미의 비정규직 일자리가 될 것이라는 우려가 광범위하게 존재하는 것이다. 앞에서 살펴본 것처럼 한국에는 비정규직 일자리가 지나치게 많을 뿐만 아니라 많은 경우에서 이른바 '비정규직 함정(한번 비정규직이면 영원히 비정규직)'에 빠지게 되는 경우가 많아 어떻게든지 정규직 일자리를 얻으려는 욕구가 큰 상황이다. 따라서 단시간 일자리가 주는 매력에도 불구하고 안정적인 일자리가 되지 못할 것이라는 걱정과 승진 등 인사관리 측면에서도 불이익을 받을 것이라는 우려가 있는 것이다. 사실 이런 걱정이 터무니없는 것은 아니다. 현재 많은 경우 단시간 일자리는 단순기능직 일자리인 경우가 많으며, 체계적인 경력관리 시스템도 설계되지 않은 경우가 많다. 게다가 한 번 단시간 일자리로 직장에 들어가면 계속 단시간 근무만 해야 하는 경우가 많아 조직 내에서 비주류가 되어 눈에 보이지 않는 불이익을 받는 것을 방치하는 측면도 있다. 즉 단시간 일자리 근로자에 대한 체계적인 인사관리 시스템이 갖추어지지 않는 한 단시간 일자리에 대한 매력은 반감될 수밖에 없다. 또 다른 이유로 임금 문제를 들 수 있다. 전문직이 아닌 단순기능직의 경우 최저임금 수준에서 임금이 책정되는 경우가 많은 현실에서 단시간 근로를 통해서는 원하는 수준의 임금을 받기가 어려운 것이 현실이다. 예를 들어, 단순기능직으로 8시간 근로로 120만 원을 받는 경우 산술적으로 4시간 근로를 하면 60만 원을 받게 되는데, 이 경우 출퇴근 비용, 식사 비용 등을 감안하면 단시간 근로가 주는 체감 임금은 너무 낮아진다. 그래서 상당수의 단시간 근로자는 기회가 되면 전일제 근무로 전환하기를 희망한다.

기업들도 단시간 일자리를 인력의 유연성 확보 차원에서 접근하는 경우가 많기 때문에 무기 계약직인 단시간 일자리를 만들자는 제안에 적극적이기 어려운 측면이 있다. 또한 단시간 일자리는 정규 근로시간 이외에도 다양하게 진행되는 회의, 회식, 연장 근로 등이 많은 한국의 기업 문화와도 부합되기 어려운 측면이 있고, 인력 관리 측면에서도 상여금 배분, 경력 산정 등 새로운 과제를 부여하기 때문에 기업으로서는 부담이 커질 수밖에 없는 것이다. 이러한 현실적인 어려움이 지난 이명박 정부에서 단시간 일자리 창출에 여러 가지 인센티브를 부여하는 등의 정책을 추진했음에도 기업의 호응이 떨어질 수밖에 없었던 요인이었다. 특히 중소기업의 경우 단시간 근로자에 대한 별도의 인사관리 시스템이 없는 경우가 많아서 이들의 보직 경로를 설계하기도 어려우며, 전일제 근로자와 별도의 인사관리를 하는 것이 쉽지 않아 단시간 근로자를 한시직으로 활용하는 경우가 많다. 게다가 노조가 있는 기업의 경우 노조가 단시간 일자리 도입을 반대하는 경우도 많아 이들을 설득하는 데서 어려움을 겪기도 한다.

단시간 일자리, 어떻게 활성화해나갈 것인가?

이러한 여러 가지 문제점에도 단시간 일자리를 늘리는 문제는 일자리 형태의 다양화를 통한 일과 삶의 균형이라는 측면에서 중요한 의미가 있다.[14] 즉 여성 고용의 확대와 베이비부머 은퇴를 비롯한 고령층의 재취업을 지원하기 위해서는 기존의 획일적인 전일제 근로로는 한계가 있을 수밖에 없기 때문에 단시간 일자리를 통해 새로운 일자리 기회를 만들어가

---

14 클린턴 정부에서 노동부장관을 지냈던 로버트 라이시(Robert B. Reich)는 『부유한 노예』(2001)라는 저서를 통해 세계화를 배경으로 하는 신경제가 변화시키고 있는 일과 삶의 세계를 보여주면서 일과 삶의 균형을 위한 개인과 사회의 선택에 대해 이야기하고 있다.

야 하는 것이다. 따라서 전략적으로는 타깃을 좁혀서 단시간 일자리 창출 정책을 제기하는 것이 바람직하다. 즉 육아기 여성과 베이비부머를 대상으로 단시간 일자리 창출을 지원하는 쪽으로 정책을 한정시키면 단시간 일자리에 대한 사회적 논란은 많이 줄어들 수 있을 것이다. 청년을 포함한 구직자 전체를 대상으로 단시간 일자리 창출을 이야기하면 오히려 단시간 일자리가 정규직 일자리를 잠식할 것이라는 우려로 반발이 생길 수 있는 점을 반드시 염두에 두어야 하겠다.

특히 공공 부문에서 선도적으로 단시간 일자리의 효과를 입증하는 사례들을 만들어가는 노력이 필요하다. 공공 기관은 '모범적 고용주'로서 민간 부문을 이끌어가는 위치에 있을 뿐만 아니라, 공공 부문의 일자리는 청년들이 최우선으로 선호할 만큼 양질의 일자리로 인정받고 있다. 따라서 공공 부문에서 단시간 일자리의 비중을 늘려간다면 단시간 일자리는 저임금·비정규 일자리라는 선입견을 깨뜨릴 수 있는 계기가 될 수 있을 것이다. 또한 공공 기관은 경제적 효율성이라는 단 하나의 가치에 의해 움직이는 조직이 아니라 사회적 효율성, 형평성 그리고 미래 가치 추구 등의 다양한 목표를 동시에 추구하므로 고용 형태에서도 유연하게 움직일 수 있는 여지가 있다. 공무원 숫자만 해도 100만 명에 이르는 공공 부문의 규모와 위상을 생각해본다면 한국 사회가 추구해야 할 일자리의 모습을 구체적으로 담아내는 역할을 해야 한다. 다행히 최근 유연근무의 확산 등을 시도하고 있지만 아직까지 공공 부문에서 단시간 일자리를 어떻게 활용해야 할지에 대한 고민은 발전의 여지가 있어 보인다. 이 문제를 좀 더 공론화하기 위해서는 안전행정부 외에 고용노동부, 여성가족부 등 관련 부처들이 공공 부문의 인력운용 정책 방향에 적극적으로 참여할 수 있는 통로를 만들어야 한다.

5) 공공 부문 양질의 청년 일자리 확대

OECD 선진국이 공통적으로 겪고 있는 가장 심각한 고용 문제는 무엇일까? 여러 가지 답이 나올 수 있겠지만 가장 대표적인 문제로 '청년실업'을 이야기할 수 있을 것이다. 먼저 통계지표상으로만 보더라도 청년실업률이 전체 실업률보다 두 배 이상 높은 수준임을 알 수 있다. 또한 국제적으로 보더라도 거의 모든 선진국은 청년층 실업률이 전체 평균 실업률보다 두 배 전후로 높게 나타난다.[15]

물론 청년층 실업률이 높을 수밖에 없는 구조적인 요인이 있다. 첫 직장을 선택할 때는 직장 탐색 기간이 길 수밖에 없고, 눈높이를 조정하는 과정에서 실업률이 올라갈 요인이 많이 있다. 또한 직장 경험이 없는 상태에서 어렵게 얻은 첫 직장에 잘 적응하는 것도 쉬운 일이 아니어서 실업과 전직을 반복하는 비율도 높을 수밖에 없다. 표 5에서 알 수 있다시피 청년층의 첫 직장 근속 기간은 2003년 23.1개월에서 2009년에는 20.3개

표 5 **청년층 학력별 첫 일자리 근속 기간** (단위: 개월)

구분	2007. 5	2008. 5	2009. 5	2010. 5	2011. 5	2012. 5	2013. 5
전체	20.9	20.4	20.3	19.4	19.6	19.4	19.0
고등학교 졸업 이하	20.8	19.6	19.6	18.3	19.0	18.1	17.0
전문대 졸업	21.6	21.9	21.3	20.7	20.5	20.7	20.0
대학교 졸업 이상	20.0	19.7	20.2	19.3	19.4	19.3	19.9

자료: 통계청, 『경제활동인구조사 청년층 부가조사』(2007~2013).

[15] 청년 고용의 실태와 원인, 대책 등에 대한 심층적인 정보를 원한다면 한신대학교(2009)를 참고하면 도움이 될 것이다.

월로 줄어든다. 그리고 이 수치는 2013년 5월에 19.0개월까지 떨어진다.

아울러 경기가 안 좋아지면 일차적으로 타격을 받는 것이 청년층이다. 즉 경기 악화가 예상되면 우선적으로 신규 채용 규모부터 줄이기 때문에 청년층은 더 큰 어려움을 겪는 것이다. 게다가 갈수록 좋은 일자리에 대한 경쟁이 치열해져 청년들이 '스펙 쌓기'에 내몰리다 보니 체감하는 일자리 문제는 과거 그 어느 시기보다 어렵게만 느껴진다. 이러한 원인들이 복합적으로 작용해 청년들이 제대로 된 첫 직장에 안착하는 것이 쉽지 않다. 어떻게 이 문제를 해결해야 할까? 그간 청년실업 문제 해소를 위해 정부에서 많은 대책을 내놓기도 했고 민간 연구 기관에서도 다양한 제안을 해왔다. 이 글에서 비슷한 내용을 반복하는 것은 큰 의미가 없으므로 공공 부문을 중심으로 양질의 청년 일자리 취업 기회를 늘리는 아이디어를 중심으로 이야기하고자 한다.

청년 고용 문제가 개선될 기미가 보이지 않지만 통계 수치를 보면 조금 희망적인 모습도 보인다. 즉 한국의 인구 구조를 감안해 향후 4~5년 정도가 지나면 경제활동 인구는 감소세로 돌아서고 베이비부머의 은퇴도 절정에 이른다. 따라서 적어도 산술적으로는 청년층에게 직업 선택의 문이 지금보다는 넓게 열릴 것으로 기대한다. 그림 11이 보여주는 청년 인구와 베이비부머 인구 트렌드를 보면 이 사실은 좀 더 명확하게 드러난다. 문제는 그 사이에도 여전히 많은 청년들이 취업과의 어려운 싸움을 지속해 나가야 한다는 점이다. 이에 대처하기 위해서는 한시적이나마 무언가 특단의 조치를 검토해야 근본적인 변화를 이끌어낼 수 있다. 여러 가지 정책 아이디어가 있지만 그중에서 우선 공공 부문의 일자리에 초점을 맞춰 보면 조금 새로운 방안이 눈에 보인다.

사실 요즘 청년들이 일자리를 쉽게 구하지 못하는 것은 일자리의 절대

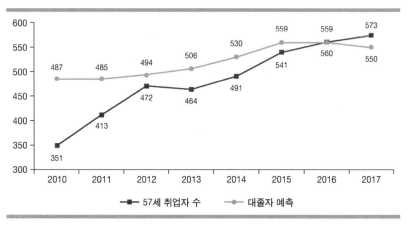

그림 11 **청년 인구와 베이비부머 인구 추이** (단위: 천 명)

자료: 고용노동부 내부 자료.

적인 수가 부족하기 때문은 아니다. 즉 지금 이 순간에도 많은 중소기업
에 빈 일자리가 넘쳐나지만 청년들이 가고 싶은 일자리가 없는 딜레마에
빠져 있는 것이다. 이를 단순히 청년들의 눈높이가 너무 높아서라고 치부
해버리면 답이 없다. 청년들은 나름대로 최대한 합리적인 선택을 하고 있
다고 인정하고 이 문제에 접근해야 한다. 즉 청년들은 중소기업을 택하거
나 비정규직으로 출발했을 때 번듯한 결혼 상대를 만나기도 어렵고, 대기
업의 정규직과 같은 안정된 일자리와는 영원히 멀어질 수 있다는 현실을
잘 알고 있다. 그래서 좀 더 나은 직장을 얻기 위해서 어떻게든지 스펙을
쌓으려고 몸부림을 치는 것이다.

이들에게 희망을 주는 방법은 양질의 일자리를 더 늘려주는 것이다.
이를 위해서 공공 부문에서 할 수 있는 일 중 하나는 신규 채용 여력을 확
대하는 것이다. 이는 공공 부문 일자리 통계에서도 뒷받침된다. **표 6**에서
볼 수 있듯이 청년층이 공공 행정에서 차지하는 비중은 1993년 26.5%에

표 6 **공공 행정 분야의 청년층 고용 추이**   (단위: 천 명, %)

연도	공공 행정 총 취업자 수	청년층 취업자 수	청년층 비중
1993	607	161	26.5
1996	644	153	23.7
1999	870	158	18.1
2002	702	83	11.8
2005	791	87	11.1
2008	840	102	12.1
2012	951	70	7.4

자료: 통계청, 『경제활동인구조사』(각 연도).

서 지속 감소해 2012년에는 7.4%까지 감소하는 등 청년층이 희망하는 양
질의 일자리에서 청년층은 점점 더 소외되고 있다. 이는 전반적으로 청년
층 인구가 감소하는 상황을 감안한다 하더라도 공공 부문에서 청년층 비
중이 지나치게 낮다는 점을 잘 보여준다. 이러한 현상이 나타난 배경에는
공무원 수를 통제하고 '작은 정부'를 지향하려는 외환위기 이후의 지속적
인 움직임과 공공 기관 선진화를 위해 인력 증원을 통제해온 정책 등이 맞
물린 결과라 할 수 있다.

이제 '특단의 조치'를 통해 획기적인 돌파구를 마련하지 않고서는 문제
를 해결할 방법을 찾기 어려운 구도가 되었다. 예를 들어, 공무원처럼 연
금을 통한 미래의 생활 안정이 어느 정도 확보되어 있는 경우 한시적으로
명예퇴직을 확대하는 방안이 있다.[16] 물론 추가적인 인센티브가 필요하

---

16 물론 가장 손쉬운 방법은 공무원 성원을 늘려 청년을 더 많이 채용하는 것이겠
지만 공공 부문 비대화를 우려하는 여론을 감안하면 주어진 정원 내에서 청년 비중
을 적극적으로 높이는 방안이 더 현실적일 것이다.

표 7 공무원 연령대별 현황   (단위: 명)

구분	국가공무원	경찰·소방공무원	교육공무원	지방공무원	총계
29세 미만	13,210	12,669	50,341	28,046	104,266
30~39세	54,140	49,987	92,303	90,741	287,171
40~49세	48,920	46,016	104,234	106,813	305,983
50세 이상	25,661	21,354	71,985	59,743	178,743
총계	141,931	130,026	318,863	285,343	876,163

주: 2008년 당시 전체 공무원 현원 94만 5,230명 중 응답자 87만 6,163명을 대상으로 분석.
자료: 행정안전부, 『2008년 공무원 총 조사』(2009)를 변용.

다. 명예퇴직을 강제할 수는 없기 때문에 현재의 명예퇴직 수당을 한시적으로 증액(예를 들어 두 배로 인상)한다면 자발적인 명예퇴직을 상당수 늘릴 수 있을 것이다. 아울러 명예퇴직 후 제2의 인생을 설계할 수 있도록 전직 지원 프로그램을 일정 기간 병행한다면 호응도를 높일 수 있다. 특히 현시점은 이러한 프로그램이 작동할 수 있는 '골든 타임(golden time)'의 여건이 갖추어져 있다. 현재 50대 이상 공무원의 대부분이 퇴직 후 단절 기간 없이 연금을 수령할 수 있는 마지막 세대이기 때문이다. 사실 이들은 바로 퇴직하더라도 상당액의 연금을 수령할 수 있기 때문에 월급이 주는 실질임금 효과는 상대적으로 낮아질 수밖에 없는 세대이기도 하다. 즉 지금 받는 월급이 500만 원이더라도 현시점에서 명예퇴직을 하면 곧바로 250만 원의 연금을 받을 수 있다면 이들이 일을 함으로써 받는 실질적인 월급은 250만 원에 지나지 않는 것으로 느끼게 된다. 따라서 명예퇴직 수당이 체감할 수 있을 정도로 더 높아진다면 퇴직을 선택할 유인도 충분히 높아진다는 것을 고려해야 한다.

　이러한 현실적 여건을 잘 활용해 향후 5년간 공무원의 명예퇴직을, 예를 들어, 현재보다 연간 1만 명 정도 더 늘린다면 청년 고용에서는 엄청난 파급 효과가 있을 것으로 기대된다. 이는 2008년 공무원 총 조사 결과를 참고하면 2014년 현시점에서 50세 이상 공무원은 약 20만 명 수준으로 예상할 수 있으므로 이들 가운데 매년 5% 정도가 추가로 명예퇴직을 하는 수준이다(2008년 명예퇴직자 수는 1만 2,155명이다). 이를 통해 공무원 사회의 신진대사 촉진이라는 부수적인 효과도 거둘 수 있을 것이다. 이러한 방식을 전면적으로 민간 기업에 확산하는 것은 고용불안을 유발할 우려가 있으므로 신중해야 하겠지만, 상대적으로 고용안정성이 높은 공기업 등 공공 부문에 대해서는 확대 여지가 있을 것으로 판단된다. 일부에서는 이로 인해 베이비부머의 고용 문제가 커질 것으로 우려할 수도 있겠지만, 공공 부문의 인력은 연금, 퇴직금 등 상대적으로 안정적인 기반을 갖춘 경우가 많을 것이므로 이들이 조금 일찍 퇴직해 인생 2막을 설계하도록 하는 것이 사회적으로 큰 부담으로 작용하지는 않을 것이다.

최근 언론에 보도된 기사[17]를 보면 대구 지역 교육계의 큰 문제 중 하나로, 명예퇴직을 신청한 교사의 숫자에 비해 명예퇴직금 예산이 턱없이 부족하다는 점이 지적되었다. 이로 인해 명예퇴직 희망자 248명 중 75명만이 명예퇴직이 가능하다고 한다. 경쟁률이 3.3 대 1이다. 한편 2014학년도 대구 중등임용고시 경쟁률이 응시 인원 대비 6.99 대 1을 기록했다는 자료도 눈에 띈다.[18] 한편에서는 청년층이 교사로 임용되기 위해 안간힘을 쓰는 반면에, 다른 한편에서는 명예퇴직을 하고 싶어도 예산이 없어서 마음에도 없는 교직 생활을 연장해야 하는 현실이 전개되고 있는 것이

---

[17] ≪연합뉴스≫, 2014년 2월 6일.

[18] 관련 자료는 http://syba.tistory.com/610(2014.2.9 검색)에서 확인할 수 있다.

다. 교사 한 명이 명예퇴직하면 그 예산으로 신규 교사 두세 명을 채용할 수 있다고 한다. 청년층에게 양질의 일자리를 제공할 수 있는 기회를 무산시키는 셈이다.

2. 일자리 불안을 해소하자

일자리 창출만으로 국민의 일자리 불안을 전부 해소할 수는 없다. 그간 일자리 정책은 일자리 창출을 통한 실업 해결만을 지나치게 강조했기 때문에 현실에서 국민이 겪는 일자리 불안과 실업으로 인한 생계 불안에 대해서는 답을 주지 못했다. 국민들이 일자리 불안에서 벗어날 수 있도록 사회안전망(social safety-net)을 강화하는 문제는 이제 더 미룰 수 없는 시급한 과제이다.

정책 방향은 명확하다. 국민이 실업에 대한 공포에서 벗어날 수 있도록 많은 사람이, 더 나은 사회안전망 혜택을 받을 수 있도록 효율적인 제도를 구축하는 것이다. 먼저 고용 서비스가 보편적 권리로 자리 잡도록 정책을 전환하자. '온 국민 고용 서비스'를 도입해 일자리 문제에 대한 고민이 시작되는 청소년 시기부터 직업생활 은퇴 시기까지 취업 서비스를 국민의 권리로서 행사할 수 있도록 국가 고용 서비스 시스템을 재구축하는 것이 필요하다.

또한 고용보험이 실업으로부터 생계를 보호하는 일차적 사회안전망으로 제 역할을 수행하도록 사각지대를 해소하고 기능을 강화해야 한다. 특히 고용보험 사각지대에 놓인 취업자일수록 취약 계층일 가능성이 높으므로 고용보험의 사각지대를 해소하려는 적극적인 노력이 필요하다.

실업부조 도입을 포함한 더욱 과감한 방법으로 사회안전망을 강화해 나가는 노력도 고민할 시점이다. 현재 고용보험으로 지급되는 실업급여의 수준이나 지급 기간은 선진국에 비하면 너무 낮은 수준일 뿐만 아니라, 선진국에서 도입한 실업부조가 전무한 실정이라 고용보험의 보호가 종료되면 무방비로 실업의 위험에 노출된다. 최근 '보편적 복지'의 수준에 대해 논란이 있지만 아직 실업부조에 대해서는 본격적인 논의조차 되지 못하는 현실은 분명 바뀌어야 한다.

1) '온 국민 고용 서비스'로 고용불안 극복

자산은 크게 두 가지로 나눌 수 있다. 하나는 물적인 자산, 즉 주택이나 토지, 재물, 금전과 같은 것들이 여기에 해당한다. 또 다른 하나는 바로 인적 자본(human capital), 즉 개인이 지닌 기술, 지적 능력, 인간관계 등이다. 한국 사회는 개인의 물적 자산을 관리하는 시스템은 매우 발달되어 있다. 수많은 금융기관과 전문 금융 컨설턴트들이 거미줄처럼 엮여서 언제 어디서나 원하기만 하면 그 서비스망에 들어갈 수 있다. 그러나 인적 자본 시스템은 그렇지 못하다. 20대 이하를 대상으로 하는 정규 학교교육과 학원 중심의 사교육 시장은 과잉 팽창되어 있지만, 취업 이후의 경력개발을 위한 영역은 아직까지 걸음마 단계이다. 자신의 몸에 체화된 인적 자본을 평생에 걸쳐 어떻게 발전시켜나갈 것인지 주기적으로 방향을 설정하고 실행해나가는 노력이 매우 중요한 시대에 접어들었음에도 이에 대한 고민은 여전히 부족한 실정이다. 이러한 현실은 직업의 불안정성을 더 높이는 기제로 작용해 고용불안을 증폭시키는 결과로 이어진다.

사람의 불안감은 상당 부분 미래에 대한 '불확실성'에서 발생한다. 즉 미래의 내 일자리에 대한 불확실성이 바로 고용불안의 근원인 것이다. 이러한 불안을 해소하기 위해서는 개인이 직면할 여러 가지 일자리의 위기 상황별로 어디에서 어떤 도움을 받을 수 있을지 미리 알려주는 것이 매우 중요하다. 사람이 건강에 이상이 생기면 병원에 가는 것을 당연하게 여기는 것처럼, 일자리 관련 이상 징후가 있거나 고민이 생길 경우 직업 상담 전문가를 찾아가서 불확실성에 맞설 수 있는 개인별 경력개발 계획을 작성하는 등 전문 컨설팅을 받는다면 그러한 불안감은 많이 줄어들 것이다. 그러므로 일자리 불안이 자꾸 커져 가는 이 시기에 정부에서 운영하는 고용센터가 평생에 걸쳐 일자리 문제를 진단하고 상담해주는 주치의 역할을 할 수 있도록 시스템을 새롭게 구축할 필요가 있다.

지금까지는 고용 서비스라고 하면 실업자의 전유물로 생각하는 것이 대부분이었다. 그러나 실제 취업을 준비하는 학생들은 물론이거니와 현재 일자리가 있는 사람들도 고용불안감을 느낀다. 비단 비정규직이 아니더라도 상시적인 구조 조정과 조기 퇴직에 따른 불안감, 창업에 대한 기대 등 다양한 이유로 현재의 일자리 이후를 생각하는 사람들이 늘고 있기 때문이다. 그런데 국가에서 이들에게 체계적인 고용 서비스를 제공하지 못하고 있는 것이 현실이다. 이들은 주로 인적 네트워크를 통해 알음알음 제 갈 길을 찾고 있는 것이다. 이로 인해 발생하는 개인의 심리적·경제적 비용도 만만치 않을 뿐 아니라, 이들이 다음 단계로 이행되지 못함에 따라 발생하는 사회적 비용도 점차 늘고 있다.

이제 상시화된 국민의 고용불안감을 해소하기 위해 '온 국민 고용 서비스'(가칭) 시대의 개막을 선언하고 국민이 전 생애에 걸쳐 국가의 고용 서비스를 제공받을 수 있는 시스템을 만들어가는 노력이 필요하다.[19] 우선 직업 생애 주요 단계별로 전문 직업 상담사로부터 고용 서비스를 제공받

표 8 '온 국민 고용 서비스' 주요 내용

단계	연령	주요 고용 서비스
직업 진로 설정 단계	15세	직업 적성검사, 직업 진로 설계
첫 일자리 준비 단계	23세	직업 상담, 취업 알선, 취업 스킬 교육
직업 이모작 준비 단계	40세	전직 지원 서비스, 창업 상담, 평생능력개발 계획
노년 일자리 준비 단계	55세	노후 설계, 노년 일자리 알선, 자원봉사 알선

을 수 있는 권리를 부여하자. 즉 직업 진로를 처음 진지하게 고민하는 중·고등학교 시기(15세 전후), 첫 직장을 준비하는 시기(23세 전후), 직업 이모작을 준비할 시기(40세 전후), 직장에서 은퇴하고 노년 일자리를 준비할 시기(55세 전후) 등 생애 주요 시기별로 온 국민에게 전문화된 고용 서비스를 제공한다면, 지금보다는 훨씬 더 체계적으로 국민의 고용불안에 대처하고 각 개인이 미리 진로를 계획하도록 도와줄 수 있을 것이다. 각 단계별로 특화된 고용 서비스 예시는 표 8을 참고하기 바란다.

아울러 개인별 경력개발 관리 시스템을 구축해 평생에 걸친 개인의 직업 관련 정보를 축적하고 평생 경력개발에 활용할 수 있다면 일자리 불안감을 해소하고 행복한 직업생활을 해나가는 데 큰 도움이 될 것이다. 이를 통해 청소년 시절부터 국가의 고용 서비스에 익숙해질 수 있으므로 자연스럽게 일자리 관련 어려움을 효율적으로 해결하는 방법을 터득할 수도 있으리라 본다. 아울러 심층적인 전문 상담이 필요한 대상자를 조기에 발견하는 효과도 있으므로 일자리 문제로 인한 개인적·사회적 비용을 최

---

19 한국의 건강보험 시스템은 세계적인 수준으로, 매우 훌륭하게 정착된 제도 중 하나다. 건강보험 서비스 중에는 생애 주기별로 다양한 건강검진 서비스가 포함되어 있으므로 이러한 제도를 벤치마킹할 필요가 있다.

소화할 것으로 기대된다.

이와 같은 '온 국민 고용 서비스'는 연간 250만 명[20] 전후의 신규 고용 서비스 수요가 생기며 이러한 서비스 제공을 위해서는, 정책 설계 방법에 따라 달라질 수는 있겠지만 초보적인 수준에서 보면 약 500명의 신규 직업 상담 인력이 필요할 것으로 예상한다.[21] 이와 함께 추가적인 고용 서비스 제공 기관 확충, 고용 서비스 프로그램 확대 등을 위해서도 예산이 소요되겠지만 넉넉하게 잡아도 연간 1,000억 원 이내의 예산으로 도입할 수 있을 것이며 이 정도 규모라면 어렵지 않게 온 국민 고용 서비스 시행이 가능할 것으로 판단한다.[22]

[20] 한국의 연령대별 인구 분포를 살펴보면 20대 전후로는 각 연령별로 약 65만 명, 40~50대는 약 85만 명 전후의 인구가 분포한다.

[21] 직업 상담원 1인당 1일 20명, 1년 5,000명에 대해 1회 상담을 실시하는 것을 전제로 계산한 수치다.

[22] 연간 실업급여로 지급되는 금액만 하더라도 2012년 기준 4조 3,873억 원에 이르는 점을 감안하면 '온 국민 고용 서비스' 시행에 필요한 예산이 터무니없이 큰 금액은 아니다.

2) '실업부조'[23] 도입으로 고용과 복지를 연계

왜 국가가 제공하는 복지의 틀에서 못 벗어나는가[24]

고용과 복지는 익히 알려진 것처럼 서로 뗄 수 없는 긴밀한 관계에 있다. 이에 맞는 대표적인 말이 바로 '고용이 최고의 복지다'라는 표현이 아닐까 싶다. 특히 고령화 사회가 본격화됨에 따라 복지 비용은 향후 급격히 증가할 것으로 예상된다. 이러한 상황에서 복지 수급자 중 근로 능력이 있는 수급자를 어떻게 노동시장에 복귀시킬 것인가 하는 문제는 매우 중요한 사회적 과제라 하겠다.

「국민기초생활보장법」 도입에 따라 기초생활수급자는 크게 두 집단으로 구분된다. 근로 능력 유무를 기준으로 근로 능력이 없는 수급자와 근로 능력이 있는 수급자로 나눠지는데 이 중 근로 능력이 없는 수급자는 대표적으로 고령이나 질병 등으로 더 이상 정상적으로 일하기 힘든 수급자이므로 이들에게는 국가가 적절한 복지 서비스를 제공해 법 취지대로 최소한의 기본 생활은 가능하도록 보살펴줄 필요가 있다. 문제는 근로 능력이 있는 기초생활수급자이다. 근로 능력이 있는 경우에도 상당수의 경우

---

23 실업부조는 국가 재정으로 고용보험 적용 대상이 아니거나 고용보험 수혜가 끝난 실업자의 생계 안정을 지원하는 제도이다.

24 복지정책의 우선순위를 정할 때 '일하는 복지'에 더 많은 인센티브를 주도록 하는 방향은 여러 선진국의 공통적인 정책 방향이라 할 수 있다. '실업부조'도 이러한 맥락에서 국민기초생활보장제도와 같은 복지제도에 안주하지 않도록 저소득층 실업자 등 취업 취약 계층부터 단계적으로 실시해간다면 생산적 복지의 중요한 이정표가 될 수 있을 것이다. 현재 '취업 성공 패키지'가 유사한 성격으로 도입되어 시행되고 있지만 어느 정도 생계유지가 가능할 정도로 인센티브를 확대하면서 재편할 필요가 있다.

곧바로 정규 노동시장에서 일자리를 얻기는 쉽지 않은 개인적·가구적 특성을 지닌 경우가 많다. 이들에게 적절한 고용·복지 서비스를 제공해 조속히 안정된 일자리를 갖게 해주는 것은 국가가 제공해줄 수 있는 최고의 서비스라고 할 수 있다. 이를 위해 그간 고용노동부의 고용센터와 지자체(보건복지부가 업무 위임)가 다양한 프로그램을 제공해왔다. 그러나 근로능력이 있는 수급자의 규모에 비하면 안정된 일자리를 구해서 국민기초생활보장제도의 틀을 벗어나게 된 탈수급자 숫자는 터무니없이 적은 것이 현실이다.

왜 이런 현상이 발생하는가? 가장 큰 요인은 탈수급이 가져다주는 인센티브가 지나치게 낮다는 것이다. 수급자로 머물러 있으면 생계급여 이외에도 다양한 복지 혜택을 받을 수 있는데, 이를 상쇄하기 위해서는 노동시장에서 월 200만 원 이상의 일자리를 안정적으로 확보할 수 있어야 어느 정도 탈수급의 인센티브로서 작동할 수 있는 것이다. 그런데 문제는 수급자가 이런 일자리를 구한다는 것이 쉽지 않다. 이들이 노동시장에서 구할 수 있는 일자리는 월 120만 원 전후의 최저임금 수준의 일자리인 경우가 많다. 따라서 이들은 탈수급은 최대한 회피하면서 근로 기록이 정부에 알려지지 않는 비공식 일자리를 구하려는 유인이 생기게 된다(수급자 입장에서는 경제적인 측면만 고려한다면 지극히 합리적인 선택이다).

이러한 문제의 배경에는 통합급여 시스템이 자리 잡고 있다. 즉 국민기초생활보장제도 수급자로 인정되는지 여부에 따라 복지 혜택이 전부 아니면 전무(all or nothing)가 되는 현 시스템에서는 탈수급이 그만큼 어려워지는 것이다. 또한 지하경제가 광범위하게 존재하는 현실과도 관련이 있다. 국민총생산(GNP)의 20% 전후로 추정되는 지하경제에서 세원이 포착되지 않는 일자리를 얻을 수 있는 기회가 많기 때문에 탈수급을 통해 복지 혜택이 중단되는 위험을 감수하려고 하지 않는 요인도 있다.[25] 또한 노동시장에서 안정적인 일자리를 확보하는 것이 쉽지 않은 현실도 탈수급을 포기하게 만드는 중요한 요인이다. 정규 노동시장에서 최저임금 수준의 일자리를 벗어날 가능성이 낮은 상황에서 이들을 복지 혜택에서 벗어나도록 유도하기가 어려운 것이다.

정책적인 대안은 많이 나와 있다. 문제는 구체적인 실행 의지와 실행 능력이다. 그간 가장 많이 이야기된 것은 국민기초생활보장 수급자에 대한 통합급여 시스템을 개별급여 시스템으로 전환하자는 것이다. 이 경우 탈수급자가 되더라도 개별적인 복지 수요에 맞춰 복지 혜택을 받을 수 있는 여지가 생기므로 복지의 틀 속에 안주하려는 욕구를 어느 정도 해소할 수 있는 방안이 된다. 최근 박근혜 정부는 이러한 방향으로 새로운 복지 정책을 제시하고 있으므로 이러한 정책들의 효과를 면밀히 분석해서 보완해나가야 할 것으로 보인다.

실업부조 도입으로 일하는 복지 구현

복지 정책과 노동시장 정책의 연계라는 차원에서 근본적인 발상의 전환도 고려해볼 필요가 있다. 즉 근로 능력이 있는 국민기초생활보장제도 수급자를 기존의 복지 틀에서 접근하는 방식에서 벗어나 '실업부조'라는 틀로 재설정하는 방식을 진지하게 고민해보자는 것이다.[26] 고용보험이라

---

[25] 지하경제 규모에 대한 최근 연구 결과는 이병희 외(2012)에 잘 정리되어 있다.

[26] 일본도 고용안전망 사각시대 확대에 대응하기 위해 고용보험을 통한 보호 이외에 취업과 연계한 부조제도 도입을 핵심으로 하는 '제2 사회안전망' 구축을 시도하고 있다는 은수미(2011)의 연구를 참고하기 바란다.

는 사회안전망에서 벗어나 있는 실업자의 생계 안정을 위해 필요한 실업부조제도는 이미 선진국에서는 일반화되어 있지만 한국은 아직 이 제도의 도입 여부가 공론화되지 못하는 실정이다. 공론화가 어려운 배경에는 실업자들까지 국가가 먹여 살릴 수는 없는 것 아니냐는 국민적 인식이 가장 크게 작용하는 듯하다. 또한 실업부조 도입 시 발생할 비용에 대해서도 많은 부담을 느끼는 것이 현실이다.

그러나 이미 오래전에 앤서니 기든스(Anthony Giddens)가 『제3의 길(The Third way: the renewal of social democracy)』에서 지적한 바와 같이, 전통적인 복지국가의 프레임에서 벗어나 '사회투자 국가'로의 전환이 향후 21세기 복지 과잉의 시대를 헤쳐 나갈 수 있는 적절한 방향이 될 수 있을 것이다. 즉 개인의 생계비를 보조하는 복지가 아니라 인적 자본을 형성하는 적극적인 사회투자 전략의 일환으로 실업부조를 자리매김하는 패러다임의 전환이 필요한 것이다. 이러한 측면에서 접근해보면 근로 능력 있는 기초생활수급자를 대상으로 실업부조 시스템을 구축하는 것으로부터 실업부조제도의 출발점을 설정하는 것을 생각해볼 수 있다. 향후 기하급수적으로 늘어날 것으로 예상되는 사회복지 비용을 감안한다면 현행 복지 시스템에 실업부조제도를 신설해 추가하는 방식은 상당히 부담스러운 것이 사실이다. 따라서 일차적으로 국민기초생활보장제도를 개편해 근로 능력이 없는 기초생활수급자에 대해서는 전통적인 복지의 틀에서 접근하되 근로 능력이 있는 수급자는 근로를 전제로 하는 실업부조의 틀로 대응하고, 향후 점진적으로 차상위 계층과 근로 빈곤층을 중심으로 실업부조제도를 확대해나간다면 국민 부담을 최소화하면서 일자리에 대한 사회안전망을 강화할 수 있을 것이다.[27]

근로장려세제의 활성화

일하는 복지로 나아가기 위해서는 근로장려세제(Earned Income Tax Credit: EITC)[28]의 확대 적용에 대한 방안을 구체적으로 고민할 필요가 있다. 사실 이는 매우 강력한 수단이 될 수 있다. 한국의 노동시장 현실을 비춰볼 때 수급자가 얻게 되는 일자리는 상당수가 최저임금 수준의 일자리에 지나지 않기 때문에 자산 축적이 없는 기초생활수급자가 이 봉급을 토대로 재산을 형성하고 중산층으로 진입할 수 있으리라 기대하기는 현실적으로 매우 어렵다. 이를 보완할 수 있는 제도가 바로 근로장려세제이다. 이는 일정 기간 임금을 추가로 지원해주는 효과가 있기 때문에 수급자가 자립할 수 있는 토대가 된다.

다만 문제는 현재 도입된 근로장려세제의 지원 수준이 연간 70만 원에서 최대 200만 원으로 너무 낮아 실질적인 인센티브 역할을 하기 어렵다는 점이다. 근로장려세제가 성공적으로 작동하면 그만큼 복지 수요는 줄어들기 때문에 정부 재정 전체로는 오히려 수익이 발생할 수 있으므로 좀 더 과감하게 근로장려세제를 확대해나갈 필요가 있다. 과거 사례를 살펴보면 재정 당국은 근로장려세제 확대에 따라 직접적으로 늘어날 재정 부담에 초점을 맞춰 대폭적인 지원 수준 확대에 난색을 표하는 경우가 많았다. 박근혜 정부는 대통령 선거 공약 사항으로 이를 추진 중이므로 정치

---

27 실업부조제도를 통한 사회안전망 확충의 필요성에 대해서는 황덕순(2011)에 잘 정리되어 있다.

28 근로장려세제는 저소득가구의 근로 의욕을 고취하고 근로 유인을 강화하기 위해 근로 장려금을 지급하는 근로 연계형 소득지원제도이다. 자세한 정보는 www.eitc.go.kr에서 확인할 수 있다.

력을 발휘해 실질적인 개선책을 만들어가야 한다.

아울러 캐나다의 소득보조 프로젝트(Earnings Supplement Project: ESP)와 같이 급격한 임금 감소의 위험으로부터 보호하기 위해 근로자들의 임금 손실분 일부를 보상해주는 '임금손실보험제도' 도입과 같은 아이디어도 일자리에 대한 사회안전망이 부족한 현실을 감안할 때 적극적으로 검토할 만한 가치가 있다. 이러한 여러 가지 보조적인 고용안전망이 촘촘하게 깔려 있을 때 국민의 고용에 대한 불안감도 그에 비례해 줄어들 수 있을 것이다.[29]

3) 좋은 일자리로 가기 위한 징검다리: 사회안전망

고용보험 사각지대 해소

중산층을 늘리기 위해서는 근로 빈곤층을 비롯한 취약 계층을 위해 계층 상승을 위한 기회의 사다리를 더욱 많이 만들어야 할 뿐만 아니라 다른 한편으로는 중산층이 빈곤층으로 내려가지 않도록 붙들어주는 정책도 동시에 추진되어야 한다. 고용 측면에서 사회안전망 역할을 수행하는 대표적인 제도가 바로 '고용보험'이다. 즉 고용보험에 가입하면 본인이 원하지 않은 실업에 이르게 된 경우 실업급여를 통해 일정 기간 생계 유지비를 지원받으면서 구직 활동을 할 수 있다. 또한 직업훈련 등을 통해 새로운 기능을 익히거나 기존 보유하고 있던 분야의 기능 수준을 더욱 높일 수 있는 기회도 갖게 된다.

이처럼 유익한 기능을 수행하는 고용보험이지만 아직까지 많은 문제

[29] 자세한 내용은 남재량 외(2012)를 참조하기 바란다.

점이 있다. 가장 큰 문제점은 고용보험 적용 사각지대가 너무 넓다는 것이다. 2012년 기준으로 한국의 취업자가 총 2,468만 명인 상황에서 고용보험 가입자는 1,115만 명으로, 고용보험을 통해 보호받을 수 있는 취업자가 전체 취업자의 절반도 되지 않는 실정이다.[30] 더 큰 문제는 사회안전망을 통한 보호 필요성이 더 큰 취약 계층일수록 고용보험의 적용을 받지 못할 가능성이 크다는 역설적인 상황에 놓여 있다는 사실이다. 즉 비정규직 근로자나 영세 자영업자, 특수 고용 형태 근로자 등의 경우 고용보험이 여전히 다른 세상 이야기처럼 들릴 수 있다는 것이다. 최근 이러한 사회보험 사각지대 해소를 위해 사회보험료 지원 등의 사업을 시행하고 있으나 여전히 고용보험 가입률 증가 폭은 미미한 실정이다. 사각지대 해소를 위해서는 취약 계층에 대한 사회보험료 감면 폭을 대폭 늘리는 등의 획기적인 지원책을 마련할 필요가 있겠다.[31]

고용보험제도의 또 다른 문제점은 지원 수준이 너무 낮다는 것이다. 대표적으로 실업급여제도를 보더라도 실업급여 지원을 받을 수 있는 기간이 최대 240일에 지나지 않는다. 지원 금액도 40대 생산직 근로자의 순 소득 대체율을 기준으로 봤을 때 실직 전 소득의 30% 수준으로, OECD 국가 중 최저 수준에 머물러 있다. 특히 선진국과 같이 실업부조제도를 도입하지 못

---

[30] 고용보험 사각지대의 규모와 원인 및 대책에 대한 보다 자세한 내용은 장지연 외(2011a)에 잘 분석되어 있다.

[31] 정부가 2012년부터 시행하고 있는 '두루누리 사회보험 지원 사업'은 영세 근로자를 사회안전망으로 끌어들일 수 있는 좋은 제도이기는 한데, 아직까지는 고용보험과 국민연금 보험료에만 한정해 50%까지 지원하고 있어서 신규 보험가입으로 유도하기에는 인센티브가 미흡한 실정이다. 건강보험료를 포함한 4대 사회보험료 전체에 대한 지원 방식으로 바꿀 필요가 있다.

하는 실정임을 감안하면 고용보험의 보호 수준을 좀 더 높일 필요가 있다. [32]

자영업자를 위한 사회안전망 확충

사회안전망 확충과 관련해 영세 자영업주는 특별히 관심을 기울여야 할 대상이다. 한국은 OECD 선진국과 비교해 자영업 비중이 지나치게 높은 실정이다. 특히 영세 규모의 자영업주가 많을 뿐만 아니라 자영업체의 생존율도 매우 낮은 것이 현실이다. 표 9에서 볼 수 있는 바와 같이 자영업주는 최근 들어 그 비중이 줄어들기는 했지만 전체 취업자 중 23% 정도로 선진국들에 비하면 두 배 정도 높은 수준이다. 이처럼 자영업은 전체 취업자 중 차지하는 비중도 지나치게 클 뿐만 아니라 생존율이 낮아서 심각한 고용불안을 야기하는 등 다양한 사회문제의 원인이 되기도 한다. 동시에 자영업주를 임금 근로자로 유인할 수 있을 정도의 양질의 일자리가 충분하지 못하다는 점도 자영업 부문의 구조 조정을 어렵게 만드는 요인으로 작용한다. [33] 특히 최근에는 50~60대의 자영업 창업이 급격히 늘어남에 따라 자칫하면 고령층의 빈곤을 심화시키는 요인으로 작용할 가능성마저 대두되고 있다.

반면에 자영업자를 위한 사회안전망은 매우 취약한 실정이다. 고용보험의 경우 임의 가입을 할 수 있도록 제도화되어 있기는 하지만 의무화된

---

[32] 이인재(2009)는 실업급여제도가 실업을 증가시키는 방향으로 인센티브를 왜곡하는 효과가 있음을 지적하면서 '실업보험저축계좌제' 도입을 제안하고 있는데, 실업급여의 실질적 보호 수준을 높이고 수급자의 도덕적 해이를 막을 수 있다는 측면에서 정책적으로 도입을 고민해볼 만하다.

[33] 자영업자가 임금 근로자로 전환되지 못하는 원인 등에 대해서는 이병희(2011)에 잘 분석되어 있다.

표 9 **자영업주 현황**   (단위: 천 명, %)

구분	2002년	2004년	2006년	2008년	2010년	2012년
전체 취업자	22,169	22,557	23,151	23,577	23,829	24,681
자영업주	6,191	6,110	6,135	5,970	5,592	5,718
비중	27.9	27.1	26.5	25.3	23.5	23.2

자료: 통계청, 『경제활동인구조사』(각 연도).

것이 아니기 때문에 자발적인 가입은 상당히 제한적이다. 따라서 자영업자의 경우 폐업으로 인한 부담을 고스란히 홀로 짊어져야 하는 어려움에 처하게 되는 것이다. 이들이 노동시장에서 재기할 수 없다면 결국 정부가 제공하는 복지 수혜층으로 전락할 수밖에 없으므로 사전에 이들에 대한 사회안전망 강화 방안을 더욱 심도 있게 고민해야 한다. 자영업자에 대한 사회안전망을 강화하기 위해서는 일차적으로 고용보험 가입을 의무화하는 방안도 생각해볼 필요가 있다. 형식상으로는 근로자가 아니지만 영세 자영업자의 경우 실제 담당하는 일이 근로자와 별반 차이가 없는 경우가 대다수이므로 이들의 고용안정이라는 측면에서 고용보험에 강제 가입하도록 할 필요가 있다. 다만 영세 자영업자의 고용보험료 부담을 감안해 일정 기간 보험료를 감면하는 방안도 동시에 검토해야 한다. 이런 측면에서 최근 자영업자의 고용보험 가입을 지원해주는 사업을 도입한 것은 매우 의미 있는 조치라고 판단된다. 다만 아직까지 지원 수준이 낮고 영세 자영업자의 경우 여전히 보험료 부담 등을 이유로 가입을 회피하고 있으므로 더 근본적인 대책을 고민해야 할 것으로 보인다.

'경험요율'제도 도입

또한 고용불안 해소라는 측면에서 의미 있는 정책 수단 중 하나로 '고용보험에 경험요율제도 도입'을 적극 검토할 필요가 있다. 이 제도는 쉽게 설명하면 자동차보험료 책정 시 사고 경력이 있으면 보험료가 할증되는 것처럼, 실업자를 더 많이 양산하는 사업주는 더 많은 고용보험료를 내도록 하는 방안이다. 지금은 근로자의 개인별 월평균 보수에 보험료율을 곱하는 방식으로 보험료를 산출하는데, 이에 더해 해당 사업장의 이직률을 감안해 사업주 부담 보험료를 조정하는 방식의 도입이 필요하다. 가장 간편한 방법으로는 업종별로 평균 이직률을 산정하고, 해당 사업장의 실제 이직률과 해당 업종 평균 이직률을 비교해 보험료를 조정하는 방안을 생각해볼 수 있다.

보험의 일반 원칙 측면에서 보더라도 해고 등을 통한 비자발적 이직자는 실업급여 지급 대상이 되므로 고용보험 재정 부담을 많이 초래한 사업주에게 많은 보험료를 내도록 하는 것은 합리적인 방안이라 할 수 있을 것이다. 이러한 방식이 도입되면 고용이 불안정한 사업장의 경우 이직률이 높아 더 많은 보험료를 내게 되므로 사업주가 적극적으로 고용안정 방안을 고민하도록 만드는 효과가 있다. 이러한 효과가 의미 있는 변화를 달성하기 위해서는 경험요율에 따른 보험료 격차를 사업주가 체감할 수 있을 정도로 크게 책정되도록 제도를 설계해야 할 것이다.

4) 「노동법」, 초심으로 돌아가자[34]

일자리 불안을 줄이기 위해서는 일하는 사람들 모두 비슷한 수준의 법

---

[34] 비공식 부문에 대한 전면적인 「노동법」 적용을 위해서는 법리적으로나 현실적으로 고려해야 할 요소가 매우 많다. 이 글에서 다루기에는 너무 광범위하므로 여기서는 제도 개혁의 필요성과 기본적인 방향성을 중심으로 다루고자 한다.

적·제도적 보호를 받을 수 있도록 정책을 설계하는 것이 필요하다. 그런데 현실을 보면 공공 부문이나 대기업에 종사할수록, 정규직으로 일할수록, 그리고 대규모 노조에 가입되어 있을수록 더 많이 보호받고 있다. 막상 더 많은 보호가 필요한 비정규직, 영세 자영업자, 특수 고용 형태 근로자 등은 제도 설계의 어려움, 과다한 제도 운영 비용 등의 이유로 실질적으로 국가의 보호망으로부터 벗어나 있거나 부분적으로만 보호받는 실정이다.

국제노동기구는 「노동법」과 사회보장제도 등의 사회적 보호를 받지 못하는 고용을 '비공식 고용'으로 정의하며, 한국의 비공식 고용 규모를 측정한 이병희(2012)의 최근 연구 결과에 따르면 2011년 8월 기준으로 전체 임금 근로자의 40.2%에 해당하는 약 704만 명이 비공식 근로자라고 한다. 언제까지 이런 광범위한 예외를 인정해야 할 것인지 심각히 고민해야 할 문제다.

이러한 현실을 개선해나가려면 어떻게 해야 할 것인가? 무엇보다 「노동법」에 대한 새로운 인식과 혁신이 요구된다. 현행 「노동법」 체계는 암묵적으로 정규직, 제조업, 전일제 근로, 사용종속관계 등을 충족하는 근로자를 보호 대상으로 삼고 있다고 해도 과언이 아니다. 돌이켜보면 「노동법」의 역사는 「민법」상의 대등한 계약이 근로관계 형성 시에는 실질적으로 확보될 수 없다는 냉혹한 현실에 대한 반성에서 출발했음을 알 수 있다. 즉 기존 「민법」의 틀 안에서는 근로자들이 실질적으로 대등한 계약 당사자로서 권리를 행사할 수 없었던 점을 반성하면서 「노동법」이라는 새로운 법 영역을 설정해 근로자들의 적정한 근로 기준 확보와 단결을 통한 권익 추구를 보장하고자 했던 것이다. 한국에서도 1980년대 말 민주화 운동의 결과로 정규직에 대한 「노동법」상 보호와 권리 행사는 상당 부분자리를 잡아가는 것으로 평가할 수 있다. 그러나 문제는 기존 「노동법」 틀에서 제대로 보호받지 못하는, 넓은 의미에서 비정규직으로 통칭될 수 있는, 노동을 통해 생계를 해결해가는 국민이 점차로 늘어나고 있다는 것이다. 「노동법」 탄생 당시 꿈꾸었던 노동법적 이상을 21세기 현 한국 사회에서 실현하고자 한다면 새로운 노동법적 규율이 절실히 요구된다고 하겠다.

그 핵심은 비정규직 근로자, 고용종속관계가 기존 「노동법」 틀에서 명확히 드러나지 않는 특수 고용 형태 근로자, '알바'라 불리는 단시간 근로자, 영세 자영업자 등에 대한 실질적인 권익 보호를 가능하게 하는 새로운 법규의 탄생이라 할 수 있다. 이들과 같이 법제도적 사각지대에 놓인 국민들은 「노동법」이라는 법규가 사실상 형해화(形骸化)되어 있어서 가장 법률에 의한 보호가 필요함에도 실질적으로는 가장 보호받지 못하는 역설적 상황에 빠져 있다. 이들에 대한 보호를 기존의 「노동법」적 틀에서 바라보면 모두 예외적인 현상으로 보이기 때문에 제대로 보호하기 어렵게 된다. 그러므로 진정한 패러다임 전환적 사고를 통해 기존의 사용종속관계를 뛰어넘는 더 포괄적인 의미의 「노동법」을 통해 이들 광의의 비정규직을 실질적으로 보호해나가야 한다.[35]

법제도적인 개편과 함께 법 집행 시에도 사각지대에서 제대로 보호를 받기 어려운 취업자를 우선적으로 보호할 수 있도록 근로감독 시스템을 혁신할 필요가 있다. 한정된 인력으로 법을 운영해나가다 보면 모든 부문

---

35 이병희 외(2012)는 광범위한 비공식 근로자를 보호하기 위해 5인 미만 사업장에 「근로기준법」 적용 확대, 특수 형태 근로종사자 보호를 위한 법률 제정, 돌봄 서비스 종사자의 노동권 보호를 위한 특별법 제정 등의 입법론적 과제를 제안한다.

에 걸쳐 제대로 된 법의 지도·감독을 시행하기는 어려운 것이 현실이다. 흔히 이야기하는 '선택과 집중'이 불가피하게 요청되는 것도 바로 이런 이유에서다. 아직까지는 근로감독 대상을 선정할 때 지역에서 영향력이 큰 대규모 업체, 공단 지역의 제조업체 등이 주된 관리 대상 사업장이 되고 있으나 새로운 원칙의 정립이 필요하다. 사업장의 자율적인 점검이 가능하고 노조 활동이 활발히 이루어지는 사업장의 경우, 원칙적으로 「노동법」 집행과 관련된 사안들을 노사 자율에 맡기고 사후적으로 문제가 되는 사안에 대해서만 관리하더라도 어느 정도 관리가 가능할 것으로 보인다. 이를 통해 절감된 근로감독 인력은 위에서 언급한 광의의 비정규직 보호에 집중적으로 투입해나갈 필요가 있다. 사실 비정규직 사업장의 경우 사업장 규모도 작고 휴·폐업이 잦을 뿐만 아니라 지역적으로도 산재되어 있어 법을 집행하기 매우 어려운 특성을 지닌다. 따라서 엄정한 법 집행을 통한 보호 사각지대 해소를 위해서는 근로감독 인력을 증원하는 문제도 적극적으로 검토해나갈 필요가 있다.

3. 새로운 일자리 영역을 개척하자

한국의 경제 구조와 인구 구조를 종합적으로 볼 때 이제 과거와 같이 폭발적인 경제성장과 이를 기반으로 하는 대규모 일자리 창출의 신화를 재현하기는 쉽지 않다. 따라서 이러한 한계를 받아들이면서 더욱 적극적으로 새로운 일자리 영역을 개척하는 정책적 노력을 강화해나갈 필요가 있다.

무엇보다도 사회적기업, 협동조합과 같이 취약 계층에게 안정적인 일자리를 제공하는 새로운 동력원이 될 분야를 적극 육성한다면 훨씬 더 풍성한 직업 세계를 구축하고 그에 걸맞은 직업 기회를 만들어낼 수 있을 것이다. 특히 이 부문은 아직 개척 초기 단계라는 점에서 향후 무궁무진한 발전 잠재력이 있는 분야라 하겠다.

또 하나 염두에 두어야 할 영역은 기술 발달과 국민들의 재화와 서비스에 대한 수요 변화와 관련된 영역이다. 급속한 기술 혁신은 한편으로는 기존 직업을 사라지게 만드는 역할도 하지만, 다른 한편으로는 새로운 직업 창출의 원동력이 되기도 한다. 그리고 사회 구조와 국민 의식의 변화는 새로운 수요를 창출하므로 이러한 변화 양상을 잘 포착해 예전에 없던 새로운 직업을 만드는 '창직(創職)'의 노력도 적극 장려하는 것이 중요하다. 이를 위해서는 특히 새로운 직업의 대다수를 차지하는 서비스업 분야의 혁신과 발전을 토대로 일자리 창출 방안을 고민해야 한다.

또한 세계화 시대에 발맞춰 해외에서 다양한 일자리를 만들고 참여할 수 있는 노력도 더욱 확대될 필요가 있다. 한국은 다른 어느 나라보다 잘 교육받고 훈련된 인적 자원이 있다. 이들의 무대를 대한민국에 한정할 필요는 전혀 없을 것이다. 그러나 외국에서 좋은 일자리를 찾기 위해서는 더 체계적이고 장기적인 접근이 필요하다. 바야흐로 전 세계적인 '일자리 전쟁'의 시대이기 때문이다.

1) 사회적기업을 넘어 사회경제로

사회경제를 통한 양질의 일자리 창출

1970~1980년대의 고도 경제성장이 막을 내리고 노동집약적 산업을 대신해 자본·기술 집약적인 산업이 주축을 이루는 경제 시스템에서는 기존

의 산업 부문에서 과거와 같이 대규모로 일자리를 창출하기는 어렵다. 따라서 다양한 방법으로 새로운 고용 창출 동력을 찾아야 한다. 최근 들어 사회적기업, 협동조합 등 이른바 제3섹터라 할 수 있는 '사회경제(social economy)'가 새로운 경제 영역으로 주목받고 있다. 사회경제는 기존 민간 기업이 추구하는 이익 창출이라는 단선적인 목표를 넘어서서 이웃과의 연대, 취약 계층 보호, 사익과 공익의 병행 추진 등의 특성을 지닌다. 따라서 사회경제는 경제 전반에 활력을 줄 뿐만 아니라, 일자리 문제 해결을 위해서도 중요한 의미를 지닌다. 즉 사회경제는 출발부터 최대의 이윤 창출이 목표가 아니라 지속 가능한 이윤 창출과 함께 사회적 기부, 사회적 형평성 추구 등 사회와 공존·발전하고자 하는 사명을 동시에 추구하기 때문에 고용 형태에서도 양질의 일자리를 만들어낼 수 있는 가능성이 더 큰 영역이라 할 수 있다.

영국의 경우 2006년도 기준으로 이미 5만 5,000여 개의 사회적기업이 존재하며, 이들 기업체의 고용이 영국 전체 고용의 5%를 차지할 정도로 비중이 높다. 한국은 이 분야가 아직 걸음마 단계에 지나지 않지만 향후 성공 모델이 축적되다 보면 경제의 중요한 한 축으로 성장할 가능성이 있다. 예를 들어, 대전 시청에는 장애인을 고용해 '건강 카페'를 운영하고 있는데, 이곳 운영자 사무실의 문구가 이들의 존재 이유를 분명히 보여준다. "우리는 쿠키를 팔기 위해 고용하는 것이 아니라 고용하기 위해 쿠키를 판다."

사회적기업이 나아갈 길

고용노동부에서 사회적기업 지원을 위한 법을 만들고 이 분야를 양성하는 것도 이러한 새로운 고용 창출 영역을 만들어가려는 시도 중의 하나

• 대전시청 건강카페

라고 평가할 수 있다. 2013년 12월 현재 인증된 사회적기업 1,012개가 활동 중인데, 이는 2007년 55개에 비해 양적으로 많이 늘어난 숫자이긴 하지만 한국의 경제 규모를 놓고 봤을 때는 아직 시작 단계라고밖에 할 수 없는 숫자이기도 하다. 사회적기업은 취약 계층의 고용에 많은 도움이 되고 있다. 여러 가지 사유로 정규 노동시장에서 일자리를 얻기 어려운 취약 계층은 자칫하면 국가 복지에 의존하는 계층으로 전락하기 쉽다. 그러나 사회적기업에서는 이들의 여건을 감안해 지속 가능한 일자리를 제공한다. 아직 전체적인 일자리 숫자는 그리 많지 않지만 앞으로 사회적기업이 지속적으로 늘어난다면 특히 취약 계층에게 안정적인 새로운 일자리 기회가 늘어날 것이다. 즉 사회적 연대라는 사회적기업의 취지가 일자리 영역에서도 활발하게 작동할 수 있다.

다만 아직까지 사회적기업에 대해서는 여러 가지 우려의 목소리도 많이 있다. 사회적기업이 지향하는 바에 대해서는 대부분 공감하지만, 실제 현실에서 운영되는 사회적기업의 행태를 보면 적지 않은 문제점이 보인다. 가장 많이 지적되는 것은 바로 정부 지원에 지나치게 의존하는 사회적기업에 대한 우려다. 사회적기업의 확산을 위해 국가가 인건비 보조 등 다양한 지원을 함에 따라 이러한 지원을 받기 위해 사회적기업을 만드는 사례가 제법 있는 것이다. 그리고 이러한 사회적기업의 상당수는 정부 지원이 끊기는 순간 문을 닫거나 대폭 인원을 감축할 수밖에 없는 취약성을 지니고 있다. 즉 독자적인 생존 가능성이 부족한 사회적기업이 너무 많다는 점이 현시점에서 사회적기업의 가장 큰 맹점이다.

　이러한 문제점은 사회적기업의 숫자를 조속히 늘리려는 중앙정부와 지자체의 조급증이 결합해 더욱 커지고 있는 실정이다. 우리 지역에 사회적기업이 몇 개 있다고 자랑하는 것은 매우 단기적인 시각에 지나지 않고, 오히려 '폭탄 돌리기'를 하는 것처럼 위험하다. 부실한 사회적기업은 사회적기업 생태계를 망가뜨리고 나아가서는 사회적기업에 대한 국민적 기대감을 무너뜨리는 계기로 작용할 수 있다는 점에서 매우 걱정스럽다. 양적인 확장보다는 내실 있는 사회적기업을 소중하게 키워나가는 노력이 더욱 필요하다. 또한 사회적기업의 진출 분야나 성공 사례도 아직까지 상당히 제한적이라는 점도 걱정스러운 대목이다. 대표적으로 청소, 간병 등과 같은 서비스업에 많이 진출하는데, 이곳은 이른바 레드오션(red ocean)이라고 할 수 있을 만큼 많은 업체들이 진출해 있는 영역이기도 하다. 그래서 이곳에서 제공하는 일자리의 질은 열악한 경우가 많으며, 사회적기업의 특성을 살려 장기적으로 발전해나갈 수 있는 비전도 부족한 경우가 많다. 이는 사회적기업 도입 초기에 양적인 성장에 지나치게 집중한 데서 그 원인을 찾아볼 수 있겠다.

그리고 사회적기업가가 되기 위한 교육도 부족한 실정이어서, 사회적
기업의 가치와 지향점을 공유하면서 지역적 특성에 기초하는 사업 아이
디어를 만들어가는 과정도 미흡한 측면이 있다. 향후 사회적기업이 다양
한 분야에서 더 튼튼하게 자리를 잡기 위해서는 무엇보다 건전한 사회적
기업가 정신을 공유하면서 창의력과 도전 정신 그리고 사회적 연대를 사
업으로 풀어낼 수 있는 유능한 인력들을 많이 양성할 수 있는 시스템을 구
축하는 노력이 중요하다 하겠다. 사실 제대로 된 사회적기업가를 탄생시
키는 것은 성공한 민간 기업의 CEO를 만드는 것보다 훨씬 어렵다. 사회
적기업이 지닌 가치 지향성과 민간 기업이 추구하는 수익 창출을 동시
에 달성해야 하는 미션이 사회적기업가에게 주어지기 때문이다. 이 두 가
지 목표는 상호 상충되는 측면이 있기 때문에 그 긴장관계를 해소하면서
사회적기업만의 장점을 잘 활용하기 위해서는 체계적인 교육과 함께 지
역사회 내에서 협력 체계가 잘 형성·운영될 수 있도록 만들어갈 필요가
있다.

협동조합에 대한 기대

최근에는 사회적기업에 이어 '협동조합'이 새롭게 조명을 받으면서 활
기를 띠고 있다. 관련 법이 제정되면서 이에 대한 관심은 더 높아졌다. 협
동조합도 그 유구한 역사에서 볼 수 있는 바와 같이 제3섹터로서 경제적
영역에 새로운 활력을 불어 넣을 수 있는 제도이다. 또한 고용 측면에서
도 기존 민간 기업의 한계를 넘어서서 연대의 원리에 의해 더 안정적인 일
자리를 만들어가는 원천이 될 수 있다. 외국의 예를 보더라도 협동조합으
로 출발해서 지역 경제를 이끌어가는 사례를 적지 않게 볼 수 있다.

대표적으로 스페인의 '몬드라곤 협동조합 복합체'는 언론을 통해서 많이 알려진 경우인데, 스페인 바스크 지역에 있는 협동조합 200여 개로 구성된 이 협동조합 복합체는 스페인에서 10위 이내에 들 정도로 큰 기업일 뿐만 아니라 고용 인원도 8만 5,000명에 이를 정도로 일자리 창출에도 엄청난 역할을 담당하고 있다. 특히 주목할 만한 것은 몬드라곤은 그 목표를 수익 창출이 아니라 '고용 창출'에 두고 있으며, 그 결과 비슷한 규모의 유사 기업과 비교할 때 약 1.5배의 고용 창출력을 보여주고 있기도 하다. 이는 향후 점점 더 활발해질 협동조합 설립 움직임이 일자리 문제 해결과 관련해 더욱 우리의 관심을 끄는 이유이기도 하다.[36]

2) 새로운 '직업' 창조

직업의 세계는 지속적으로 변화한다. 인류의 역사와 함께 지속되어온 전통적인 직업군이 있는가 하면 시대 변화에 따라 새롭게 생겨나고 사라져가는 직업들도 있다. 한국에 존재하는 직업의 숫자는 한국고용정보원이 정리한『한국직업사전』(2012)'에 따르면 1만 1,655개에 이른다. 놀라울 정도로 많다고 생각되지만 미국이나 일본의 경우 그 숫자가 3만 개를 넘는다고 한다.[37] 직업의 종류가 얼마나 다양한지는 각 나라의 산업 분화 정도, 문화, 사회적 여건 등 다양한 변수가 작용한 결과이겠지만, 나라별로

---

[36] 몬드라곤에 대한 자세한 내용은 화이트·화이트(2012)에 잘 소개되어 있다.

[37] 직업과 관련된 가장 상세한 자료는 한국고용정보원의 한국직업정보시스템(Korea Network for Occupations and Workers: KNOW)에 접속하면 자세히 볼 수 있다. 인터넷 웹사이트는 http://know.work.go.kr이다.

직업의 숫자가 이렇게 큰 편차를 보일 수 있다는 점은 역으로 생각하면 한국이 새로운 직업을 만들어낼 수 있는 여력도 그만큼 크다는 것을 말해준다. 따라서 기존 기업에 취직하거나 기존 업종에서 창업을 하는 것을 넘어서서 새로운 직업을 만들어내는, 즉 창직하는 노력도 강화해나갈 필요가 있다.[38]

특히 새로운 분야에 대한 도전이 가장 왕성한 청년들에게는 자신이 대한민국 또는 세계 최초가 되는 새로운 영역의 직업을 개척해보는 것도 매우 의미 있는 일일 것이다. 이를 위해서는 새로운 직업에 대한 본격적인 연구와 창직 지원이 가능한 '창직지원센터'(가칭)와 같은 인프라를 구축하는 것도 생각해볼 수 있다. 현재 한국고용정보원이 직업에 대한 연구를 수행하지만 말 그대로 '연구' 차원에 머무르고 있어서 이를 바탕으로 새롭게 도입 가능한 직업 분야에 대한 본격적인 고민은 제대로 진행되지 못하는 실정이다. 이러한 한계를 극복하기 위해서는 '한국 잡 월드(Korea Job World)'와 같은 직업 관련 전문 기관이 이 분야를 전담하는 조직과 인력을 구축하고, 나아가서는 실질적인 컨설팅 기능까지 가능한 전문 인력을 양성해 지원하는 방안도 고려해볼 만하다. 이를 통해 정부 차원에서 벤처 기업을 키운다는 마음으로 창직을 고민하는 구직자들을 지원한다면 새로운 일자리 창출 동력으로 새롭게 부각될 수 있을 것이다. 새로운 직업의 탄생은 기존에 없던 새로운 부가가치 창출 영역이 탄생한다는 점에서 경제 전반에도 활력소가 될 수 있다. 아울러 이러한 혁신 활동은 전 세계에

[38] 이와 관련해 참고할 만한 책으로는 박원순 서울시장의 『세상을 바꾸는 천 개의 직업』(2011)을 들 수 있다. 이 책에는 미래전망과 창의적인 상상력을 토대로 새롭게 도전할 만한 향후 떠오르는 직업들을 소개하고 있다.

숨어 있는 잠재적 수요를 일깨워 거대한 산업을 형성하는 첫걸음이 될 수도 있을 것이다. 최근 박근혜 정부에서 주창하는 '창조 경제'도 바로 이러한 접근 방법이 적극적으로 도입된다면 의미 있는 성과로 이어질 수 있다.

참고로 향후 직업 변화의 내용을 좌우하게 될 주요한 변수들을 몇 가지 정리해보면 다음과 같다. 먼저 개인의 가치관과 라이프스타일(life style)의 변화에 따라 새로운 직업군이 각광을 받을 것으로 보인다. 대표적으로 삶의 질, 건강·웰빙, 안전·친환경 녹지 생활 등에 관한 사회·개인 서비스의 요구 증가로 이와 관련한 일자리의 증가가 예상된다. 예를 들어 아동 상담 전문가, 사회복귀 서비스 제공자, 지역사회 지킴이, 애완동물 묘지 관리자, 다이어트 트레이너, 이미지 컨설턴트, 퓨전 음식 전문가 등과 같이 기존에 그 역할이 미미했던 영역이 새롭게 조명받을 전망이다. 또 하나 중요한 변수는 바로 인구 구조의 변화이다. 향후 저출산, 고령화, 여성의 경제활동 참여 증가 등의 추세가 상당 기간 지속될 것으로 예상된다. 따라서 저출산·고령화에 대비하고 여성의 경제활동 참여를 촉진하기 위해 다양한 일자리가 새롭게 부각될 것이다. 예를 들어 방과 후 교사, 실버 시터(silver sitter), 복지 주거환경 코디네이터 등과 같은 직업에 대한 수요가 지속적으로 늘어날 것으로 보인다.

과학기술의 변화도 직업 세계에 많은 영향을 미친다.[39] 대표적으로 녹

---

39 미래의 기술 변화가 일자리에 가져올 극적인 변화들을 살펴보기 위해서는 박영숙 외(2013)와 같은 미래 예측 서적을 참고하면 도움이 될 것이다. 대표적으로 무인 자동차의 보편화로 운전 관련 직업이 사라져가고, 3D 프린팅은 기존 제조업의 많은 일자리를 삼킬 것이며, 교육의 오픈 소스(open source)화로 인해 교사가 필요 없어질 것이라는 미래 예측 등을 포함한다.

✈ 외국 사례: 미국의 유망 직업

　미국 노동 통계국이 빌간한 자료를 살펴보면 미국은 2010~2020년 사이 건강관리의 수요 증가에 따라 의료·건강 분야 관련 직종의 취업자 수가 크게 증가할 것으로 예상한다. 그 외에 시장조사 분석가, 마케팅 전문가, 개인 금융 전문가, 시스템 소프트웨어 개발자 등이 크게 증가할 것으로 전망했다.

전년 대비 취업자 수 증가가 높은 주요 유망 직업(미국, 2012)

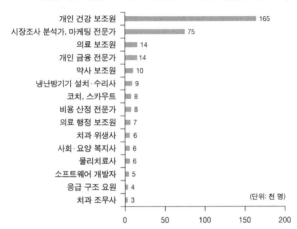

전년 대비 취업자 수 증가율이 높은 주요 유망 직업(미국, 2012)

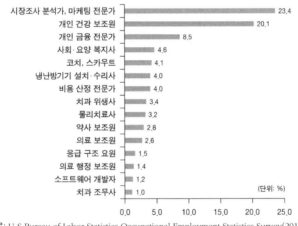

자료: U.S Bureau of Labor Statistics,Occupational Employment Statistics Survey(2012).

색화·신기술 개발에 따른 영향력을 생각해볼 수 있는데, 생활·산업 활동에서의 녹색화는 지속적으로 강조되며, 특히 온실가스 감축은 향후 국가 경쟁력의 핵심으로 부각될 전망이다. 아울러 생산 설비의 자동화·지능화 등을 위한 기술 발전, 기술 간 융합·복합으로 인한 새로운 산업 영역의 창출 등이 진전될 것으로 보인다. 따라서 온실가스 저감 장치 기술자, 무선 주파수(Radio Frequency Identification: RFID) 시스템 기술자, 태양광 발전 시스템 설치원, 지열 시스템 기술자, 생태관광 개발자와 안내원 등과 같이 새로운 분야의 직업이 계속 주목받을 것이다. 또한 IT 기술의 지속적인 발전으로 인해 대규모 협업을 기반으로 한 참여형 네트워크 사회가 새로운 경제모델로 등장해 유튜브, 세컨드 라이프, 트위터와 같은 새로운 일자리 영역을 창출하고 있는 현상도 새로운 직업의 발굴이라는 측면에서 관심 있게 지켜볼 필요가 있다.[40]

3) 제조업에서 서비스업 중심으로 마인드 전환

그간 고도의 경제성장을 해오면서 경제정책 측면에서 가장 큰 비중을 두었던 부분이 바로 제조업 육성이라고 할 수 있다. 그 결과 자동차, 조선, 반도체, 생활 가전 등을 비롯해 세계적으로 경쟁력을 지닌 제조업 분야가 많이 탄생했다. 이러한 제조업 중심의 정책 운영으로 농업 중심의 사회가

---

[40] 돈 탭스코트(Don Tapscott)·앤서니 윌리엄스(Anthony D. Williams)는 『위키노믹스(Wikinomics)』(2007)라는 서서를 통해 '참여 모델'과 '오픈 모델'로 대표되는 웹 2.0 시대가 산업 전반의 생태계를 어떻게 바꾸고 있는지 잘 보여주며 이를 통해 미래형 일자리에 대한 시사점을 얻을 수 있다.

산업화되었고, 안정적인 일자리를 많이 만드는 데도 기여했다. 그러나 현 시점에서, 특히 일자리 창출이라는 측면에서 접근해보면 기존의 제조업 중심의 시스템을 통해서는 고용 창출 효과를 높이기가 상당히 어려워졌다.[41] 어느새 산업구조는 서비스업 분야가 절대적인 비중을 차지하고 제조업의 비중은 20% 이하이다. 산업구조를 봤을 때 향후에도 많은 일자리가 서비스업 분야에서 나올 수밖에 없다.

그런데 문제는 서비스업 분야의 일자리가 양적으로는 늘어나고 있지만 질적으로는 매우 취약하다는 점이다. 앞에서 언급한 바와 같이 한국은 자영업의 비중이 매우 높고, 영세 자영업자의 대다수는 서비스업에 종사한다. 이러한 상황에서 서비스 업종을 선진화하지 않고 이 분야에서 좋은 일자리를 만들어내겠다는 꿈은 실현하기 매우 어렵다. 그래서 그간 정부에서도 다양한 '서비스업 선진화 방안'을 마련했지만 그 효과는 아직 미미해 보인다.

향후 한국 일자리 창출 동력의 중요한 축이 서비스 산업에 있다는 점을 인식한다면 서비스 산업에 적합한 제도적 틀을 갖출 필요가 있다. 예를 들어, 현행 「노동법」의 틀을 보더라도 그 배경이 되는 산업 조직은 전통적인 산업화 시대의 공장으로 대변되는 제조업체가 모델이다. 그런데 현실은 과거의 정형화된 틀에서 벗어나, 근로 시간이나 근로 장소, 고용종속 관계 모든 측면에서 전통적인 시각으로 보면 예외적인 상황이 너무도 많이 발생하고 있다. 그럼에도 기존의 제도를 통해 규율하려다 보니 형식적

---

41 허재준(2009)도 주요 산업의 취업유발계수와 고용유발계수 추이 분석을 통해 당분간 제조업의 고용 없는 성장은 지속될 것이라는 분석을 내놓기도 했다.

으로 운영되거나 실효를 거두기 어려운 상황이 이어지는 것이다.

예를 들어보자. 택시업체에 소속된 택시 운전기사의 경우 현실적으로 1일 8시간 근로, 주 5일 근무 등 제조업 종사 근로자를 기준으로 설정된 많은 근로 기준 조항의 적용이 어렵기 때문에 「근로기준법」에서도 예외를 인정해서 예를 들면 연장 근로시간도 당사자 간 합의하에 자율적으로 정할 수 있도록 규정한다. 임금체계도 월급제나 연봉제 등이 아닌 사납금이라는 특수한 체계를 지닌다. 그렇다 보니 노동에 대한 제대로 된 보호를 받기 어려워 장시간 근로, 열악한 임금 등 적절한 근로조건 확보가 매우 어려운 것이 현실이다.

더군다나 요즈음 많이 늘고 있는 대리 운전기사와 같은 경우는 더 심각하다. 대부분 「근로기준법」상 근로자로 인정을 받지 못하기 때문에 「근로기준법」 적용에서 아예 벗어나 있는 경우가 많다. 현행법상 어쩔 수 없는 측면이기는 하지만 입법적인 문제를 그대로 방치해놓은 채 제조업 중심의 「근로기준법」만을 가지고 근로자 보호를 이야기하기에는 한국의 산업구조가 너무 많이 변했다. 따라서 미시적인 세부 업종별 접근을 통해 서비스업에서도 양질의 일자리가 많이 탄생할 수 있도록 근로 기준을 비롯한 다양한 규제 및 지원제도를 재검토하는 노력을 해야 한다.[42]

---

[42] 산업정책 차원에서 양질의 일자리 창출을 위해 상대적으로 성장 가능성이 높고 양질의 일자리 비중이 높은 제조업의 서비스 영역과 생산자 서비스 부문을 적극 육성하자는 의견(강중구 외, 2013)도 경청할 필요가 있다.

4) 해외 일자리 개척

'글로벌 시대'라는 용어가 이제는 진부하게 느껴질 정도로 세계는 바야흐로 지구촌으로 움직이고 있다. 비단 상품 교역 중심의 무역이 통로를 넘어서 인적 교류가 과거 어느 때보다 활발해진 현 상황을 잘 활용한다면 우리가 직면한 일자리 문제 해소에도 큰 도움이 될 것이다. 사실 이러한 구상은 새로운 것은 아니다. 지난 이명박 정부도 '글로벌 청년리더 10만 명 양성'이라는 목표를 제시하며 중요한 국정 과제로 추진했다. 그런데 그 목표에 비해서 실제 이뤄낸 성과는 상당히 미진했다. 그 이유를 분석해보면 무엇보다 접근 방식에 한계가 있었다. 이 사업의 가장 큰 골격은 국내 훈련 기관에서 청년들에게 단기 훈련 과정을 제공하고 이후 관련 분야의 해외 기업에 취업시키겠다는 발상이 핵심인데 현실과는 상당히 괴리가 있는 접근이었다.

청년들이 가장 선호하는 미국, 캐나다, 호주 등 영어권 국가나 일본, 중국 등의 인접 국가에 성공적으로 취업하기 위한 수단으로 국내 단기 직업 훈련 후 취업 알선을 거치는 방식은 효과적이지 못했다. 요즘 대부분의 국가들은 실업 문제를 공통으로 겪고 있기 때문에 외국인이 자국의 괜찮은 일자리를 차지하도록 내버려 두지 않는다. 대부분의 국가는 취업을 목적으로 자국 비자를 받으려는 경우 다양한 조건을 내걸고 까다롭게 심사한다. 그 결과 취업 가능한 해외 일자리는 그 나라에서도 기피하거나 인력 부족을 겪는 직종인 경우가 대부분이고 일자리의 질도 상당히 떨어질 수밖에 없는 한계가 있다. 예를 들면, 호주에 취업을 하더라도 소규모 식당, 식육가공업 등 한국에서도 별로 선호하지 않는 업체에 취업해야 하는 경우가 많았다.

　이러한 문제를 해결하기 위해서는 접근 방법이 바뀌어야 한다. 단기간에 가시적인 성과를 내려고 욕심을 부리다 보면 자꾸 부작용이 발생할 수밖에 없다. 진정으로 글로벌 인재를 키우고자 한다면 학부 때부터 해외 유학을 지원해야 한다. 현재 국비 해외유학 지원 프로그램이 있지만 이는 주로 국내에서 대학을 졸업한 후 석·박사과정을 지원한다.

　글로벌 인재 양성을 위한다면 그간 유학생 비중이 높았던 미국, 캐나다, 호주 등의 영어권 국가가 아닌 비영어권 국가를 중심으로 현지에서 생존력을 갖출 수 있도록 대학 단계부터 지원하고 현지에서 취업할 수 있도록 도와주는 노력이 필요하다. 영어권 국가는 이미 지나치게 많은 인력이 진출해 있으므로 이들 국가로 진출하려는 청년들에 대한 지원은 제한하는 대신, 아프리카, 남미, 중동, 동유럽 등 상대적으로 청년들의 진출이 부진한 국가 중심으로 국비 유학의 기회를 준다면 해외 일자리 창출이라는 의미와 함께 글로벌 인재 양성이라는 취지에도 부합할 수 있을 것으로 보인다. 이때 지원과 관련해 양적인 규모에 치중하다 보면 부작용이 발생할 가능성이 크므로 장기적인 시각에서 양질의 인력을 키우겠다는 관점으로 접근하는 것이 필요하겠다.

글로벌 인턴 기회 확대

　또 하나 글로벌 인재 양성과 관련해서 의미 있는 정책 중 하나가 글로벌 인턴 기회를 확대하는 것이다. 한국의 청년인턴 프로그램은 주로 학교를 졸업생이나 졸업 예정인 학생을 대상으로 주로 취업과 연계하기 위해 시행되지만, 인턴십 프로그램은 재학 중인 학생을 대상으로 직업에 대한 이해를 높이고 자신이 원하는 직업 세계를 미리 겪어보고 준비할 수 있도록 하는 것이 적절하다.[43] 따라서 인턴십 프로그램은 학교(대학교 또는 고등학교) 재학생을 대상으로 시행하되, 가능하면 학점과 연계하는 방식이 바람직하다. 사실 기업체에서 자주 불만을 토로하는 학교교육의 문제점이 졸업생을 바로 현장에 투입하기 어렵다는 점임을 감안하면, 재학 중에 학교와 기업체 간의 다양한 교류와 연계 프로그램을 확대하는 것은 바람직하며 정부가 적극적으로 지원해나갈 가치가 있는 정책이다. 특히 글로벌 인재 양성이라는 측면에서도 해외에서 제대로 된 인턴 경험을 쌓을 수 있도록 기회를 확대할 필요가 있다.

대표적으로 인턴십 프로그램을 체계적으로 운영하고 있는 미국의 비영리단체 '워싱턴 센터'의 사례를 들 수 있다. 이 센터에서는 미국 각지와 해외에서 미국 내 인턴십 과정에 참여하려는 학생들을 모아서 인턴십 기업(또는 정부 기관)에 연계해주고 또 한편으로는 명사 특강 등 인턴십 프로그램을 더욱 풍부하게 해주는 자체 프로그램을 기획해 제공한다. 미국 내 참여 대학은 이 센터와 협약을 맺어 학점을 인정해주고 비용도 해당 학생의 학교 등록금으로 대체할 수 있도록 하여 학생들의 재정 부담도 덜어준다. 글로벌 인턴 기회 제공 시 고려해야 할 사항 또한 대상 국가의 다양화 문제이다. 여전히 영어권 국가 중심으로 인턴십 기회가 제공되는 것은 다양한 글로벌 인재 양성이라는 측면에서 바람직하지 않다. 따라서 가급적

---

[43] 인턴십 프로그램이 취업 전 단계에서 기업이 적임자를 선발하는 과정으로 활용되면 청년들 입장에서는 취업의 벽이 하나 더 생기는 것으로 느껴질 수 있다. 즉 예전 같으면 바로 정사원으로 취업할 수 있던 것을 인턴이라는 불안정한 신분으로 짧게는 1개월에서 길게는 1년에 이르는 시간을 보내야 하므로 더 힘들어질 수 있는 것이다.

✈ 외국 사례: 미국의 워싱턴 센터[44]

1) 개요

- 1975년 설립, 비영리 교육기관(인턴십, 교육 세미나 등 운영).
- 그간 미국 1,000여 개 대학과 세계 각국에서 온 학생 4만여 명에게 인턴십·교육 서비스 제공.
- 인턴십 대상 기관은 워싱턴 DC와 인근에 소재한 공공 기관은 물론, 민간 기업체 등 다양하게 분포.

2) 프로그램 내용

- 워싱턴 센터는 대학생·대졸자 대상으로 세 가지 프로그램 운영.
  - 인턴십(Internship): 주 4~4.5일, 대상자 전공을 고려한 기관 배정.
  - 아카데미 코스(Academic course): 다양한 취업과 관련된 수업에 참여.
  - 리더십 포럼(Leadership forum): 리더십 향상에 도움이 되는 포럼 참여.
- 이 같은 세 가지 프로그램에 대해 점수를 매기고, 프로그램 종료 후 그 결과를 해당 대학에 통보.
  - ※ 다수의 미국 대학들이 재학생의 인턴십 참여를 의무화하고 있고, 인턴십 참여 결과를 학점에 반영.
- 내실 있는 인턴십 프로그램 운영을 위해 기업체 관리자와 워싱턴 센터 직원이 미팅 등을 통해 퀄리티 체크(quality check)를 하고 인턴십 운영 기관에 대한 인증제를 도입해 실시.
- 이 밖에 기숙사 거주 학생 대상으로 박물관 견학, 음식 만들기 등 문화 체험 프로그램을 부수적으로 운영.

3) 프로그램 참여 인원

- 매년 봄, 여름, 가을 등 여러 차수로 학생을 모집·선발해 인턴십 프로그램을 운영
- 대체로 대학생이 80%, 대졸자와 대학원생이 20%를 차지하며, 대졸자 비율이 증가하는 추세.
- 미국인이 85%, 외국인이 15%를 차지하며, 외국인은 멕시코, 한국, 캐나다순임.

비영어권 국가를 중심으로 다양한 인턴십 프로그램을 제공하고 지원을 강화해나가는 것이 필요하다. 아울러 현재 청년층을 대상으로 하는 인턴십 프로그램이 여러 중앙 부처와 지자체, 대학교 등에서 제각기 시행되면서 문제점이 노출된다. 청년들이 종합적인 인턴십 프로그램 정보를 얻기도 어렵고 자격 요건이나 지원 수준 등이 표준화되어 있지 않아 혼선이 빚어지는 등 비효율적인 측면이 많이 나타나고 있다. 따라서 이를 전담할 수 있는 별도의 기관을 설립하거나 한국 잡 월드와 같은 기관을 활용해 종합적으로 관리하는 방안을 고민할 필요가 있다. 미국의 '워싱턴 센터'가 벤치마킹 사례가 될 수 있을 것이다.

'워킹 홀리데이' 활용

'워킹 홀리데이(working holiday) 프로그램'을 적극 활용하는 방안도 있다. 이 프로그램은 청소년(주로 18~30세)들이 협정 체결국을 방문해 그 나라의 문화와 생활을 경험할 수 있도록, 단기 관광과 제한적 형태의 취업을 허용하는 제도(취업관광사증제도)인데, 현지 문화를 체험하면서 체류 기간에 일정 수준의 취업도 허용되므로 저비용으로 참가할 수 있고, 청소년의 자립심 강화에도 기여한다. 한국은 1995년 호주와의 워킹 홀리데이 협정 체결 이래 캐나다, 뉴질랜드, 일본, 프랑스, 독일순으로 협정 체결·쿼터를 지속적으로 확대해왔다. 표 10에 나타난 바와 같이 협정 체결국 증가와 쿼터 확대에 따라 프로그램 참가자 수도 꾸준히 증가해 2005년 2만 1,000명에서 2012년에는 4만 4,000명이 참여할 정도로 규모가 커졌다. 이 중 호

---

44 워싱턴 센터에 대한 자세한 내용은 http://www.twc.edu에서 확인할 수 있다.

표 10 **워킹 홀리데이 프로그램 참가자 현황** (단위: 명)

구분	2005년	2006년	2007년	2008년	2009년	2010년	2011년	2012년
호주	17,706	24,007	28,562	32,635	39,505	34,870	30,527	34,234
캐나다	800	800	800	2,010	4,020	4,100	3,913	4,069
뉴질랜드	797	1,071	2,050	1,901	1,901	1,800	1,881	1,803
일본	1,800	3,600	3,600	3,600	7,200	7,200	6,319	5,856
프랑스	-	-	-	-	154	185	152	205
독일	-	-	-	-	188	582	839	1,084
아일랜드	-	-	-	-	-	400	359	400
홍콩	-	-	-	-	-	-	62	127
타이완	-	-	-	-	-	-	152	214
영국	-	-	-	-	-	-	-	386
기타	-	-	-	-	-	-	74	118
합계	21,103	29,478	35,012	40,146	52,968	49,137	44,278	48,496

주: 기타에는 덴마크, 스웨덴, 체코, 오스트리아 포함.
자료: 외교부 워킹 홀리데이 인포센터 인터넷 홈페이지(www.whic.kr).

주가 70~80%를 차지할 정도로 그 비중이 높다.

이처럼 매년 많은 청년들이 워킹 홀리데이 프로그램을 이용하고 있지만 아직까지 일자리 정책 차원에서 이 제도에 대한 고민이 진전되지는 못했다. 그간 정부의 역할은 외교부를 중심으로 관련 정보 제공과 현지에서의 안전 확보 등에 초점이 맞춰져 있었다.[45] 글로벌 인재 양성이라는 측면

[45] 최근(2013년 11월 24일) 호주에서 워킹홀리데이에 참가해 일하던 한국인 여대생이 현지인에게 피살당하는 불상사가 있었는데, 안전 문제 확보를 위해서도 제대로 된 현지 일자리로 연계하는 시스템을 구축하고 귀국 후에도 이를 발전시킬 수 있도록 지원하는 정책적 노력이 필요하다.

에서 보면 정부의 역할은 좀 더 확대될 필요가 있어 보인다. 즉 이 프로그램을 준비하는 청년들이 사전에 자신의 직업 경력 형성과 관련해 준비하도록 하거나 워킹 홀리데이 경험을 직업 선택 시 활용할 수 있도록 연계해주는 노력 등을 추가한다면 워킹 홀리데이가 일회적인 경험이 아니라 직업 경력 형성에 더 적극적인 기능을 할 수 있을 것으로 기대된다. 아울러 워킹 홀리데이 프로그램 대상 국가를 다변화해 호주, 캐나다 등 영어권 중심에서 벗어나 다양한 문화권에 청년들이 진출할 수 있도록 적극적으로 운영할 필요가 있겠다.

5) '융·복합형' 민간 직업훈련 기관 양성

직업훈련은 적극적 노동시장 정책의 핵심을 이루는 매우 중요한 정책이다. 특히 기술 혁신 속도가 갈수록 빨라짐에 따라 최신 기술을 습득하기 위해서는 재직자도 지속적인 교육 훈련이 필요하고 실업자의 또한 원하는 직업에 필요한 역량을 준비해야 좀 더 쉽게 취업에 성공할 수 있다. 한국의 직업훈련은 표 11에서 볼 수 있다시피 양적으로 엄청나게 팽창했다. 그러나 훈련의 효과를 높이기 위해서는 여전히 개선해야 할 과제가 많다. 그중에서 가장 시급한 것 중 하나가 바로 민간 훈련 기관의 종합적인 훈련 능력을 높이는 것이다.

현장에서는 직업훈련에 대해 만족하지 못하는 목소리가 많이 들려온다. 무엇보다 실업자를 채용하는 사업주의 경우 직업훈련이 현장업무 수행에 큰 도움이 되지 않는다는 하소연이 많다. 학교나 직업훈련 기관에서 상당 기간 교육 훈련을 받았음에도 현장에서 업무를 부여하면 기존 교육 훈련으로는 도저히 감당이 되지 않아 다시 별도의 재교육을 시켜야만 하

표 11 **연도별 직업훈련 실시 현황** (단위: 천 명, 억 원)

구분	1998년		2005년		2009년		2012년	
	인원	예산	인원	예산	인원	예산	인원	예산
총계	1,018	4,347	2,725	9,341	5,403	15,115	3,846	12,077
실업자·취약 계층 훈련	301	2,966	93	1,985	133	3,556	308	2,324
사업주·재직자 훈련	683	664	2,527	3,726	5,210	7,456	3,475	4,926
인력 부족 분야 훈련	34	717	105	3,630	60	4,103	63	4,827

자료: 고용노동부, 고용보험 DB 자료.

는 상황이 발생하는 것이다.

또한 직업훈련을 받는 수요자의 입장에서도 불만이 간단하지 않다. 최근 '직업능력개발계좌제'[46] 도입으로 훈련 참여자의 직업훈련 선택권은 많이 확대되었으나 여전히 훈련의 질적 측면에서는 만족도가 높지 못한 상황이다. 무엇보다 훈련 기관의 훈련 장비가 산업 현장에서 실제 사용하는 것보다 구식인 경우가 많고 훈련 교사도 최신 기술을 습득해 교육하기보다는 기존에 하던 방식을 고수하는 경우가 많아 훈련의 효과가 떨어진다는 불만이다.

왜 이런 현상이 발생하는 것일까? 공공 훈련 기관의 경우 폴리텍 대학이 전국적으로 포진함에 따라 시스템적으로 잘 구성되어 있다는 평가를 받는다. 반면에 민간 훈련 기관에 대해서는 평가가 엇갈린다. 소수의 양호한 훈련 기관도 있지만 많은 경우에는 민간 훈련 기관의 규모가 작고 영

---

[46] '직업능력개발계좌제(내일배움카드)'란 구직자가 직업 능력 개발을 거쳐 일자리를 얻을 수 있도록 1인당 연간 200만 원 이내에서 훈련비를 지원하고 개인별 훈련 이력 등을 통합적으로 관리하는 국가의 직업능력 개발 지원제도이며 자세한 내용은 www.hrd.go.kr에서 확인할 수 있다.

세세해서 훈련 설비와 훈련 교사에 대한 적절한 투자가 어려운 실정이다. 특히 직업능력개발계좌제가 도입됨에 따라 훈련 기관 간 경쟁이 더욱 치열해지고 미래 훈련 수요에 대한 불확실성이 커져 민간 훈련 기관의 훈련 공급 능력은 더욱 열악해지는 구조적인 어려움이 있다. 즉 직업능력개발 계좌제가 도입된 후인 2011년 훈련 기관과 훈련 과정 숫자를 보면 2,708곳 훈련 기관에서 1만 4,577개 훈련 과정이 개설되어 17만 7,000명이 훈련을 받았다. 단순히 산술 평균을 구해보면 1개 훈련 기관에서 평균적으로 1년간 65명이 훈련을 받았다는 결론인데 훈련 참여 인원에 비해 지나치게 훈련 기관과 훈련 과정 숫자가 많다고 할 수 있겠다.

예를 들어, 실업자 내일배움카드제에 참여하는 서울 지역의 미용 분야 직업훈련 기관 현황을 살펴보자. 직업능력지식포털 HRD-NET(http://www.hrd.go.kr)을 통해 보면 2012년 기준으로 미용학원 숫자가 26개에 이른다. 이 중 서초구 한 곳에만 5개 기관이 몰려 있다. 물론 시장 경쟁을 통해 훈련의 질을 향상할 수도 있겠지만 이미 레드오션이 되어버린 훈련 시장에서 과당 경쟁은 결국 훈련의 질적 수준 제고라는 공공성을 확보하기 어려운 방향으로 몰고 갈 가능성을 키운다. 이러한 상황에서 직업훈련의 효과를 높이겠다는 것은 분명히 한계가 있어 보인다.

직업훈련이 목표한 효과를 내기 위해서는 무엇보다 훈련 기관의 훈련 수행 능력이 중요하다는 것은 모두가 잘 아는 사실이다. 하지만 지금 시행되는 훈련 시스템에서는 민간 훈련 기관의 훈련 능력이 갈수록 취약해질 수밖에 없는 구조적 한계가 있다. 특히 훈련 수요가 많은 IT, 제과·제빵, 이·미용, 한식 조리 등의 직종에 영세 훈련 기관이 집중되어 있다. 또한 공공 직업훈련 기관은 전통적으로 제조업 기능 인력 양성에 초점을 맞추다 보니 훈련 직종이 제한적일 수밖에 없다. 이러한 문제에 효과적으로 대응하기 위한 하나의 방법으로 민간 훈련 기관의 대형화를 통해 규모의 경제를 실현하는 방안이 있다.[47] 민간 훈련 기관 간의 자발적인 구조 조정과 통·폐합을 기대하기는 쉽지 않은 것이 현실이므로 정부가 정책적으로 민간 훈련 기관의 대형화에 대한 인센티브를 제공하는 것이 좋겠다.

아울러 훈련 기관이 직업훈련 영역에만 머무를 것이 아니라 취업 알선, 직업 상담, 전직 지원 서비스 등 고용 서비스의 다른 영역까지 융·복합형으로 담당할 수 있도록 해 민간 고용 서비스의 전반적인 수준을 한 단계 업그레이드하는 역할까지 수행하도록 방향 설정을 하는 것도 의미 있을 것이다. 이러한 구상이 더 발전되면 금융 부문의 종합금융회사와 유사하게 기업의 인력 채용, 능력 개발, 파견, 인사관리 등의 업무를 총괄하는 '종합인력회사'(가칭)로 연결될 수도 있을 것이다.[48]

따라서 한편으로는 직업능력 기관에 대한 평가를 강화하는 노력을 지속적으로 확대해야 할 것이며, 또 다른 한편으로는 민간 훈련 기관이 대형화·다기능화할 수 있도록 자율적인 구조 조정을 적극적으로 지원하는 정책을 병행할 필요가 있다. 또한 다양한 분야의 직업훈련이 가능하도록 향후 인력 수요가 증가할 것으로 예상되는 분야에 대한 새로운 직업훈련 기관의 설립을 적극적으로 유도해야 한다. 이때 직종별 협회 등을 활용하는 것도 좋은 아이디어가 될 수 있다. 이러한 대책이 원활히 추진되면 직업

---

[47] 물론 민간 훈련 기관의 대형화가 곧바로 양질의 직업훈련을 보장해주지는 않는다. 다만 규모의 경제를 최대한 활용하고 전통적인 직업훈련 영역에서 벗어나 취업 알선, 전직 지원 서비스 등 다양한 취업 지원 서비스를 통합적으로 수행하기 위해서는 대형화하는 것이 유리한 측면이 있다.

[48] '종합인력회사' 관련 자세한 내용은 장신철(2013)을 참조하기 바란다.

훈련이 산업 현장의 수요를 잘 반영할 수 있을 뿐만 아니라, 인적 자원의 경쟁력도 높아져 궁극적으로는 산업경쟁력 강화에도 기여할 수 있을 것으로 기대된다.

4. 미래를 잡아라

사회 각 분야가 정신없이 빠른 속도로 변화하다 보니 일자리 정책을 고민할 때에도 눈앞의 현안에만 매몰되는 경우가 많다. 그래서 사실상 예고된 문제임에도 미리 준비하지 않아 훨씬 큰 대가를 치르는 경우를 심심치 않게 볼 수 있다. 변화무쌍한 미래를 모두 예측할 수는 없겠지만 적어도 예견 가능한 미래에 대해서는 미리 대비하면서 관리할 수 있는 능력이 매우 중요하다.

먼저 다문화가족의 급증에 주목할 필요가 있다. 다문화가족의 비중이 커짐에 따라 결혼 이민자와 그 자녀들의 취업 문제가 상당히 중요한 사회 문제로 연결될 가능성이 있다. 특히 다문화가족의 경우 대개 취약 계층인 경우가 많고 한국 사회의 다문화가족 자녀에 대한 편견 등이 상당한 점을 감안할 때 사회통합 측면에서도 이들의 취업 문제는 간과할 수 없는 정책 이슈가 될 전망이다.

다음으로 인구 구조를 살펴보면 조만간 우리 사회는 핵심 노동력이라 할 수 있는 30~40대 노동력이 지속적으로 줄어들 수밖에 없는 인구 구조에 놓일 것이다. 이로 인해 무엇보다도 각 분야별로 인력 부족 현상이 가속화될 전망이다. 특히 청년들의 선호도가 낮은 분야를 중심으로 전문 기능 인력 확보가 매우 어려워질 전망이다. 이는 제조업과 건설업 등의 경쟁력 약화로 이어질 가능성이 매우 크므로 이에 대한 체계적인 대비가 필요하다.

마지막으로 21세기 한반도에서 발생할 수 있는 가장 큰 이벤트가 될 일자리 정책 차원에서 남북통일은 남북한 노동시장의 성공적인 통합이라는 문제를 던져준다. 독일 통일의 사례에서 볼 수 있다시피 통일은 급속히 진전될 수 있을 뿐만 아니라, 노동시장을 포함한 사회 각 분야에 엄청난 충격과 변화를 수반한다. 따라서 남북통일을 현실적인 정책 과제로 인식하고 정책적으로 준비해야 한다.

1) 다문화가족 일자리 문제에 대비

다문화가족 증가가 지닌 사회적 함의

1990년대 중반 이래 급증하고 있는 결혼 이민자는 여러 가지 변화를 몰고 왔다. 법무부 통계에 따르면 결혼 이민자는 2012년 현재 14만 8,498명에 이르며, 국적별로는 중국과 베트남 출신의 결혼 이민자가 절대다수를 차지한다. 특히 농촌 일부 지역의 경우 결혼 이민자 세대가 전체 세대의 절반에 이를 정도로 다문화가족이 확산되고 있다.

결혼 이민자의 증가는 사회적으로 장단점이 동시에 존재한다. 결혼적령기에 도달했어도 배우자를 찾지 못하고 있는 미혼자(주로 총각)들에게 결혼 기회를 제공해준다는 것만으로도 많은 사회적 효용이 발생하고, 특히 갈수록 고령화되어가는 농촌 사회의 경우 결혼 이민자를 통한 다문화가족 구성이 그나마 세대를 이어갈 수 있는 끈이 되고 있다는 점은 긍정적인 측면이다. 그러나 다른 한편으로 빈곤층 등 주로 사회 취약 계층이 다문화가족을 형성하는 현실을 감안할 때, 자칫 잘못하면 사회통합이 더욱

표 12 **결혼 이민자 현황** (단위: 명)

구분		2007년	2008년	2009년	2010년	2011년	2012년
합계		110,362	122,552	125,087	141,654	144,681	148,498
성별	남자	13,126	14,753	15,876	18,561	19,650	20,958
	여자	97,236	107,799	109,211	123,093	125,031	127,540
국적	중국	63,203	67,787	65,992	66,687	64,173	63,035
	베트남	21,614	27,092	30,173	35,355	37,516	39,352
	일본	5,823	5,223	5,074	10,451	11,162	11,746
	필리핀	5,033	5,819	6,321	7,476	8,367	9,611
	기타	14,689	16,631	17,527	21,685	23,463	24,754

자료: 법무부, 『출입국·외국인정책 통계연보』(각 연도).

어려워지고 사회 양극화를 확산하는 계기로 작용할 수도 있기 때문에 정책적으로 신중한 접근이 필요하다.

다문화가족과 노동시장

다문화가족의 증가는 노동시장 측면에서도 긍정적 영향과 부정적 영향이 동시에 존재한다. 먼저 긍정적인 측면을 살펴보면 젊은 노동력 증가에 한몫을 하게 된다는 것을 들 수 있다. 한국은 이미 고령화 사회에 접어들어 청년층의 비중이 급격히 줄어들고 있다. 이러한 추세가 지속되면 조만간 노동력 부족 문제에 봉착할 만큼 심각한 고용 문제를 야기할 수 있다. 결혼 이민자 증가는 결혼 이민자와 그 자녀들이 경제활동에 참가해 다소나마 노동력 부족 문제 해소에 도움을 줄 수 있다. 특히 최근에는 농어업, 축산업 등 농어촌에서도 심각한 노동력 부족을 보이는 점을 감안하면 농어촌의 다문화가족은 급속히 고령화되어가는 농어촌의 버팀목이 될 여지가 충분하다.

결혼 이민자와 그 자녀들의 증가 추세가 불가피한 상황에서 향후 정부

표 13 **결혼 이민자 자녀의 연령별 현황(2009년 기준)**   (단위: 명, %)

구분	자녀 연령					
	전체	6세 미만	6~11세	12~14세	15~17세	18세 이상
전체 (비율)	101,556 (100)	67,498 (66.5)	24,264 (23.9)	4,653 (4.6)	1,467 (1.4)	3,674 (3.6)
여성 결혼 이민자 자녀 (비율)	94,591 (100)	64,015 (67.7)	22,601 (23.9)	4,308 (4.5)	1,244 (1.3)	2,423 (2.6)
남성 결혼 이민자 자녀 (비율)	6,965 (100)	3,483 (50)	1,663 (23.9)	345 (4.9)	223 (3.2)	1,251 (18)

자료: 통계청 KOSIS(http://kosis.kr/).

정책의 초점은 이들이 사회의 구성원으로서 제대로 자리 잡을 수 있도록 다양한 정책적 노력을 기울이는 것이다. 다문화라는 특성이 장점으로 발휘될 수 있도록 교육과 취업 각 부문별로 다문화가족에 특화된 서비스를 개발하고 정부의 인센티브도 연계시키는 노력이 필요하다. 특히 결혼 이민자 자녀들이 노동시장에 진입하는 초기 단계에서 다양한 성공사례를 만들어 롤 모델(role-model)로 확산시켜야겠다. 여성가족부의 다문화가족지원센터, 고용노동부 고용센터의 '여성 결혼 이민자 프로그램(Women Immigrant's New Direction: WIND)' 등을 통해 결혼 이민자의 취업을 지원하고 있지만 아직까지 결혼 이민자 자녀의 일자리 문제에 대해서는 관심이 부족한 실정이므로 향후 선제적인 정책적 대응이 필요한 시점이라 하겠다.

한편, 다문화가족의 증가는 자칫하면 사회 양극화를 더욱 심화시키는 부정적 효과를 가져올 소지도 있다. 앞에서 언급한 것처럼 다문화가족 대부분이 저소득층 등 사회적 취약 계층으로 분류된다. 따라서 이들 가정에서 자라난 자녀도 소외계층으로 전락할 위험이 상당히 높은 것이 현실이기 때문에 자칫하면 '2등 국민'이라는 편견 가능성도 다분히 존재한다. 특히 한국 사회의 인종차별적인 문화가 개선되지 않는다면 다문화가족 자녀들이 중산층으로 정착하기까지는 상당한 시일이 걸릴 수 있다.

상황이 심각해지면 2005년 10월 프랑스 파리 외곽에서 발생했던 이민 자 2세들의 소요 사태와 같은 극단적인 문제도 발생하지 않으리란 보장이 없다. 프랑스도 이민자 자녀들에 대해 다양한 사회통합정책을 실시해왔 지만 그 정책들이 충분히 효과적이지 못했고, 특히 이들 이민자 자녀들은 실업률이 50%에 육박할 정도로 노동시장에서도 소외되었다는 점을 주목 해야 한다. 이처럼 다문화가족의 증가는 엄청난 사회적 충격과 사회적 비 용을 요구할 수도 있는 사안이기 때문에 다문화가족의 자녀들이 사회에 연착륙할 수 있도록 학교교육 단계부터 노동시장 안착에 이르기까지 체 계적인 정부 차원의 정책 개발이 반드시 수반되어야 한다.[49]

2) 인구 구조 변화에 대응하는 일자리 정책 추진

인구 구조 변화가 가져올 노동시장 문제

인구 추이는 경제 전반의 활력도를 좌우하는 핵심적인 요소이다. 한국 은 세계에서 유례를 찾아보기 힘들 정도의 빠른 속도로 고령화가 진행되 고 있다. 이로 인해 많은 사회적 문제와 이슈가 발생하고 있기도 하다. 노 동시장 측면에서도 저출산과 고령화 문제는 다양한 문제를 야기한다.[50]

한국은 2012년 인구가 5,000만 명을 넘어섰지만 저출산 추세는 인구의

---

[49] 결혼 이민자 가정의 경제 실태와 고용 문제에 대해서는 이규용 외(2011a)에 잘 정리되어 있다.

[50] 인구 구조의 변화가 바꿔놓을 세계의 모습은 니혼게이자이신문사(日本經濟新聞 社, 2008)에 잘 소개되어 있다.

표 14 한국의 인구 전망 추이   (단위: 천 명)

구분	1990년	2000년	2010년	2012년	2020년	2030년	2040년	2050년
총 인구	42,869	47,008	49,410	50,004	51,435	52,160	51,091	48,121
인구성장률	0.99	0.84	0.46	0.45	0.28	0.01	-0.39	-0.76

자료: 통계청, 『장래인구추계: 2010~2060』(2011).

지속적인 성장을 가로막고 있다. 즉 통계청의 2011년 인구전망 추계에 따르면 한국의 인구는 2030년경 5,200만 명 수준에서 정점을 찍고 하강할 것으로 예측된다(표 14 참조).

노동시장 측면에서 더욱 심각한 것은 생산가능인구(15~64세)의 정점이 2016년(3,704만 명)으로 다가올 것이라는 전망이다. 생산가능인구가 줄어들면 어떤 문제가 발생할까? 경험하지 못한 새로운 문제점들이 등장하게 된다. 무엇보다 생산가능인구의 감소는 직접적으로 일할 수 있는 노동력이 부족해진다는 것을 의미한다. 이로 인해 한편으로는 청년층 실업 문제가 다소 완화될 수 있는 여지가 생기겠지만 산업체의 전반적인 구인난은 더욱 심각해질 것으로 보인다. 특히 급속한 고령화, 베이비부머 세대의 은퇴와 맞물리면 산업 현장에서 인력 부족 문제는 심각한 현안으로 다가올 수 있다.

유휴 인력의 경제활동 유도

지금도 3D업종을 중심으로 노동력 부족 현상이 상당히 심각한 상황이지만 생산가능인구가 감소 추세로 접어들면 이러한 노동력 부족이 더 광범위하게 확산될 가능성이 농후해진다. 노동력 부족은 일차적으로 정상적인 산업 생산 활동을 저해할 뿐만 아니라, 인적 자본 축적에 부정적인 영향을 미쳐 산업 경쟁력을 약화시키는 주된 요인으로 작용한다. 인력 부족의 해소를 위해서는 고령층, 여성 인력 등 유휴 인력의 경제활동 참여를 확대시키는 노력을 강화해야 하고, 또 다른 한편으로는 외국인 근로자, 북한이탈주민, 재외동포 등 국외 인력의[51] 활용 방안에 대한 종합적인 정책적 고민이 요구된다.

먼저 고령층과 여성 인력의 활용도를 높이기 위해서는 적극적인 정책 개입이 필요하다. 고령층의 경우 일차적으로 퇴직 연령을 늦추는 방안이 필요하다. 선진국처럼 복지 안전망이 두텁게 구축되지 못한 상황에서 조기 퇴직은 곧바로 생계 불안으로 연결될 가능성이 높고 기업체 입장에서도 숙련된 인력을 적정 임금으로 계속 활용하고자 하는 수요가 있으므로 획일적인 정년제도를 개선해나가야 한다.[52] 이를 위해서는 공공 부문이 선도적인 역할을 담당해나갈 필요가 있으며, 민간 부문에 대해서도 지원책을 더욱 확대해야 한다. 현재 정년 연장, 임금 피크제 지원, 재고용장려금 지원 등 여러 가지 고령층 고용안정을 위한 방안이 시행되고 있으나 파급 효과는 그리 크지 못한 실정이다. 아울러 단시간 일자리와 같이 고령층이 쉽게 접근할 수 있는 일자리를 많이 개발하는 것도 중요한 정책 수단이 될 것이다.[53]

[51] 여기에서 '국외 인력'이라 함은 전통적인 내국인의 범주에서 벗어난 외국인 근로자, 결혼 이민자, 북한이탈주민 등을 총칭하는 의미로 사용하고자 한다.

[52] 다만 정년 연장의 고령층 고용개선 효과에 대해서는 논란이 있다는 점도 참고할 필요가 있다. 이철희(2012)는 정년제도의 영향을 받는 임금 근로자 수가 소수에 지나지 않는다는 점을 지적하면서 법적 정년 연장이 전반적인 고령층 고용안정에 큰 도움이 되지는 못할 것이라고 분석한다.

[53] 특히 한국의 고령 가구 빈곤율은 45.1%로 OECD 국가 중 최고 수준이라는 사실은 고령층에 적합한 일자리를 지속적으로 확대해나가야 한다는 점을 잘 보여준다 (OECD, 2011).

여성 인력의 활용도를 높이는 문제도 노동시장이 직면한 중요한 문제이다. 여담으로 요즘 직장 여성의 어려움을 보여주는 유머를 소개하자면 한국 사회에는 네 가지 계급의 주부가 있다고 한다. 가장 좋은 1등급은 '일도 하지 않으면서 가사 도우미를 쓰는 주부'이고, 2등급은 '일을 하지 않으면서 집에서 살림만 하는 주부', 3등급은 '직장에서 일을 하면서 가사 도우미를 쓰는 주부', 그리고 마지막으로 4등급은 '직장에서 일도 하면서 집안 살림도 도맡아서 하는 주부'라고 한다. 그만큼 직장 여성으로서 살아가는 것이 어렵다는 점과 특히 직장과 가정생활을 균형 있게 유지하는 일이 어려운 일이라는 것을 보여주는 씁쓸한 이야기라 하겠다. 사실 여성의 일자리 문제 중 가장 큰 비중을 차지하는 것이 출산·육아로 인한 경력 단절이다.

이제 공공 부문에서는 출산휴가와 육아휴직제도가 어느 정도 정착되었지만 민간 부문에서는 아직 육아휴직을 마음대로 활용하기 어려운 실정이다. 이러한 문화를 획기적으로 개선하기 위해서는 기존의 육아휴직 장려금이나 대체 인력 채용 시 지원금을 주는 제도를 강화할 필요가 있겠고, 무엇보다 '유리 천장(glass ceiling)'이라 일컬어지는 것처럼 보이지 않게 여성 차별적으로 운영되는 인사관리 시스템을 개선해야 한다.[54] 그리고 경력 단절 여성들이 다시 취업을 하고자 할 때 다양한 분야에서 새롭게 경력을 형성해나갈 수 있도록 여성 친화형 일자리 분야를 개척해나가는

---

[54] 영국의 경제 주간지 ≪이코노미스트(Economist)≫가 발표한 OECD 유리천장 지수(2011년 기준)를 살펴보면 한국은 100점 만점에 15점으로 총 26개국 중 26위를 차지했다. 자세한 내용은 http://www.economist.com/blogs/graphicdetail/2013/03/daily-chart-3 참조.

노력도 병행되어야 하겠다. 다만 희망적인 것은 '알파걸'이라 일컬어질 정도로 능력 있는 여성 인력이 지속적으로 늘어나고 있다는 점이다. 이들이 점진적으로 일터에서 활약할 것으로 기대되므로 향후 여성의 일자리 문제는 조금씩 개선될 것으로 보인다.

'국외 인력'의 종합적 활용 방안 강구

구인난 해소와 관련해 국외 인력을 활용하는 방안에 대해서는 종합적인 접근이 필요하다. 현재 비전문 외국 인력은 고용노동부, 전문 외국 인력은 각 해당 부처, 다문화가족은 여성가족부, 북한이탈주민은 통일부, 재외동포는 법무부 등으로 소관 부처가 다양해 국내 노동시장의 중장기적 여건 변화에 맞춰 체계적인 국외 인력 활용 방안을 마련하는 것이 어렵게 되어 있다. 향후 인구 구조 변화에 선제적으로 대응하기 위해서는 조속히 통합된 외국 인력 관리 시스템을 구축해야 한다. 아울러 늘어나는 결혼이민자와 그 자녀, 북한이탈주민, 외국인 근로자에 대한 고용 서비스도 포괄하는 '다문화 고용지원센터'(가칭)를 운영하는 방안도 고려해볼 만하다.[55]

외국 인력 활용 시 가장 먼저 고민해야 할 사항은 바로 내국인 일자리와의 충돌 가능성이다. 사실 기업체 입장에서는 인력이 많아질수록 임금이 안정화될 수 있고 쉽게 인력을 충원할 수 있기 때문에 외국 인력 도입

---

[55] 현재 다문화가족지원센터, 하나센터, 외국인근로자지원센터 등으로 나뉘어 고용 서비스를 포함한 복합적인 서비스를 제공하고 있으나 이들이 지닌 문화적 특수성을 감안한다면 궁극적인 자립을 위한 핵심적 단계인 고용 서비스는 통합적·전문적으로 제공될 필요가 있다.

에 항상 적극적일 수밖에 없고 인력 부족 문제를 과장해서 나타낼 개연성이 존재한다. 반면 근로자 입장에서는 외국 인력이 들어오면 자신의 일자리를 뺏길 수도 있고 임금 상승도 어려워지기 때문에 외국 인력 도입에 부정적일 수밖에 없다. 심한 경우에는 내국인 근로자와 외국 인력 간의 물리적 충돌도 있을 수 있다. 실제 건설 인력시장에 가보면 외국 인력(취업 동포 포함) 급증에 대한 국내 근로자의 불만이 위험수위에 이르렀다고 할 수 있을 정도이다. 이들 때문에 새벽 인력시장에서 일자리를 구하지 못해 허탕을 친다고 생각하는 국내 근로자가 늘고 있는 것이다.

특이한 것은 한국의 상급 노동단체의 경우 외국 인력 수입과 관련해서 반대 입장을 드러내기보다는 외국인 근로자의 인권 보호에 더 초점을 둔다는 점이다. 이는 국내 근로자의 입장을 적극적으로 옹호하기보다는 노동자 계급의 이익은 민족이나 국가보다 우선한다고 생각하는 '프롤레타리아(prolétariat) 국제주의'와 같은 이념적 요인이 영향을 미친 결과로 볼 수도 있겠다. 아무튼 외국 인력 문제는 산업 전반의 인력 수요 전망에 대한 고려와 함께 통일에 따른 북한 근로자 활용 문제, 취업 동포, 다문화가족, 외국인 근로자 등 다양한 인력 공급원의 공급 여력과 이들 인력 유입에 따른 사회적 문제 등을 종합적으로 고려해 중장기적 방향을 설정하고 체계적으로 추진해야 한다.[56]

---

[56] 외국 인력 문제에 대한 종합적인 분석과 정책 방향에 대해서는 이규용 외(2011b)를 참고하기 바란다.

3) 통일에 대비한 일자리 정책[57]

우리에게 통일 문제는 희망이자 위기이기도 하다. 통일이 가져올 사회 전반에 걸친 다양한 변화에 대해 미리 준비하고 대응한다면 독일의 사례에서 볼 수 있는 것처럼 한국의 위상도 한 단계 올라서는 계기로 작용할 수 있지만, 통일 과정에서 사회적 갈등이 심화되고 진정한 통합이 지연된다면 예멘의 사례에서 볼 수 있는 것처럼 외형적 통일이, 발전이 아닌 새로운 분열과 갈등의 씨앗이 될 수도 있다.[58]

특히 남북한 통일 과정은 전례 없는 여러 가지 어려운 과제를 동시에 수행해야 한다는 점에 각별히 유의할 필요가 있다. 즉 남북한 통일을 추진하는 과정 속에는 자본주의 경제 시스템과 사회주의 경제 시스템을 하나로 통합하는 '체제 통합의 과정'과 함께, 북한의 사회주의 경제 시스템을 자본주의 경제 시스템으로 연착륙시키는 '체제 이행의 문제'가 존재하며, 아울러 저개발국가인 북한의 경제적 수준을 남한과 버금가게 만들어야 하는 '개발·성장의 과제'가 동시에 존재하는 것이다. 어느 것 하나도 쉬운 과제가 아니기에 이러한 통일 과정을 원만하게 이루어내기 위해서는 치밀한 사전준비를 갖추어야 하겠다.

어떤 방식의 통일이냐에 따라서 대응해야 할 바도 다르겠지만, 우리가

---

[57] 이 주제와 관련된 내용은 필자가 2013년 통일교육원에서 10개월간 '통일미래지도자 과정' 교육을 받으면서 작성한 연구보고서 「남북한 노동시장 통합에 대비한 정책과제」를 중심으로 요약·정리했음을 밝혀둔다.

[58] 예멘의 경우 정치지도자들의 합의에 따라 1990년 외형적 통일을 이루었으나 상호 신뢰구축 과정 없이 경제적·문화적 이질성을 해소하지 못한 불완전한 통일로 평가받았으며 이후 1994년 내전을 거치면서 북예멘 주도의 무력 통일로 이어졌다.

준비해야 하는 통일은 기본적으로 자유민주주의와 자본주의의 틀 안에서 연착륙할 수 있는 통일이다. 통일 과정은 시나리오대로 진행하는 방법도 있겠지만 워낙 다양한 변수가 존재하기 때문에 통일이 급박하게 다가올 수도 있다. 이 모든 상황을 동시에 염두에 두면서 통일을 대비해야 하겠고 남북 노동시장 통합 문제도 같은 맥락에서 준비해야 하겠다.

이질적인 사회 시스템을 하나로 통합한다는 것에는 사실 엄청난 문제가 내재되어 있다. 차라리 백지 상태에서 새로운 시스템을 짜는 것이 훨씬 쉬울 정도로, 이미 특정 시스템에 익숙해져 있는 사람들을 새로운 틀에 맞춰 재교육하고 일자리를 갖도록 해준다는 것은 많은 사회적 비용과 갈등이 수반되는 과정일 수밖에 없다. 그렇기 때문에 더더욱 미래의 통일한국을 면밀히 준비해야 한다. 이러한 당위성에도 불구하고 준비 수준은 많이 미흡하다. 관련된 심층 연구가 부족할 뿐만 아니라 외국의 사례에 대한 체계적인 분석도 아직 미비해 보인다. 통일이 가져올 주요한 일자리 문제와 일자리 문제 해소를 가능하게 할 단초들을 찾고 현시점부터 단계적으로 대응해나갈 수 있는 방안을 고민한다면 어느 순간 다가올 통일 시대를 더욱 희망차게 맞이할 수 있을 것이다. 이를 위해 '남북한 노동시장 통합 방안' 관련 주요 이슈를 좀 더 자세히 살펴보고자 한다.

이슈 1: 한시적인 남북한 노동시장 분리 방안

남북통일의 방식을 자유롭게 선택할 수 있는 상황이라면 노동시장 통합의 경우 점진적인 방식을 통해 통합 시 우려되는 부작용을 최소화하는 것이 가장 이상적이라는 점에 이 분야 연구자 대다수가 동의한다. 다만 문제는 독일 통일 과정이 보여주듯이 통일이 단계적으로 진행되기보다는 급격하게 진전될 가능성이 매우 크다는 점이다. 따라서 이런 경우를 상정해서 급진적 통합이 이루어지더라도 부작용을 최소화할 수 있도록 한시적으로 남북한 노동시장을 분리하는 방안을 미리 설계하는 노력이 매우 중요하다. 한편, 남북한 노동시장을 분리하더라도 이는 한시적인 대책이라는 사실을 직시할 필요가 있다. 통일된 국가에서 노동시장을 지역별로 영구적으로 분리한다는 것은 가능하지도 않고 바람직하지도 않다. 다만 전면적인 노동시장 통합 시 발생할 부작용을 막기 위해 한시적으로 분리된 기간에 통합 전략을 체계적으로 추진하자는 것이다. 이와 관련해 남북한 노동시장 분리와 관련된 세부적인 정책 과제를 살펴보면 다음과 같다.

먼저 남북한 노동시장 분리 시 가장 중요한 문제는 대규모의 북한 인력이 남한으로 이동하는 상황을 어떻게 미리 막을 것인가 하는 점이다. 비상계엄과 같은 비상조치를 통해 일시적으로 거주 이전의 자유를 제한할 수도 있겠지만 이는 매우 단기적인 처방일 뿐이고 궁극적으로는 북한 주민이 자발적으로 북한 지역에 머물 수 있도록 인센티브를 제공하는 것이 가장 바람직하다. 이를 위해서는 노동시장 정책만으로는 분명히 한계가 있다. 이보다는 북한 지역의 국유재산 사유화 조치와 북한 주민에 대한 사회복지제도 설계 시 북한 지역에 일정 기간 이상 잔류하는 경우에만 혜택을 주는 제도 등이 도움이 될 것이다. 이는 중국에 유사한 사례가 있는 것으로, 국민기초생활보장제도와 같은 공공부조제도의 혜택을 북한 지역에 잔류해야 받을 수 있다면 자발적인 북한 잔류에 긍정적인 역할을 할 것이다. 또한 북한 지역의 국유재산 사유화 조치를 설계할 때 북한 지역에 지속적으로 거주할 때에만 재산을 불하받을 권리를 가질 수 있도록 한다면 이 또한 큰 인센티브가 될 것이다.

둘째, 남북한 노동시장을 분리하더라도 일정 규모의 인력 이동은 남북한 모두를 위해서도 필요하다는 점이다. 남한은 단순노동 인력이 부족해 외국인 근로자 도입 규모가 지속적으로 확대[59]되는 상황이므로 북한 인력을 활용해 외국인 근로자를 대체할 수 있다. 이를 위해 인력이 부족한 업종별로 북한 인력의 도입 규모를 매년 정하고 기초적인 직업훈련과 연계해 북한 인력 도입을 추진하는 방안을 적극 검토하는 것을 생각해 볼 수 있다. 이때 현행 외국인고용허가제와 연계해 도입 쿼터를 결정해야 한다. 북한 주민 입장에서도 남한 기업 근무로 체제 전환에 신속히 적응할 수 있고, 무엇보다 가계소득을 높일 수 있는 긍정적인 측면이 있다. 아울러 남북한 노동시장의 전면적인 통합을 대비하는 측면에서도 점진적으로 북한 인력의 남한으로의 이동 규모를 늘리는 정책이 바람직하다 하겠다.

셋째, 근본적으로는 북한에 풍부한 일자리가 공급되어야 하므로 이를 위한 다양한 정책을 동시에 추진해야 한다. 정부는 북한의 경제 인프라 확충을 위한 청사진을 제공해 다양한 민간투자를 유치하는 한편, 북한 지역에 투자할 경우 세액을 공제하는 등 세제상의 혜택도 도입할 필요가 있다. 또한 북한 지역의 기업이 실업자 채용 규모를 늘리도록 고용보험사업을 통해 임금 보조금을 제공하는 사업도 추진해야 한다. 한편, 북한 지역의 국영기업을 일시에 민영화하는 경우 대량 실업으로 이어질 가능성이 크므로 북한 산업에 대한 구조 조정 계획 시 실업 문제가 분산될 수 있도록 일정 계획을 짤 필요가 있으며, 되도록 일자리 충격이 낮을 것으로 예상되는 중소기업부터 단계적으로 민영화하는 방안을 검토해야 한다.

넷째, 남북한 노동시장 분리 시 또 하나의 이슈는 분리 기간을 얼마나

---

[59] 법무부에 따르면 취업 자격을 가진 체류 외국인은 불법 체류자를 포함해 2011년 말 기준으로 59만 5,000여 명으로 집계된다. http://www.immigration.go.kr/HP/TIMM/imm_06/imm_2011_12.jsp 참조.

할 것인가 하는 점이다. 전홍택(2013)의 경우 10년 정도를 제시하는데, 그 근거로 북한 지역의 1인당 소득이 남한의 30% 수준에 도달하는 데 그 정도의 시간이 소요될 것이라는 전제에서 출발한다. 사실 노동시장 분리는 과도기적 상황이기 때문에 가능하면 빨리 통합되도록 노력해야 하며, 정치적으로도 장기간 노동시장 분리 상태를 지속하기는 어려울 것으로 보인다. 노동시장 분리 기간은 북한 주민의 북한 체류에 대한 인센티브를 주는 조건과도 맞물리므로 북한 주민의 경제생활에 과도한 제약이 되지 않도록 가능한 한 짧게 설정해야 할 것으로 판단된다.

한편, 아직까지 남북한 노동시장 분리 방안에 대한 연구에서 언급되지는 않지만 근본적으로 심각한 이슈가 있다. 남북한 노동시장 분리의 관리 가능성 문제이다. 지금까지 연구자들의 제안은 주로 남북한 통합 과정에서 노동시장 분리의 필요성과 분리 방안에 맞춰져 있다 보니 현실적으로 남북한 노동시장 분리가 잘 작동할 수 있을지에 대한 구체적인 고민은 부족해 보인다. 아무리 좋은 방안이더라도 현실에서는 이를 가로막는 여러 가지 장애물이 존재하므로 이를 염두에 둔 정책 방안을 마련하는 것이 필요하다. 주요한 장애 요인을 열거해보면 다음과 같다.

첫째, 가장 우려스러운 내용은 바로 지하경제를 통한 북한 인력의 이동 가능성이다. 예를 들어, 형식상으로는 북한 지역에 주민등록상 주소지를 유지해 북한 지역 거주에 따른 혜택을 받으면서 실질적으로는 남한 지역의 지하경제나 비공식 부문에서 일을 하는 상황을 생각해볼 수 있다. 이는 1990년대 이후 지속되고 있는 불법 체류 외국인 근로자 문제와 유사한 상황으로 전개될 가능성이 매우 크다. 남한 지역의 사업주들도 인력난이 심각한 상황에서 상대적으로 임금이 저렴하고 의사소통이 원활한 북한 인력에 대한 수요가 클 것이고 북한 주민들도 남한 지역에서 더 많은 소득을 올릴 수 있을 것으로 기대하기 때문에 이러한 음성적인 인력 이동의 규모가 상당히 클 가능성이 있다. 남북한 주민의 거주 이전의 자유를 보장한다는 전제하에 이러한 상황을 미리 염두에 두고 세부적인 정책 방안을 마련하지 않으면 실행 단계에서 커다란 혼선이 올 수 있다.

둘째, 남북한 노동시장 분리에 따른 이중 임금 시스템이 제대로 유지될 수 있을 것인가 하는 점도 우려스러운 대목이다. 지리적으로 멀리 떨어져 있어서 이동이 어려운 경우라면 이중 임금 시스템 작동이 어느 정도 가능할 수 있지만 한반도와 같이 좁은 지역에서 남북한 간에 이중 임금 시스템을 유지하고 이를 감내하도록 하는 것이 북한 주민들에게 받아들여질 수 있을지 고민할 필요가 있다. 북한 주민들은 금방이라도 남한 주민처럼 소득이 올라갈 것이라는 기대 심리가 생길 것이고 '동일 노동 동일 임금' 원칙이라는 측면에서도 이들에게 남한 지역보다 낮은 임금을 수용하도록 요구하는 것이 현실적으로 가능할지 의구심이 든다. 특히 독일의 사례와 같이 남한 지역의 노동조합이 북한 지역 근로자와 연대하면 급격한 임금 인상이 불가피할 수도 있다는 점을 염두에 두고 정책을 준비해야 한다.

또한 남한 소속으로 북한 지역에서 근무할 공무원이나 공공 기관 직원도 이중 임금을 적용하는 것이 가능할지 여부도 생각해보아야 한다. 이들의 임금을 책정할 때 남북한 동일 임금을 인정한다면 북한 지역의 타 근로자와 엄청난 임금 격차가 발생해 사회 불안 요인으로 작용할 것이다. 아울러 현지 채용 인력과 기존 인력 간에 발생하게 될 과다한 임금 격차가 불러올 반발과 부작용을 예방할 방안도 마련해야 한다. 반면에 북한 지역에 근무하는 직원에게 북한 주민의 임금 수준에 맞춰 낮은 임금을 지급한다면 북한 지역에서 근무하려는 직원을 찾기도 어려울 뿐만 아니라 여러 가지 법적·제도적 문제에 봉착할 것이다. 아울러 남북한 노동시장을 한시

🖎 참고 자료: 북한 노동시장 실태

1) 직업의 자유 관련 「조선민주주의인민공화국 사회주의로동법」 규정
- 제5조: 모든 근로자들은 희망과 재능에 따라 직업을 선택한다.
- 제10조: 국가는 계획의 일원화, 세부화 방침에 따라 전 인민경제적 범위에서 사회적 로동을 계획적으로, 합리적으로 조직한다.
- 제30조: 국가 기관은 …… 근로자들의 창조적 지혜와 능력을 최대한으로 낼 수 있도록 성별, 년령, 체질, 희망, 기술기능 수준에 맞게 노력을 적재적소에 배치해야 한다.

  ⇒ 북한은 직업 선택에 대한 결정권이 실질적으로 국가에 있음.

2) 노동력 배치
- 북한 노동법: 노동연령을 남자는 16세부터 60세, 여자는 16세부터 55세로 규정.
- 노동력의 배치는 주로 노동성이 담당: 국가계획위원회에서 노동계획을 통해 경제 각 부문에 필요한 노동자 수를 정하면 노동성에서 그것을 집행하는 방식.
  - 간부: 도·시·군당(리당 포함) 간부부에서 대학졸업자, 사무원, 노동 현장에서 충실성과 당성이 높은 노동자 직장 배치.
  - 노동자: 일반 노동자는 각 도·시·군(리 포함) 인민위원회 노동과에서 일률적으로 배치.
- 한번 배치된 직장은 개인이 임의로 바꿀 수 없으며 국가 정책 차원 혹은 국민경제적 필요성에 의한 재배치 가능.

  ※ 1990년대 이후 사회통제가 느슨해지면서 뇌물을 주고 더 편안한 직장으로 옮기거나 생계를 해결하기 위해 직장을 장기간 이탈하는 사례 등이 빈발.

3) 노동 인센티브
- 김일성 교시: "로동에 대한 정치 도덕적 자극을 앞세우면서 거기에 물질적 자극을 옳게 결합시켜나가는 것은 사회주의 경제를 관리 운영하는 데 있어서 우리 당이 견지하고 있는 일관된 방침".

- 노동의 성과에 대해 정치적 방법으로 보상하는 방안 선호: 모범집단에 '3 대혁명 붉은 깃발'을 전수하거나 모범개인에게 명예 칭호와 국가 표창을 주는 방식 등.
- 불량품 발생 시 담당자 변상 원칙, 사상비판 등으로 고통.

4) 임금 격차
- 노동의 질과 양에 따른 분배 원칙, 격차의 지나친 확대는 방지
  ※ 1990년대 초 북한의 계층별 임금체계:
    당, 정무원 부장 300~350원 / 특급기업소 지배인 250~300원
    광부, 제철·제련공 90~100원 / 일반노동자 70~80원
    사무원 60~70원 / 여관, 식당 등 편의 시설 종사자 50~80원
- 노동 보수의 지급 형태
  - 기본 형태: 도급지불제(장려), 정액지불제
  - 추가적 노동 보수: 상금제, 장려금제, 가급금제
- 1990년대부터 물질적 인센티브 강화 → 성과는 한계(임금상한제, 총액 관리의 원칙, 평가의 공정성, 상품 공급 부족, 물가 상승)
  ※ 1960~1970년대: 1개월 임금으로 연료비, 전기·수도 요금, 된장, 간장, 속옷 정도는 충당 가능
    1990년대: 담배 1갑, 계란 4개 정도밖에 살 수 없음

4) 북한에서 인센티브 시스템이 붕괴된 사유
- 1990년 이전: 기업 실적은 실질적인 성과보다 계획 당국과의 교섭력이 더 크게 작용(목표 과소 설정), 감독 기능의 저하, 노동에 대한 경제적 보상 부족
- 1990년 이후: 극심한 원자재 및 에너지 부족 현상, 비공식 부문의 급격한 확산, 국가배급망 붕괴

적으로 분리하는 경우 공무원이나 공공 기관의 인력에도 적용할 것인지 여부와 민간 기업의 경우 대북 투자 시 남한 인력의 북한 진출 허용 범위를 어떻게 설정할 것인지 등에 대해 미리 고민할 필요가 있다.

남북한 노동시장 통합 시 가장 중요하게 고려해야 할 사항 중 하나가 바로 '임금' 문제이다. 독일의 사례에서 볼 수 있다시피, 생산성보다 높은 수준의 임금 책정은 단기적으로 북한 주민의 호응을 얻을 수 있을지 몰라도 시장은 가혹한 대량 실업으로 되갚는다. 사실 이는 충분히 예견할 수 있는 일이다. 기업의 지불 능력은 일차적으로 기업의 이윤 창출 능력에 의해 좌우되는 것이고, 기업의 이윤은 궁극적으로 근로자의 생산성과 직결되는 문제이다. 따라서 임금이 근로자의 생산성을 상당 기간 초과한다면 버틸 수 있는 기업은 사실상 없다.

경제 통합 후 북한 지역 근로자의 임금 수준은 여러 가지 요인에 영향을 받게 될 것이다. 가장 중요한 것으로는 바로 화폐 통합을 들 수 있다. 화폐 통합 시 남북한 화폐의 교환 비율이 정해질 것이고 이로 인해 북한 근로자의 실질임금이 변하게 된다. 독일의 경우 임금에 대한 동서독 화폐 교환 비율을 1 대 1로 설정함에 따라 실질임금이 급격히 상승하고 대량 실업이 발생하는 문제를 초래했다. 사실 화폐 통합의 문제는 기본적으로 경제 문제이지만 그 결정 과정은 정치적인 고려를 하지 않을 수 없다. 북한 주민의 초기 자산 형성과 안정적인 생활을 어느 정도 보장하기 위해서는 북한 화폐를 시장가격보다 높게 평가하도록 교환 비율을 설정할 필요가 있는 반면, 북한 지역 산업의 경쟁력을 확보하기 위해서는 북한 화폐의 교환 비율을 최대한 낮출 필요가 있는 것이다. 경제적 격차가 큰 남북한의 경우 화폐 통합 시 남북한 화폐 교환 비율이 북한 화폐가 고평가되는 쪽으로 결정될 가능성이 높아 보인다. 그러나 이 경우 실질임금이 과다하게 상승하지 않도록 화폐 유량(流量)[60]에 대한 환율은 적절히 조정할 필요가 있겠다.

임금 문제와 관련해서 정책적으로 중요한 이슈는 바로 '최저임금제도'이다. 독일의 경우 법정 최저임금이 없고 노사 간 협약에 따라 최저임금이 정해지는 시스템이지만 한국은 매년 최저임금위원회에서 최저임금을 결정하고 이를 모든 산업에서 지키도록 의무화한다. 그런데 문제는 현 시스템상으로는 전국이 모두 단일한 최저임금을 적용받고 있기 때문에 통일이 되더라도 북한 지역에만 최저임금을 달리 정할 수 있는 근거가 없다는 것이다. 이 경우 자칫하면 독일의 경우와 같이 과다한 임금 상승을 초래하는 요인으로 작용할 수 있고 이로 인해 북한 지역 기업체에 급격한 구조 조정이 이루어져 대량 실업 사태를 유발할 수 있는 뇌관으로 작용할 수 있다.

북한 지역 임금이 생산성과 연계해 조정되는 시스템이 구축되고 운영되기 위해서는 현행 최저임금제도에 일정 부분 보완이 필요하다. 무엇보다 현행 전국적으로 일률적인 최저임금제도를 시행하는 시스템을 개선할 필요가 있다. 「최저임금법」을 보더라도 최저임금은 "근로자의 생계비, 유사 근로자의 임금, 노동생산성 및 소득분배율 등을 고려해 정한다"(「최저임금법」 제4조 제1항)라고 명시되어 있듯이, 노동생산성과 생계비 등에서 현격한 차이가 예상된다면 당연히 차등적인 최저임금 적용이 논리적으로도 타당하다. 현재 미국, 캐나다, 호주 등과 같은 연방제 국가와 일본, 중국, 베트남, 필리핀, 인도네시아 등의 국가에서 채택하고 있는 지역별 차

---

60 '화례 유량'이란 정기적으로 지불되는 임금, 이자 등이 해당되며 독일의 경우 화폐 교환 비율 설정 시 화폐 저량(貯量)에 대해서는 원칙적으로 2 대 1로 서독 마르크화의 가치를 높게 평가했으나 화폐 유량에 대해서는 1 대 1의 교환 비율을 설정했다.

등 최저임금제는 많은 시사점을 준다. 북한 지역의 낮은 노동생산성을 감안할 때 남한 지역과 동일한 최저임금을 적용하기 어렵고 또한 남북통일이 이루어지더라도 북한 지역의 생계비 수준이 남한 지역에 비하면 상당 기간 낮을 것으로 예상되므로 북한 지역에 별도의 최저임금을 적용하는 방안을 추진할 필요가 있는 것이다.

한국도 지역별 최저임금제도를 도입하기 위한 시도가 있어왔다. 주로 경영계를 중심으로 이러한 이슈가 제기되었고 이를 받아 국회에서도 지역별 최저임금제도 도입을 골자로 하는 「최저임금법」 개정안이 2008년 김성조 의원 외 30명이 발의해 제출되기도 했다. 그러나 당시 노동계의 반발로 법 개정은 무산되었다. 노동계의 주된 논리는 지역별 차등적인 최저임금제는 지방의 최저임금액을 낮추는 결과를 초래하게 된다는 것이며 현행 최저임금액도 최저 생계유지에 미흡한 현실을 감안할 때 근로자의 생계를 더욱 어렵게 할 것이라는 우려가 배경이었다. 국가인권위원회(2008)도 지역별 최저임금제도가 지역 간 불균형을 심화시킬 수 있다는 우려를 표명하기도 했다. 그러나 향후 남북한 경제 통합이라는 이슈를 놓고 보면 최저임금제도에 대한 전향적인 검토가 필요하다. 북한 지역에 최저임금제도가 수정 없이 적용된다면 급격한 임금 상승을 법적으로 강제하는 효과가 있기 때문에 북한의 산업은 당장 연쇄적 도산의 위험에 직면할 것이 명확하다. 이러한 상황을 막기 위해서는 분명히 지역별 차등적인 최저임금제가 가능하도록 제도적 보완을 해야겠다.

아울러 지역별 최저임금제 도입을 위해서는 생계비, 임금, 노동생산성, 소득분배율과 같은 최저임금 결정을 위해 필요한 기초 통계가 지역 단위로 산출되어야 가능하다는 주장도 신중히 고려할 필요가 있다.[61] 현행 최저임금 결정 방식을 그대로 유지한다는 전제하에서 이러한 통계적 기반

없이는 아무리 제도적 근거를 마련해도 실행에 옮길 수 없는 것이 확실하기 때문에 지역 단위 통계 인프라를 확충하기 위한 노력이 선행되어야 하겠다. 특히 북한 지역의 경우 신뢰할 수 있는 통계 시스템이 매우 취약한 실정이므로 향후 지역별 최저임금제 도입 시의 통계 미비 상황에 어떻게 대처할 것인지 정책적 고민이 필요한 대목이다.

이슈 3: 북한 지역의 대량 실업 방지를 위한 정책 방안

북한 노동시장은 남북한 통합 시 체제 전환이라는 과제와 동시에, 경제적 격차가 매우 큰 새로운 경제권과의 통합이라는 이중적인 부담을 일시에 안게 된다. 체제 전환 국가들의 사례를 보면 체제 전환 방식에 따라 실업률 상승 정도가 달라지는 특성을 보이는데, 예를 들어 급진적 개혁 조치를 단행한 폴란드의 경우 실업과 같은 사회적 비용이 크게 나타났던 반면에, 슬로베니아와 같이 점진적 이행 전략을 택한 나라는 상대적으로 실업률이나 사회적 비용이 낮았다. 체제 전환과 경제 통합이라는 이중의 과제에 직면한 사례는 독일을 들 수 있다. 급진적인 독일 통일 과정에서 구(舊)동독 지역은 실업률이 급격하게 상승했고 통일 후 20여 년이 지난 현재까지도 구동독 지역 실업률은 구서독 지역 실업률에 비해 두 배 정도 높게 나타나고 있어 아직도 동서독 노동시장 통합에 따른 트라우마에서 완전히 벗어나지 못한 실정이다.

북한 경제체제의 취약성과 사회주의 경제체제하에서 불완전고용 비율

---

61 지역별 최저임금 도입과 관련한 외국의 사례와 주요 쟁점들에 대해서는 이승렬 외(2009)를 참고하기 바란다.

이 매우 높은 현실을 감안하면 자본주의의 경쟁과 생산성을 강조하는 시스템으로 전환할 때 대량 실업의 발생은 불가피한 측면이 있다. 이러한 상황에 적절히 대처하기 위해서는 각 단계별 대응 시나리오를 미리 준비하는 노력이 필요하다. 이제 통합 준비 단계, 통합 초기 단계, 통합 완성 단계의 3단계로 나눠 정책적 대응 방안을 제시하고자 한다.

1) 통합 준비 단계

남북한 노동시장 통합 시점은 그 누구도 예측하기 어려운 문제이다. 따라서 노동시장 통합을 미리 준비한다는 것이 다소 막연하게 느껴질 수도 있지만 독일의 사례에서 볼 수 있듯이 통일은 어느 순간 갑자기 이뤄질 수 있는 일이고 이때 준비되지 않은 통일은 많은 비용을 요구하게 될 것이다. 또한 당장 남북한 노동시장 통합이 진전되지 않는다 하더라도 이미 남한에는 2만 4,000여 명에 이르는 북한 이탈주민이 존재하고 있으며 그 숫자는 계속해서 늘어날 전망이다. 이들이 노동시장에 안착하도록 준비하는 과정도 크게 보면 남북한 노동시장의 원활한 통합과 관련이 있다.

남북한 노동시장 통합을 대비하기 위한 정책적 과제는 크게 네 가지 유형으로 나눠서 살펴볼 수 있다. 먼저 가장 중요한 문제 중 하나가 바로 북한 주민에게 특화된 '전문 고용 서비스 인력의 양성' 분야이다. 북한 주민들의 대량 실업을 막고 자본주의 시스템하의 노동시장에 성공적으로 편입할 수 있도록 지원하기 위해 무엇보다 북한 주민과 북한의 고용 상황에 대한 충분한 이해를 전제로 이들에게 전문적인 취업 지원 서비스를 제공할 수 있는 인력이 양성되어야 한다. 지금도 부분적으로 북한이탈주민에 대한 취업 전담자가 배치되어 있지만 순환 보직의 성격을 띠기 때문에 체계적으로 이 분야에 대한 전문교육을 받고 지속적으로 북한이탈주민의 고용 문제를 다루는 전문 인력으로 성장하기에는 미흡한 실정이다. 제도가 잘 갖춰졌다 해도 이를 시행할 수 있는 인력이 없는 상황에서는 값비싼 시행착오를 겪을 수밖에 없다. 따라서 지금부터라도 북한 주민의 취업을 체계적으로 담당할 전문 인력을 양성하기 위한 교육 시스템을 갖추고 전문 인력을 육성해나가야 하겠다.

전문 인력의 양성을 위해서는 고용노동교육원과 통일교육원이 협업 시스템으로 별도의 교육 프로그램을 만드는 방안을 검토하고, 교육 이수자를 지속적으로 관리하는 시스템도 구축하는 것이 필요하다. 교육 대상자는 일차적으로 고용노동부의 고용센터와 지자체의 일자리센터 등에서 근무하는 직업 상담원을 포함시키고, 공공·민간 직업훈련 기관의 교육 담당자도 참여할 수 있도록 해야 한다. 민간 직업훈련기관의 경우 장기적으로는 교육을 이수한 훈련 교사나 직업 상담원이 있으면 북한이탈주민 직업훈련에 대한 우선권을 주는 등의 인센티브 방안을 검토할 필요가 있다.

둘째, 본격적인 통합 이전 단계에서도 남북한 간 다양한 노동력 이동을 수반하는 공동 사업을 추진해 남북한 노동시장에 대한 이해와 협력을 확대해야 한다. 개성공단 사례를 더욱 확대·발전시켜 북한 내 또는 비무장지대 등 다양한 지역에 남북한이 함께하는 공단을 늘려나가는 것도 중요한 의미를 지닌다. 이를 통해 자본주의적 생산 방식에 익숙한 북한 인력을 증가시키는 한편, 남한 기업도 북한 주민을 근로자로 활용하는 노하우를 축적하는 기회로 활용할 수 있다. 아울러 남북 교류협력 사업의 일환으로 북한 지역에 직업훈련 시설을 만드는 방안도 검토해야 한다. 이미 동남아시아, 아프리카 등 저개발국가에 이러한 협력 사업을 해온 경험이 있으므로 직접 또는 국제기구를 매개로 남북 간 인적자원 분야의 개발 협력 사업을 본격화하는 것도 필요하다.

셋째, 준비가 필요한 분야는 연구·통계 기반 구축 관련 사업이다. 아직까지 남북한 노동시장 통합에 대비한 본격적인 연구가 미진한 실정임을 감안할 때 체계적인 연구의 추진이 절실히 필요하다. 무엇보다 북한 주민이 자본주의 노동시장 시스템에 조속히 적응하도록 교육 훈련을 하기 위해서는 그들의 일에 대한 인식과 태도, 문화를 제대로 이해하고 대응하는 노력이 필요하다. 그러나 지금까지 북한 노동시장 관련 연구는 거시 경제적 차원의 접근이 주를 이루고 있어서 북한 주민의 미시적인 행태를 분석하고 이에 걸맞은 교육 훈련 교재와 프로그램 개발 등으로까지 이어지지 못했다. 이러한 한계를 극복하기 위해 남북한 노동시장 통합이라는 주제로 각 세부 분야별로 종합적인 연구 계획을 수립하고 연차적으로 연구 성과물을 축적해나가는 노력이 필요하다. 아울러 앞에서 살펴본 것처럼 지역별 차등 최저임금제를 도입하려 해도 노동시장에 대한 통계적인 기반이 없으면 실행에 큰 어려움을 겪게 되므로 북한 경제 및 노동시장 관련 지표들에 대해 남북한 공동으로 통계 기반을 구축하는 협력 사업을 추진해야 한다.

넷째, 북한이탈주민을 대상으로 진행하는 취업 지원 서비스를 더욱 확대하고 모니터링을 강화해야 한다. 본격적인 남북한 노동시장 통합에 대응하는 데는 북한이탈주민을 대상으로 다양한 프로그램을 개발·보완하는 노력이 큰 의미를 지닌다. 이를 위해 북한이탈주민 밀집 지역을 중심으로 북한이탈주민 전담 취업센터를 운영할 필요가 있다.[62] 현재처럼 북한이탈

---

62 더 근본적으로는 북한이탈주민, 결혼 이민자, 외국인 근로자에 대한 고용 서비

주민 취업 지원 서비스 담당자를 운영하는 수준으로는 북한 주민 대상의 취업 지원 서비스가 체계적으로 운영되기 어렵고 담당자가 자주 바뀌기 때문에 경험이 축적되기 어려운 한계가 있다. 따라서 시범적인 차원에서라도 일부 지역에 북한이탈주민 전담 취업센터를 운영하는 것을 검토할 필요가 있다. 이 경우 기존의 하나센터와 물리적 접근성을 높여 통합 건물에 위치하는 방안도 바람직한 대안으로 본다.

2) 통합 초기 단계

남북한 노동시장 통합이 공식화되는 단계에서는 초기 대응이 매우 중요하다. 이질적인 두 체제가 통합되는 과정에서 치밀한 사전 준비가 없으면 큰 혼란이 발생할 가능성이 커진다. 또한 통합 초기 단계에서 화폐 통합, 사회복지 시스템 적용, 국유재산 사유화 조치, 민영화 등 중요한 남북한 통합 이슈에 대한 결정이 이루어고 남북 노동시장 통합 문제도 이러한 이슈에 대한 정책 결정에 큰 영향을 받을 수밖에 없다. 따라서 통합 초기 단계는 중요한 통합 이슈에 대한 노동시장 차원의 영향력을 정확하게 분석해 노동시장 혼란을 최소화하는 노력이 매우 중요한 시기라 하겠다.

통합 초기 단계의 가장 큰 과제는 북한 노동력이 일시에 남한으로 몰려드는 상황을 예방하는 일이다. 남북한 간 경제력 규모와 격차가 20배에 이를 정도로 차이가 나는 상황에서 노동시장 통합을 전면적으로 실시하

스를 종합적으로 제공하는 '다문화 고용지원센터'(가칭)를 설립하는 방안을 검토할 필요가 있다.

는 경우 당연히 경제력이 낮은 곳에서 경제력이 높은 곳으로 인력 이동이 발생할 수밖에 없다. 따라서 앞에서 언급한 바와 같이 북한 지역 국·공유 자산의 사유화 조치와 사회보장정책 수혜 범위와 연계해 북한 주민이 최대한 북한 지역에 머무를 수 있도록 인센티브를 부여함으로써 남북 간 노동력 이동을 최소화하는 노력이 선행되어야 한다. 아울러 점진적인 산업 구조 조정 유도, 북한 지역 산업 경쟁력 강화, 신규 투자 유치 확대 등을 통해 북한 지역 내 기존 일자리가 일시에 줄어들지 않도록 하면서 신규 일자리가 늘어나도록 할 필요가 있다. 이러한 과제는 거시 경제정책, 산업 정책, 인프라 확충 정책 등과 맞물려 있으므로 관련 정책 담당자들이 유기적으로 협조할 수 있도록 정부 조직 내에 태스크포스(Task Force: TF) 조직과 같은 적절한 조직체를 한시적으로 운영하는 것이 바람직하다. 아울러 사전 연구 등을 통해서 관련 정책의 각 대안이 노동시장에 미칠 영향력을 분석해 노동시장이 감당할 수 있는 범위 내에서 유관 정책의 대안이 선택될 수 있도록 대응해야 하겠다.

통합 초기 단계에 발생할 수 있는 또 다른 중요한 과제는 바로 대량 실업 예방이다. 체제 전환 국가에서 공통으로 볼 수 있듯이 과잉 고용이 일상화된 사회주의 체제에서 경쟁력과 노동생산성을 강조하는 자본주의 체제로 전환하면 불가피하게 실업자가 증가한다. 특히 구동독의 예에서 볼 수 있듯이 체제 전환과 경제 통합이 동시에 진행되는 경우 실업자가 급증할 가능성이 매우 커진다. 이러한 문제에 어떻게 대응하느냐는 전반적인 남북 간 통합의 성과를 좌우할 정도로 그 파급력이 크다. 북한 주민의 대량 실업은 사회 불안 요인이 될 뿐만 아니라 통일 비용 측면에서도 과다한 사회복지 비용의 발생 원인으로 작용한다. 따라서 기본적으로는 북한 지역 내 산업들이 경쟁력을 확보할 수 있도록 지원하되, 불가피하게 일자리를 새로 구해야 할 북한 인력에 대해서는 실업급여 등을 통해 생계 보호를 해주는 한편, 직업훈련, 공공 근로, 맞춤형 취업 지원 서비스 등 적극적 노동시장 정책을 통해 조속히 노동시장에 복귀할 수 있도록 지원해야 하겠다.

대량 실업을 방지하기 위해서는 북한 근로자의 임금 안정화가 매우 중요하다. 노동생산성을 넘어서는 과도한 임금 상승은 결과적으로 실업률 상승으로 이어지므로 앞에서 살펴본 바와 같이 북한 지역에는 별도의 최저임금제도가 적용되도록 하는 등의 개선의 필요하다. 아울러 북한 지역 근로자를 채용하는 기업에 대해서는 한시적으로 사회보험료 감면 등과 같은 인센티브와 함께 법인세 감면 등과 같은 혜택을 부여함으로써 실질 임금 상승에 따른 인건비 부담을 줄여주어야 한다.

통합 초기 단계에서 북한 지역에 취업 지원 서비스를 제공하기 위해서는 관련 인프라를 구축하는 것이 필수적이다. 남한 지역의 고용센터 조직을 기본으로 직업 상담원을 배치하되 북한 주민 특성을 감안한 취업 지원 서비스가 가능하도록 현지 주민 중에서 직업 상담을 보조할 수 있는 인력을 선발해 투입하는 방안을 고려해야 한다. 아울러 북한 지역 기업과 근로자들이 남한의 고용보험에 가입될 수 없었던 점을 감안해 통합 당시 북한 기업에 고용된 근로자는 고용보험에 가입된 것으로 보고 고용보험법상 각종 혜택을 받을 수 있도록 고용보험법에 특례를 마련하는 방안도 검토할 필요가 있다.

3) 통합 완성 단계

통합 초기 단계를 거쳐서 어느 정도 노동시장이 안정화된 후에는 본격적으로 노동시장 통합 완성을 위한 노력을 기울여야 한다. 통합 초기 단계의 과제가 응급 처방에 가깝다면 통합 완성 단계의 과제는 근본적으로 체질을 개선하는 작업이라 할 수 있다.

남북한 노동시장 통합 이후 가장 중요한 과제가 될 사안은 바로 북한 주민의 체제 적응과 경쟁력 확보가 될 것이다. 즉 북한 주민이 안정적인 일자리에서 경쟁력을 가지고 일할 수 있도록 만드는 것이 가장 중요한 과제라 할 수 있다. 이를 위해서는 무엇보다 교육·훈련 시스템을 잘 갖추는 노력이 필요하다. 일차적으로 기존 남한의 공공 직업훈련 기관을 벤치마킹해 북한 지역에도 공공 직업훈련 기관을 확대 설치하되 북한 주민의 특성을 감안한 직업훈련 과정을 설계·운영해야 한다. 통합 준비단계에서 미리 이 시점에 대비한 북한 지역 직업훈련 매뉴얼을 준비하고 관련 인력을 양성하는 노력을 기울여야 북한 지역의 교육 훈련 시스템 구축이 무리 없이 가능할 것이다. 아울러 학교교육에서도 직업진로교육을 강화해 학교 졸업 후 노동시장 진입이 원활하도록 노력해야 하며 현행 취업지원관 제도를 확대 개편해 북한 지역의 모든 학교에 취업지원관을 의무적으로 배치·운영할 필요가 있다.

통합된 노동시장에 안착하기가 가장 어려운 연령층은 40대 이상 연령층이라 할 수 있다. 독일 통일 과정에서도 보았듯이 이들 연령층의 상당수는 사회복지 혜택으로 연명해 사회적 비용도 많이 발생하고 통일에 대한 만족도도 떨어뜨리는 요인으로 작용했다. 따라서 이들 연령층에 대해서는 적극적으로 일자리를 제공하고 체계적으로 관리하는 시스템을 구축할 필요가 있다. 현재 시행하고 있는 '취업 성공 패키지 프로그램'을 기본으로 하되 사후관리 과정을 더욱 강화하는 방향으로 운영해야 하며 취업에 따른 인센티브를 더욱 확대하는 방안도 적극 검토해야 한다.

한편, 노동시장을 규율하는 주요 정책과 제도에 대해서도 남북 통합에 따른 문제가 발생하지 않도록 정비를 할 필요가 있다. 남북한 노동시장 통합 이후 기본적으로 근로 기준, 산업 안전, 노사관계 등을 규율하는 법률은 현행 틀을 유지하면서 북한 지역에도 관련 법률이 적용되도록 하되 일부 제도에 대해서는 한시적으로 북한 지역에 특례를 두는 방안의 검토가 필요하다. 북한 지역의 소득 수준과 노동생산성을 감안해 근로시간, 휴일제도 등은 탄력적으로 운영하고, 최저임금제도의 경우 지역별 차등 최저임금제 도입 등을 통해 북한 지역의 최저생계비 수준에 걸맞도록 해야 한다. 한편, 노동조합과 관련한 단결권, 단체교섭권, 단체행동권과 같은 노동3권은 근로자의 기본권에 해당하므로 차등을 두기는 어려울 것으로 보인다.

남북한 노동시장 통합 시 가장 큰 변화를 가져올 정책 중 하나가 '외국인 고용허가제'와 외국 국적 동포들을 위한 '방문취업제'이다. 현재 부족한 산업 인력을 보완하기 위해서 이들 제도를 운영하는데 남북한 노동시장이 통합되어 북한 지역의 미숙련 인력이 대거 산업 현장으로 들어오면 외국 인력이나 외국 국적 동포의 활용 필요성이 줄어들 수밖에 없다. 따라서 쿼터 조절 등을 통해 점진적으로 외국 인력의 국매 유입을 줄이는 동시에 불법체류 외국인에 대한 엄격한 법 집행으로 이들이 근로자로 활용되는 개선해야겠다. 이를 통해 통합 노동시장에서 인력 수급이 좀 더 원활하게 이루어질 수 있을 것으로 기대한다.

✈ 외국 사례: 독일 통일이 남북한 노동시장 통합에 주는 시사점

독일의 통일 사례는 체제 전환과 경제 통합이라는 이중의 과제를 해결해 나간 사례라는 점에서 남북한 노동시장 통합이라는 이슈에서도 매우 유용하다. 따라서 독일 사례에서 드러난 문제점은 피하면서 성공적인 대응 방안은 벤치마킹해 남북한에 가장 효율적인 통합 방안을 찾는 노력을 기울여야 한다. 이런 시각에서 독일 사례가 주는 정책적 시사점을 노동시장 통합이라는 관점에서 네 가지로 요약해보면 다음과 같다.

첫째, 생산성과 크게 괴리되는 임금 상승은 결과적으로 대량 실업으로 이어지게 된다는 점을 독일 사례는 명확히 보여준다. 화폐 통합 과정에서 보여준 구동독 화폐에 대한 과도한 평가절상에 구동독 주민은 환호했지만, 구동독 지역 기업들이 인건비 상승을 감당할 수 없어서 실업자를 양산하는 부작용을 낳았다. 이로 인해 과다한 사회복지 비용 등이 발생했고, 구동독 지역 실업률이 독일 통일 20년이 지난 시점에서도 구서독 지역에 비해 두 배 가까이 높게 나타나는 등 사회적 통합도 저해했음을 직시해야 한다. 따라서 임금 수준이 생산성 수준과 유사하게 책정될 수 있도록 임금정책을 운영하는 노력이 중요하다.

둘째, 서독의 경우 분단 직후부터 동독이탈주민을 대규모로 받아들였다는 점을 고려해야 한다. 즉 동서독의 경우 상호 간에 전쟁을 겪지도 않았을 뿐만 아니라 인적 교류도 활발했기 때문에 이질감이 덜한 상태에서 통합정책 추진이 가능했다는 점은 남북한의 현실과 크게 대비되는 상황이다. 그럼에도 동서독 통합 과정에서 발생한 상호 간의 불신과 체제 간의 이질감은 결코 쉽게 극복할 수 있는 문제가 아니었다. 남북한의 경우 동서독과는 비교할 수 없을 정도로 오랜 시간 동안 이질적인 정치·경제·사회·문화 시스템을 구축해왔다는 점을 감안할 때 통합에 따른 혼란이 훨씬 심각할 수 있음을 감안해야 한다. 노동시장 통합이라는 측면에서도 이러한 이질성을 최대한 빨리 극복할 수 있도록 교육 훈련 시스템을 확대해야 할 것이며 아울러 본격적인 통합 전에 광범위한 인적 교류와 인력개발 협력 사업 등이 선행될 필요가 있다.

셋째, 독일의 경우 다양한 적극적 노동시장 정책으로 급격한 실업자 증가를 어느 정도 막는 성과를 보이기는 했지만 여전히 구동독 주민들이 안정적인 일자리에 안착하는 비율은 낮은 것으로 나타나고 있다. 특히 독일의 경우 이원적 직업훈련 시스템이 체계적으로 잘 갖춰진 것으로 평가받아왔지만, 통합 과정에서 급격히 늘어난 직업훈련 수요를 감당하지 못해 현장 실습 등이 제대로 진행되지 못했고 이로 인해 직업훈련이 정규직으로 연결해주는 사다리 역할을 제대로 수행하지 못한 것이다. 남북한 통합 시에 유사한 문제에 직면할 것이 분명하므로 노동시장 통합 과정에서 대규모 직업훈련을 어떻게 효과적으로 수행할 것인가 하는 점에 대해서는 심도 있는 정책적 고민과 대안이 필요하다 하겠다.

넷째, 독일의 경우 급진적인 통합 방식으로 통일을 추진했다. 이 과정에서 정치 논리 중심으로 통합이 진행되다 보니 막대한 통일 비용을 포함해 높은 실업률과 같은 많은 사회적 비용을 지불해야만 했다. 주목해야 할 것은 통일이 결코 사전에 계획되는 방식으로만 진행되는 것은 아니라는 점이다. 통일 당시의 국제 정세, 남북한 국민의 인식, 남북한의 경제 여건 등 복합적인 변수가 작용하는 통일 과정을 감안해 다양한 시나리오로 정책적 준비를 해야 한다. 또한 사전에 준비된 매뉴얼도 지속적으로 업데이트하고 보완하지 않는다면 막상 통일 국면에 들어서서는 유용성이 많이 떨어질 수 있다는 점도 염두에 두어야 한다.

제4장

●

●

일자리 정책, '어떻게' 할 것인가?

1. 지역 중심의 일자리 정책이 답이다

한국은 오랫동안 중앙집권적 정치체제로 운영되어왔기 때문에 지역의 자율적인 문제 해결 능력이 상대적으로 발달되지 못한 측면이 있다. 일자리 분야에서도 마찬가지이다. 그동안 중앙정부 중심으로 일자리 정책이 만들어지고 집행되어왔기에 지방에서 할 수 있는 역할이 많지 않은 것이 현실이다. 그러나 지역별로 고용 사정이 매우 큰 편차를 지니는 현실을 감안할 때 그 지역의 실정에 맞는 일자리 정책의 중요성은 그 어느 때보다 커지고 있다. 따라서 일자리 정책을 추진하는 인프라와 업무 방식도 이전과는 달라져야 한다.

중앙정부는 그 나름대로의 역할을 꾸준히 지속해야 하겠지만 향후 일자리 정책은 '지역 중심의 일자리 정책'을 기획하고 실행할 수 있도록 무게 중심을 옮겨야 한다. 그러기 위해서는 지역의 일자리 문제 대응 능력을 높이는 노력과 함께, 지역의 여러 관련 기관이 상호 유기적으로 연계하면서 지역의 일자리 문제를 포착하고 대응해나갈 수 있도록 '지역 고용 거버넌스(governance)'를 구축하고 실질적으로 운영하는 노력도 중요하다.

아울러 중앙정부가 지역 단위의 일자리 정책을 효과적으로 지원하기 위해서는 지역을 일자리의 구조적 특성에 따라 유사한 유형으로 구분해 그 각각의 특성을 감안해 지원하는 시스템을 구축하는 문제도 생각해볼 수 있다. 그리고 무엇보다 일자리 문제는 중앙정부와 지방자치단체 모두가 같이 풀어가야 할 공동의 과제라는 점을 인식해야 한다. 일자리 정책 업무를 어느 한쪽으로 통합해 운영할 경우 오히려 일자리 정책의 발전 속도와 운영 능력이 퇴화될 수도 있다는 점을 인식하면서 대한민국 전체적으로 일자리 정책을 수행할 수 있는 역량을 키우는 방법이 무엇인지를 고민해야 하겠다.

1) 왜 지역 차원의 일자리 정책이 중요한가?

지난 10여 년 간의 지역 간 취업자 수 증감 현황을 살펴보면 지역별 고용 상황은 큰 편차를 보인다.[1] 이는 일자리 정책을 추진하는 데 매우 중요한 의미를 갖는다. 즉 그간의 일자리 정책이 실업률, 고용률, 신규 일자리 수 등 고용 지표의 전국 평균적인 수치를 기준으로 정책 목표를 설정해왔는데, 이러한 목표만을 보고 일자리 정책을 추진하는 것이 심각한 문제를

---

[1] 시·도 간 고용 성과 격차에 대해서는 앞의 그림 3 참조.

초래할 수도 있다는 것을 시사하기 때문이다. 극단적인 예를 들면 영어, 수학 두 과목의 시험성적이 평균 50점인 학생을 대상으로 학습 개선 방안을 찾는다고 했을 때 A라는 학생은 영어가 100점, 수학이 0점일 수 있고 B라는 학생은 영어가 0점, 수학은 100점일 수가 있다. 누가 보더라도 A, B 두 학생에 대한 처방은 달라야 할 것이다. 그런데 이 경우에 두 학생 모두 평균 50점이라는 측면에만 주목해 동일한 처방을 한다면 어떻게 될까? 당연하게도 두 학생 모두에게 엉뚱한 처방이 될 것이다.

지역 고용 문제도 유사한 성격을 지닌다. 예를 들어, 최근 10년간 일자리 변화를 시·도별로 분석해보면 전라남도는 약 7% 감소한 수치를 보이는 반면에, 경기도는 약 46% 증가한 수치를 보인다. 이러한 상황에서 두 지역에 동일한 일자리 대책을 처방해서는 안 될 것이라는 점은 분명해 보인다. 효율적인 일자리 정책을 추진하기 위해서는 각 지역의 고용 상황을 토대로 지역 맞춤형으로 일자리 정책을 만들고 시행해는 노력이 필요하다. 그런데 그간의 일자리 정책을 살펴보면 지역의 특성을 감안한 대책은 상당히 미진했다고 평가할 수 있다. 그렇게 된 배경에는 외환위기 이후 10여 년간의 일자리 정책은 주로 중앙 부처 중심으로 추진되어왔으며 중앙 부처 사업의 특성상 전국을 대상으로 하는 범용 일자리 사업이 그 핵심을 이룰 수밖에 없는 한계가 있었다. 즉 대부분의 일자리 사업이 동일한 지침하에 전국에 걸쳐 획일적으로 시행되어왔으며 다만 지역별로 차등이 있었다면 사업 물량을 인구에 비례해 조정하는 수준에 그쳐왔다는 문제가 있다.

최근 지방자치단체도 일자리 문제에 관심을 높이고 있지만 아직까지는 지방자치단체 수준의 일자리 정책이 그 양적인 측면이나 질적인 측면 모두 상당히 미미한 수준이다. 특히 지방자치단체의 경우 일자리 문제 해결을 위해 필요한 전문 인력도 부족한 실정이고 일자리 문제를 담당하는 부서의 위상도 미약해서 지방자치단체 차원의 획기적인 일자리 정책 발전을 기대하기도 쉽지 않은 실정이다. 그나마 다행인 것은 최근에 지역 단위의 일자리 정책 활성화를 위한 제도와 사업이 조금씩 도입되고 있다는 점이다. 먼저 '지역 맞춤형 일자리 창출 지원 사업'이 2006년부터 고용노동부 주도로 시행되고 있다. 사업 명칭에서 알 수 있다시피 이 사업은 지역의 특성에 맞는 일자리 사업을 발굴·지원하기 위해 기획되었으며, 가장 큰 특징은 공모제 방식 도입에서 찾아볼 수 있는데, 지역 특성에 맞는 일자리 사업을 지자체와 민간 비영리단체가 제안하면 전문가들의 심사를 거쳐 예산을 지원하고 있다.[2]

또한 '지역일자리 공시제'가 2010년부터 도입되어 모든 지방자치단체가 참여하고 있다. 이 제도는 지방자치단체의 장이 임기 동안 추진할 일자리 사업의 목표와 세부 계획을 그 지역민에게 공시하도록 하는 제도로, 지방자치단체의 일자리 사업에 대한 관심과 투자를 독려하기 위해 시행되고 있다. 고용노동부는 각 지방자치단체가 추진한 일자리 사업을 평가해 우수한 지방자치단체를 포상하고 인센티브를 제공하고 있으며, 우수 사례는 전국적으로 공유함으로써 지방자치단체의 일자리 사업이 더욱 발전할 수 있도록 유도해나가고 있다. 이처럼 지역 차원의 맞춤형 일자리 대책을 강화하기 위한 중앙정부의 노력이 조금씩 늘고 있지만 아직까지 지역 수준에서 각 유관 기관이 유기적으로 연계해 일자리 사업을 수행하

---

[2] 지역 맞춤형 일자리 창출 지원 사업의 구체적인 사례와 외국 사례와의 비교에 대한 자세한 정보는 류장수 외(2010)를 참조하기 바란다.

✎ 참고 자료: '지역'의 범주에 대해

　지역 일자리 정책을 이야기할 때 가장 중요한 것 중 하나가 바로 '지역'의 범위를 어느 수준에서 정할 것인가 하는 점이다. 한국은 행정구역상 광역지자체 17개와 기초지자체 227개로 구성되어 있다. 흔히들 지역 수준의 정책을 수립할 때 그 기초가 되는 지역의 범위를 '당연히' 행정구역상의 지역과 동일시하는 경향이 있다. 현실적으로 각 지자체별로 예산이 배분되고 정책이 수립되기 때문에 일정 부분 불가피한 측면이 있는 것이 사실이다.

　하지만 지역 일자리 정책을 제대로 추진하려면 지역의 범주를 달리 설정해야 한다. 학문적으로는 '지역 노동시장'이라는 개념을 많이 쓰는데 가장 많이 거론되는 것이 '통근 가능권'을 중심으로 지역 노동시장을 설정하는 시도이다. 물론 요즘처럼 교통 기능이 발달하면 통근 가능권도 조금씩 달라지지만 일반적으로는 편도 1시간 내외의 거리를 통근권역으로 설정해 지역 노동시장을 측정한다. 또한 최근에는 자급률과 취업자 규모를 토대로 지역 노동시장권을 측정하기도 한다. 지역 노동시장의 수는 설정 기준에 따라 많은 편차를 보일 수밖에 없는데, 한국은 자급률 75%를 기준으로 지역 노동시장이 120여 개로 측정되기도 했다.[3]

　이처럼 지역 노동시장 개념을 도입하면 행정구역과의 충돌이 불가피하다. 사실 한국의 행정구역, 특히 기초자치단체 수준의 행정구역은 통폐합 여지가 많은 것이 사실이다. 그래서 그간 여러 차례 행정구역 개편 시도가 있었으나 지역의 반발이 너무 커서 아직까지는 대규모의 행정구역 개편이 성공적으로 추진되지 못하고 있다. 문제는 지역의 일자리 정책이 기초자치단체 수준에서 개별적으로 운영되면 많은 비효율이 발생한다는 점이다. 예를 들어, 취업 알선 서비스를 제공하는 경우에도 동일한 지역 노동시장 전체를 대상으로 하기보다는 소속 지자체의 행정구역을 대상으로 서비스를 제공하려는 유인이 발생한다. 당연하게도 기초지자체 입장에서는 자기 지역 주민을 자기 지역의 기업에 취업시키는 것이 최선의 성과이기 때문이다. 그러나 이를 좀 더 넓혀 지역 노동시장으로 시야를 돌리면 시장 기능에 따른 인재의 적정 배분이라는 기능이 왜곡될 소지가 있다.

　가장 이상적인 방안은 전면적인 행정구역 개편을 통해 지역 노동시장 권역과 행정구역을 일치시키는 방향으로 조정하는 것인데, 현실적으로는 많은 시간과 논란이 수반되는 일이므로 단시일에 가능할 것으로 보이지는 않는다. 최근 행정구역 통합을 이룬 마산, 창원, 진해 세 지역의 사례를 보더라도 행정구역 통합이 얼마나 많은 논란을 불러오고 진통이 뒤따르는지 알 수 있다. 따라서 차선책으로 생각해볼 수 있는 것이 지역 노동시장 권역별로 일자리 정책 컨트롤타워(control tower)를 구축하는 것이다. 이를 위해 현실적인 방안은 고용노동부의 고용센터를 재편하는 것이다. 고용센터는 전국적으로 82곳(2012년 12월 말 기준)이 운영되고 있는데, 아직까지는 지역별 업무량을 중심으로 관할 범위를 설정한다. 그렇다 보니 지역 노동시장 단위의 통합적인 정책 조정과 정책 연계가 미흡하다. 향후 고용센터를 지역 노동시장 단위로 재편하면서 그 지역의 핵심적인 컨트롤타워로 기능할 수 있도록 권한을 부여하는 방안을 적극 검토하는 것이 필요하다. 이때 앞에서 언급한 지역 고용 거버넌스가 작동할 수 있도록 '지역고용위원회'를 신설하고 여기에 고용과 관련해서 지역의 다양한 주체가 참여할 수 있도록 조직하는 방안도 병행해서 추진하는 것이 좋다. 참고로 덴마크에서도 이처럼 분권화된 거버넌스 시스템이 구축되어 작동하고 있다.

는 단계까지는 이르지 못하고 있다. 사실 지역 수준에서 보면 일자리 문제에 대처하기 위한 공공·민간 기관이 상당히 많기 때문에 이들 기관의 활동이 지역 노동시장이라는 관점에서 중복되지 않고 효율적으로 운영될 수 있도록 거버넌스를 구축하고 운영하는 노력이 매우 중요하다 하다.

2) 지역 유형별 맞춤형 일자리 정책

그간의 중앙정부 일자리 정책은 사업 수행방식 측면에서 보자면 전국 단위의 통일된 사업 시행이 주된 방향이었다. 사실 외환위기 이전에는 현재와 같은 일자리 정책이 존재하지 않았다고 해도 과언이 아닌 시기였으므로 외환위기 이후 지난 10여 년간 다양한 일자리 정책이 전국적인 단위로 수립·시행되어온 과정은 한 번은 거쳐야 할 경로였다고 평가할 수 있다. 다만 지금 이 시점에서 향후 일자리 정책 추진 방식을 생각해보면 앞으로는 전국 수준의 획일화된 일자리 정책 추진만으로는 일자리 정책의 효율성을 제고하는 데 한계가 있을 것으로 보인다. 따라서 지역의 고용 상황에 부합하도록 일자리 정책 추진 방식을 다양화하는 방안을 고민할 필요가 있다.

지역을 대상으로 하는 중앙정부의 일자리 정책 방식은 크게 세 가지로 구분해볼 수 있다. 첫째는 전국 수준의 일원화된 정책을 추진하는 것으로, 지역별로 사업 물량을 조정하는 방식이다. 현재 시행하고 있는 중앙 부처의 사업 대부분이 이에 해당한다. 둘째는 지역을 유사한 특성을 지닌 몇 개의 유형으로 나누어 지원하는 방식이다. 다양한 특화지구 지정을 통한 지원 방식이 여기에 해당한다. 셋째는 지역별로 맞춤형 정책을 추진하는 방식으로 이 경우 지자체의 제안 내용을 심사 방식으로 걸러서 지원하게 된다. 앞에서 언급한 고용노동부의 '지역 맞춤형 일자리 창출 지원 사업'

---

3 한국의 지역 노동시장권 설정과 관련한 최근 연구 성과는 한국노동연구원에서 발간한 윤윤규 외(2012)에 잘 정리되어 있다.

이 대표적인 예라 할 수 있다.

　아직까지 가장 개발이 덜 된 것으로 보이는 두 번째 방식에 대해 좀 더 자세히 살펴보도록 하자. 그간 시행해온 일자리 정책 중 지역을 유형화해 지원하는 방식으로는 '고용개발촉진지역' 제도가 유일하다. 이 제도는 「고용정책기본법」에 근거를 두고 있으며, 평택시의 쌍용자동차 경영 위기로 지역 경제가 흔들리게 됨에 따라 2008년에 평택시가 최초로 '고용개발촉진지역'으로 지정되어 지원을 받았다.[4] 이후 2013년에는 조선업체의 경기 악화로 통영시가 고용개발촉진지역으로 지정되기도 했다. 이와 같이 심각한 일자리 문제를 겪고 있는 지역을 지정해 중앙정부가 집중적으로 지원하는 방식은 지역 차원의 한정된 재원으로 추진하는 일자리 사업의 한계를 뛰어넘을 수 있는 방식으로 매우 의미 있는 정책이다. 다만 아쉬운 점은 고용개발촉진지역 제도의 요건이 엄격해 지금까지 단 두 곳만 지원되었다는 점이다.

　향후 이러한 지역 유형화 방식을 다양화해 지역의 일자리 사업을 유형별 특성에 맞게 지원할 수 있도록 정책을 개선해야 한다. 예를 들어, 지역의 고용 상황과 개선 필요 정도에 따라 (가칭) '긴급고용촉진지역', '고용구조개선촉진지역', '고용창출선도 지역'으로 세분할 수 있겠다. 그리고 세분화된 지역 유형별로 지원 가능한 정책 수단을 추가적으로 발굴하고 중앙

---

[4] 「고용정책기본법」 제32조 및 같은 법 시행령 제29조는 경제 사정의 변화 등으로 지역의 고용 사정이 급격히 악화된 경우에는 고용개발촉진지역으로 지정할 수 있도록 규정하고 있으며, 이 규정에 따라 쌍용자동차 문제로 지역 경제에 큰 타격을 입은 평택시가 2009년 8월 13일 최초로 고용개발촉진지역으로 1년간 지정되어 이 기간에 총 1,090억 원이 지원되었고 조속한 일자리 문제 해결에 기여했다.

부처 사업과 자치단체 고유 사업을 망라해 탄력적으로 대응할 수 있는 시스템을 구축하는 방안을 생각해볼 수 있다.

이때 '긴급고용촉진지역'은 현재 운영하고 있는 '고용개발촉진지역'과 유사한 개념으로 고용 상황이 급격히 악화되는 등 긴급한 지원이 필요한 지역에 대해 지역 고용 촉진 지원금, 고용안정사업 우대 지원, 타 부처 관련 사업 지원 등을 통해 응급 처방을 하는 방식이다. 다만 기존의 고용개발촉진지역 지정 요건이 지나치게 까다로운 측면이 있어 활용도가 떨어지므로 선정 기준을 완화해 지역 차원의 심각한 일자리 문제가 조속히 회복될 수 있도록 제도화해나갈 필요가 있다.

'고용구조개선촉진지역'은 구조적으로 고용이 취약한 지역을 선정해 특성에 따라 청년 고령자 채용 장려금, 청년 채용 장려금 등을 확대 지원하거나 취업 촉진 패키지 우대 지원 등 특화된 대책을 취하는 방안으로, 이를테면 고령화 등으로 인구와 노동력이 지속적으로 감소하는 지역이나 청년실업이 심각한 지역, 인력 수급 불일치가 심각한 지역 등을 대상으로 특성에 맞는 지원을 할 수 있다.

마지막으로 '고용창출선도지역'은 위의 두 가지 유형의 지역에 해당하지는 않지만 고용 창출에 대한 의지가 높고 창의적인 사업추진 준비가 된 지역에 대해 지역의 자발성과 참여를 조건으로 해당 자치단체와 협약을 체결하고 경상보조 방식 등으로 재원을 지원하는 방식이다. 이를 통해 준비된 지자체부터 선별적으로 일자리 대책을 지원함으로써 예산의 효율적 운용과 성공 사례 발굴·전파라는 목적을 달성할 수 있을 것이다. 참고로 일본의 경우 지역을 유형화해 지원하는 방식의 고용정책을 도입해 시행하고 있다.

➜ 외국 사례: 주요 선진국의 지역 고용정책

1) 미국[5]

- 1998년 「노동력투자법」을 제정해 국가 노동력 전체의 관점에서 고용정 책을 수행하고 지역의 재량권을 확대

- 미국의 「노동력투자법」 집행 체계
  - 「노동력투자법」은 주 정부 및 지역 정부에 인력투자위원회(Workforce Investment Board: WIB)를 구성·운영하도록 규정
  - 주 인력투자위원회는 5개년 계획의 개발, 「노동력투자법」 제도 개선, 기금 배분원칙, 연차보고서 작성 등의 기능을 수행
  - 지역 인력투자위원회(Local Workforce Investment Board)는 파트너 간 협 약 내용 이행 및 원스톱센터 감독 기능 등 수행
  - 2006년부터 낙후 지역에 대해 기술·재정 지원을 하는 지역 노동력 혁신 프로 그램(Workforce Innovation in Regional Economic Development Initiative: WIRED) 운영

2) 일본

- 고용 여건에 따라 산발적인 지역 고용 대책을 추진해오다가 「지역고용개 발촉진법」을 제정해 체계적으로 대응(1988년)

- 후생노동성의 고용안정국 산하에 지역 고용을 전담하는 조직을 신설해 지역 고용 문제에 대처(2004년)

- 기초지방자치단체의 지역 특성을 반영한 지역 특화형 고용 사업에 대한 비용을 지원(2004년)

3) OECD

- 지역 경제 및 고용개발 프로그램(Local Economic and Employment Develop-ment: LEED)을 개설해 지역 차원의 고용 및 경제개발 혁신 사례를 장려

- 지역 발전 사례에 대한 지속적인 모니터링과 평가를 통해 혁신 사례를 전 파하고 지역 경제와 사회 발전을 위해 정부, 기업, 시민사회의 전략, 파트 너십 등에 대한 분석을 수행

✈ 외국 사례: 일본의 지역 고용정책(「지역재생법」을 중심으로)[6]

1) 목적: 지방공공단체가 자주적이고 자립적인 노력으로 지역 경제를 활성화하고, 지역의 고용 기회를 창출하며 종합적이고 효과적으로 지역 재생 추진

2) 지역 재생 기본 방침 수립: 지역 재생을 위한 시책을 종합적·효과적으로 추진하기 위한 기본적인 방침

- 지역 재생의 의의와 목표, 지역 재생을 위해 정부가 실시해야 할 시책에 대한 기본적인 방침, 총리의 인정과 관련한 기본 사항

3) 지역재생본부의 설치(본부장: 총리, 본부원: 국무대신)

4) 지역재생협의회 설치·구성

- 지역 단위의 지역재생계획 작성과 그 외 사항 협의

5) 지역 고용 창출 기여 사업에 대한 특례 조치

- 사업에 필요한 비용에 충당할 목적으로 금전을 기부한 경우 기부금에 대한 손금산입의 특례
  - 지역의 고용 기회 창출에 기여하는 사업을 수행하는 회사
  - 고령자, 장애인, 모자가정의 가장 등을 고용해 지역의 고용 기회 창출과 기타 지역 재생에 기여하는 사업
- 사업에 필요한 비용에 충당할 목적으로 금전을 기부한 경우 소득세, 법인세, 상속세 특례
  - 고령자 등 그 밖의 취약 계층을 위해 원조하는 사업주나 특정비영리활동법인 등에 대해 지원하는 사업

6) 고용개발촉진지역: 구직률이 높아 고용 기회가 부족한 지역

- 유효 구직자 수의 월 평균 비율이 전국 비율 이상이면서 유효 구인율이 전국 수준의 3분의 2를 넘지 못하는 경우
- 지방자치단체(도도부현)가 지역고용개발계획안을 작성하면 후생노동성 장관이 동의하고, 도도부현은 이를 공표
- 정부 지원 프로그램

- 고용개발장려금: 사업소의 설치·정비 계획을 제출하고 3인 이상 근로자 신규 고용 시 인원에 따라 지원(30만~1,250만 엔)
- 중핵인재활용장려금: 숙련 기능자, 개발 담당자, 신(新)고용 분야(연봉 400만 엔 이상) 1인당 1년에 100만 엔(중소 140만 엔) 분할 지원
- 지방재생중소기업조성금: 각 관할 노동국에서 인정받아 이를 행하는 법인을 설립하거나 개업할 때 인건비와 창업 비용 지원
  ※ 사업계획 작성비, 직업능력개발 경비, 설비운영 경비 합계액의 3분의 1 지급(500만 엔 한도)

7) 자발고용창조지역: 구인율이 낮아 창업 등이 필요한 지역
- 최근 3년간 구인율 월 평균치가 전국 구인율의 월 평균치 이하 지역
- 지방자치단체(도도부현)가 지역고용창조계획을 작성하면 후생노동성 장관이 동의하고, 도도부현은 지역고용창조협의회를 설립
- 정부 지원 프로그램: 지역고용창조협의회가 제안한 사업에 대해 경쟁 입찰 방식으로 선정해 사업을 정부에서 위탁
  ※ 지역당 3년, 1년 기준 2억 엔, 연합 시 3억 엔(연간 50과제 정도)
- 정보 제공, 조언 등 상호 제휴와 협력 의무 부여

3) 지역 일자리 정책 추진 시스템 구축

지역 특성에 맞는 일자리 사업을 추진하기 위해 가장 중요한 사안 중 하나는 바로 지역 수준에서 일자리 정책에 대한 컨트롤타워를 구축하는

---

5 미국의 고용정책과 지역 노동력 혁신 프로그램 등에 대한 자세한 내용은 이재흥(2010)에 잘 소개되어 있다.

6 일본의 지역 고용정책에 대한 자세한 내용은 임무송(2012)을 참고하기 바란다.

일이라고 할 수 있겠다. 특히 현재와 같이 지역 차원에서 일자리 사업을 수행하는 기관이 다양하게 산재되어 있는 경우에 적절한 조정 기능을 수행하면서 주기적으로 정책 방향을 설정하고 평가를 진행할 수 있는 시스템을 구축하는 일은 매우 중요하다. 이러한 구상은 '지역 고용 거버넌스' 구축이라는 이슈로 많이 이야기되어왔으나 아직까지 제대로 운영되는 지역을 찾아보기가 쉽지 않다. 사실 지금도 지역고용심의회(또는 지역노사민정협의회) 등의 이름으로 유사한 기능을 수행하는 기구가 있으나 각 지역별로 활성화되지 못하고 있는 실정이다.[7]

가장 큰 문제점으로 각 개별 사업별로 사업 주체와 사업 지침이 결정된 상황에서 협의체가 담당할 수 있는 역할이 모호해질 수밖에 없다는 점을 들 수 있다. 즉 일자리 사업의 세부 내용(사업 규모, 사업 수행 방법, 사업 대상자 선정 방법 등)을 각 지역 수준에서 결정할 수 있도록 권한이 설정되지 않는 한, 지역 수준의 종합적인 일자리 사업 추진에는 한계가 있을 수밖에 없는 것이다. 이상적으로는 각 지역 단위별로 일자리 사업 예산을 할당하고 예산 범위 내에서 지역별로 세부적인 사업을 계획할 수 있도록 하는 방안을 생각해볼 수 있는데 이를 위해서는 현행 사업 시스템을 전면적으로 개편해야 하는 어려움이 따른다. 차선책으로 생각해볼 수 있는 방안은 기존의 중앙 부처 일자리 사업은 그대로 추진하되, 추가적으로 지역 수준에

---

[7] 지역고용심의회는 광역자치단체의 장이 위원장이다 보니 실제 회의가 1년에 한두 차례 개최되기도 어려운 실정이다. 지역 단위의 고용 거버넌스가 원활히 작동하기 위해서는 분과 단위의 소위원회 활동이 활성화될 필요가 있으며, 이 과정에서 전문성을 갖춘 고용노동부의 고용센터가 핵심적인 역할을 수행하는 것이 현실 여건을 비춰볼 때 가장 좋은 방법이라고 본다.

서 수행할 수 있는 일자리 사업 예산을 별도로 책정해 이를 토대로 지역 단위의 일자리 사업을 활성화하는 방안이다. 예를 들어, 시·도 단위별 연간 100억 원 수준의 예산이 책정된다면 지역 수준에서 어느 정도 자율적인 일자리 정책을 추진하는 것이 가능하지 않을까 생각된다.

또한 지역 수준의 여러 가지 일자리 사업을 종합적으로 조정하는 기능도 매우 중요하다. 지역 차원에서는 각 주체별로 다양한 일자리 사업이 추진되고 있지만 여전히 이를 종합·조정하는 기능은 매우 취약한 실정이다. 덴마크의 사례에서 볼 수 있는 것처럼 지역의 고용 관련 기관들의 업무 계획을 승인하고 성과를 평가하는 기구가 설치된다면 지역 수준에서 일자리 정책의 중복에 따른 비효율을 최소화할 수 있을 것이다. 아울러 기관 간 사업을 연계해서 수행하면 동일한 비용으로도 더 높은 성과를 올릴 수 있다. 예를 들면, 각 지역마다 다양한 채용 박람회가 열리는데 기관 간에 사전 조정 없이 중구난방식으로 열리다 보니 때로는 비슷한 시기에 연달아 열리기도 하고 지나치게 규모가 작아 소기의 성과를 달성하기 어려운 상황도 발생한다. 채용 박람회의 연간 일정을 사전에 조정해 공동으로 개최할 경우 상호 연계를 통해 대규모 채용 박람회로 발전시킬 수도 있다.

무엇보다 중요한 것은 지역에서 지역 특성을 살려 일자리 사업을 추진할 수 있는 전문 인력을 양성·활용할 수 있는 시스템을 구축하는 것이다. 사실 아무리 많은 예산이 투입된다고 하더라도 이를 제대로 활용할 수 있는 전문 인력이 없으면 '밑 빠진 독에 물 붓기'가 될 수밖에 없다. 그런데 아직까지는 지역 차원에서 일자리 사업을 기획할 역량을 갖춘 전문가가 많이 부족한 실정이다. 즉 지역의 고용 상황을 정확히 이해하고 지역에서 벌어지는 일자리 사업을 종합적으로 분석해, 비어 있는 부분을 찾아내

사업으로 연결할 능력을 갖춘 전문 인력이 부족한 것이 현재 실정이다. 이는 하루아침에 해결될 문제가 아니므로 장기적인 계획하에 지역 일자리 정책 전문가 양성 프로그램을 체계적으로 도입하고 운영해나가야 하겠다.

아울러 지역 고용 통계 확충을 위한 노력도 더욱 강화할 필요가 있다. 과학적인 일자리 정책을 추진하기 위해서는 통계적 분석이 선행되어야 하는데 아쉽게도 아직 기초 자치단체 수준(시·군·구)의 고용 통계는 매우 미미하다. 최근 통계청에서 지역고용조사를 도입해 일부 기초지자체 수준까지 고용 통계를 산출하고 있지만 여전히 '자치구'에 대한 통계는 공식적으로 발표되지 못하고 있을 뿐만 아니라, 지역 노동시장 단위별로 통계를 산출하는 것은 엄두도 내지 못하는 실정이다. 또한 시·군에 대한 통계도 매우 기초적이고 제한적인 통계만이 산출되고 있어 지역 단위의 노동시장 상황을 종합적으로 분석하기에는 상당한 한계가 있다. 따라서 현실적으로 기초자치단체 단위의 일자리 정책을 수립·평가하는 과정에서 통계에 기초한 과학적인 분석은 사실상 어려운 실정이다. 통계가 없는 경우 정책이 주먹구구식으로 추진될 수밖에 없다. 그리고 그 성과를 판단하는 것도 매우 어렵다. 그런 의미에서 지역 고용 통계 인프라 확충은 더는 미룰 수 없는 일이라 하겠다.[8]

지역 수준에서 일자리 정책을 추진할 때 조심해야 할 사항이 있다. 바로 '지역별 정책 할거주의'이다. 대표적으로 지역 인재 채용에 대한 인센

---

[8] 지역 고용 통계의 한계와 발전 방향에 대해서는 이상호 외(2012a)를 참고하기 바란다.

212 제2부 응전

티브 지급정책을 들 수 있다. 많은 지자체에서 도입하고 있는 일자리 사업 중 하나가 해당 지역의 주민을 채용하는 사업체에 인센티브를 지급하겠다는 것이다. 특히 기초지자체가 이런 사업을 많이 만들어낸다. 이런 사업은 해당 지자체 입장에서는 그 지역 주민을 위한 일자리 사업이라고 내세울 수 있지만 국가 전체적인 차원에서는 노동시장의 효율성을 떨어뜨릴 수 있는 정책이기 때문에 우려된다. 예를 들어, 특정 구직자에 대한 인건비 보조를 목적으로 하는 일자리 사업의 경우 원칙적으로 취약 계층을 지원하는 수단으로 활용되는 것이 바람직한데, 지역이라는 범주로 접근하면 자칫 사중손실이 커질 우려가 있고 반사적으로 인근 지역 주민은 동일한 직업 능력(혹은 더 나은 직업 능력)이 있는데도 취업하지 못해 시장을 교란시키는 부작용이 발생한다. 특히 한국은 기초자치단체의 지역적 공간 범위가 너무 좁아 여러 개의 기초자치단체가 하나의 지역 노동시장을 형성하기 때문에 이런 문제는 더욱 심각하다. 이런 문제들은 중앙에서 일정한 가이드라인을 제시하거나 중앙-지자체 간 협의체를 통해 자율적으로 해소해야 한다. 참고로 그림 12에서 볼 수 있는 것처럼 덴마크의 경우 이미 2007년도에 중앙정부와 지자체의 고용 부서를 통합·운영하는 새로운 시스템을 구축해 지역 수준에서 일자리 정책이 긴밀한 협력과 조정을 거칠 수 있는 틀을 마련했다. 이러한 시도들이 주는 시사점을 적극적으로 수용해야 한다.[9]

[9] 참고로 덴마크는 인구가 약 550만 명 수준으로 한국의 약 10분의 1 수준이지만 통합 고용센터는 91곳으로 한국 고용노동부의 고용센터 82곳보다 더 많다.

그림 12 **덴마크의 고용안정 조직 개편**

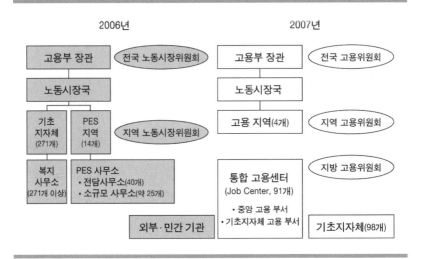

주: PES는 Public Employment Service로 공공 고용 서비스를 의미.
자료: 덴마크 고용부 노동시장국; 정원호·김영중, 『덴마크 고용안정 사례의 정책수용방안』(한국 직업능력
    개발원, 2006)에서 재인용.

4) 중앙정부 vs. 지방자치단체 대결 구도를 넘어서

지방자치제도가 본격화되면서 중앙정부의 권한을 지방으로 이양하려
는 움직임이 계속되어왔다. 일자리 분야도 마찬가지이다. 노무현 정부 이
래로 중앙 부처인 고용노동부가 각 지역에 두고 있는 특별행정기관인 지
방고용노동청의 기능을 지방으로 넘기려는 움직임이 계속 진행되어왔다.
특정 행정 기능을 중앙정부가 할 것인지 지방정부가 할 것인지 하는 부분
은 반드시 하나의 답이 존재하는 것은 아닐 것이다. 이양 대상이 되는 업
무가 지닌 역사성에 대한 평가도 해야 할 것이며, 무엇보다 어디서 수행하
는 것이 국민의 권익 보호와 원활한 서비스 제공에 더 효율적인지에 대한

판단이 우선되어야 한다. 일자리 정책도 같은 잣대로 지방이양 여부를 결정해야 할 것이다.

지방자치단체로 고용정책 업무를 이관한다고 할 때 우려되는 몇 가지 문제점이 있다. 가장 큰 문제는 '전문성 부족'이다. 고용정책 업무를 성공적으로 추진하기 위해서는 이 분야에 대한 전문성이 무엇보다 중요하다. 그런데 지자체의 경우 광범위한 분야의 업무를 대상으로 하는 순환 보직제이기 때문에 상대적으로 중앙정부 직원에 비해 전문성을 키워나가기가 쉽지 않다. 다행히 최근 들어 지자체 장들의 일자리 업무에 대한 관심이 높아져서 일자리 업무를 전담하는 과를 신설하고 직원 수를 늘리는 등 과거에 비해 여건은 많이 개선되고 있다. 그러나 전반적으로 보았을 때 아직까지 일자리 업무가 지자체에서 차지하는 위상이 상대적으로 낮아 직원들의 기피 현상이 두드러진다. 즉 유능한 직원은 일자리 업무를 맡으려하지 않고 해당 업무를 맡더라도 주된 관심사는 하루빨리 승진하기 쉬운 부서로 옮겨 가려는 것이 현실이다. 이런 풍토에서 지역의 일자리 업무를 지속적으로 발전시킬 수 있는 전문 인력을 지자체 내에서 키우기는 매우 어려울 것으로 보인다.

다음으로 우려되는 것은 지자체의 지나친 '할거주의'이다. 현재 기초자치단체가 227개나 되는 상황에서 지자체의 장을 직선제로 선출하다 보니 각 지자체는 자기 지역만 바라보면서 일을 추진하는 경우가 대부분이다. 그러다 보니 지역 간 연계와 조정은 오히려 더 어려워졌다. 그런데 앞에서 언급했다시피 지역 노동시장은 지자체 여러 곳을 포괄하는 경우가 대부분이므로 지역 할거주의로 인한 폐해는 지역 노동시장의 효율성을 저하시키는 요인으로 작용할 가능성이 높다. 이 경우 오히려 중앙 부처가 조정 기능을 담당하는 것이 더 나은 대안이 될 수 있을 것이다.

또 하나 근본적으로 지자체 업무 이양을 어렵게 하는 것 중 하나가 고용보험의 존재다. 일자리 사업의 재정적 근거가 되고 있는 고용보험은 국가가 운영하는 사회보험이다 보니 이를 지자체에서 운영하도록 하는 것이 보험 운영상 매우 어려운 측면이 있다. 지자체는 기본적으로 그 지역의 주민과 기업체를 보호하고 지원하려는 성향을 지니므로 고용보험의 각종 사업을 운영할 때 중립된 시각에서 업무를 처리하기 어려운 구조적 위치에 놓여 있다. 그렇게 될 경우 고용보험 재정이 방만하게 운영될 소지가 많으며 부정 수급 등의 사례가 확산될 수도 있다는 우려도 있다. 그리고 국내외 사례를 보더라도 사회보험은 국가가 직접 관장을 하는 경우가 대부분이며 지자체가 이러한 업무를 나누어 맡도록 하는 경우는 극히 드물다. 한국도 4대 사회보험 모두 중앙정부가 직접 또는 공공 기관을 설치해 운영하고 있다. 문제의 핵심은 중앙정부와 지방정부가 업무 관할권을 놓고 힘 싸움을 해서는 결론이 나올 수 없다는 것이다. 일자리 문제는 중앙정부와 지방정부 모두 적극적으로 관여해야 할 정책임이 분명하므로 서로의 역량을 최대한 활용할 수 있도록 그리고 더 많은 자원이 투입될 수 있도록 시스템을 만들어야 한다.

그간 중앙정부나 지방정부 모두 전반적으로 일자리 문제에 대한 관심도 많아졌고 그만큼 정책 역량도 높아진 것이 사실이지만 여전히 일자리 정책을 발전시키기 위해 가야 할 길이 멀다. 그러므로 현시점에서는 중앙정부나 지방정부 어느 한 곳에서 일자리 정책을 전담하는 시스템으로 가기보다는 각기 일자리 정책 영역과 역량을 확대하면서 상호 유기적으로 연계해 시너지 효과를 낼 수 있는 방안이 무엇인지 고민해야 하겠다. 아울러 민간 부문의 전문 역량도 계속 키워나가야 한다. 일자리 문제에 대한 국민적 관심은 높아졌지만 지역 차원에서 그 지역이 지닌 일자리 문제

❖ 현장 풍경 7: 지역 일자리 애널리스트 어디 없나요?

고급 정보에 대한 욕구는 사회 어느 분야에서나 존재한다. 그리고 이러한 정보를 제공할 수 있는 사람이야말로 그 분야의 전문가로 인정받을 수 있다. 증권시장에는 업종별로 특화된 애널리스트(analyst)가 존재한다. 이들의 주된 역할은 담당 업종의 경기 현황과 향후 전망, 그리고 해당 업종 주요 기업의 실적과 향후 발전 가능성 등을 분석해 고객들에게 제공하는 것이다. 이를 위해 증권 애널리스트들은 담당 기업체를 방문하기도 하고 다양한 루트를 통해 해당 업종과 기업에 대한 자료를 수집·검증해 분석하는 역할을 수행한다.

일자리 문제로 돌아와 보자. 노동시장의 핵심 업무 중 하나는 바로 취업 알선을 통해 구인자와 구직자를 연결시켜주는 것이다. 구인자, 구직자 모두 고급 정보에 목말라 있다. 요즘은 주로 워크넷(www.work.go.kr)으로 구인·구직 등록을 하지만 여기에 등록된 정보만 가지고 취업을 결정하기에는 어려움이 따른다. 항상 이면의 스토리가 더 궁금한 것이다. 예를 들어, 구직자의 경우 취업하려는 기업체에서 3년 이후에는 자신이 어떤 위치에 있을 수 있는지도 궁금하고 해당 업체 내의 인간관계나 조직 문화도 알고 싶고 지역 사회에서의 그 업체 평판도 궁금한 것이다. 그런데 이런 내용들은 공개적인 구인 정보에서는 결코 볼 수 없는 것들이다. 지역의 직업 상담원들은 바로 이러한 구직자와 구인자의 수요에 대응할 수 있어야 하지만 실상은 그렇지 못하다. 고용 지원 서비스가 한 단계 더 도약하기 위해서는 지역의 일자리 정보에 대한 특화된 애널리스트를 양성하고 고급 정보를 기반으로 구인·구직자의 다양한 궁금증을 해소할 수 있는 수준으로 진화해나가야 한다. 고급 정보가 있는 곳에 고객은 모이고 고객의 만족도도 높아진다.

를 구체화하고 대안을 만들기 위해서는 축적된 전문 역량이 매우 중요하다. 이러한 역량은 공공 부문뿐만 아니라 민간 부문에서도 더욱 강화될 필요가 있다.

사실 그간 시행되어온 고용노동부의 '지역 맞춤형 일자리 창출 지원 사업'의 성과를 평가해온 전문가들의 의견을 들어보더라도 성공적인 사례가 많이 나오는 지역은 민간 부문의 열성을 지닌 전문 인력들이 적극적으로 사업을 주도했다는 공통적인 특성이 있다. 즉 동일한 재원을 지역에 배분하더라도 실제 이를 사업화하고 운영해나갈 창의적인 아이디어와 사업 실행 능력을 갖추었는지 여부에 따라 실제 그 성과는 매우 큰 격차를 보일 수밖에 없는 것이다. 현재 17개 시·도별로 '지역고용포럼'이 조직되어 있는데 아직까지 전문 역량 강화라는 측면에서 볼 때 그 역할이 미미한 실정이다. 물론 지역적으로 편차가 있어서 부산, 광주 등 일부 지역은 상당히 활발한 활동을 전개해왔지만 향후 더 발전의 여지가 큰 것이 사실이다. 이러한 포럼을 중심으로 지역의 일자리 문제에 대한 인식을 확산하고 공감대를 형성해가면서 전문가 그룹을 중심으로 지역적 특성에 맞는 대안을 고민하는 과정에서 지역 고용정책은 발전해나갈 것이다.

2. 고객 입장에서 생각하자

고용 서비스가 국민에게 제대로 제공되기 위해서는 크게 하드웨어적인 요소와 소프트웨어적인 요소를 두루 구비해야 한다. 개괄적으로 보면 하드웨어에는 고용 서비스 기관, 직업 상담사, 설비 등이 포함되고 소프트웨어에는 고용 서비스를 구성하는 각종 제도와 취업 지원 프로그램이 포함된다. 이러한 하드웨어와 소프트웨어 두 부문은 마치 자전거의 앞·뒷바퀴와 같아서 적절히 균형을 이루지 못하면 일자리 정책이 효과를 거두기 어렵다.

일자리 정책을 이야기할 때 하드웨어 확충은 항상 소외받는 이슈 중의 하나였다. 외환위기 이후 '작은 정부'라는 패러다임에 치중하다 보니 정책 수요가 폭발적으로 늘어나는 일자리 문제나 복지 문제를 담당하는 분야의 인력 증원, 기관 확대는 그 중요성이나 문제의 심각성에도 항상 외면된 측면이 있다. 이 문제는 이제 더 미룰 수 없는 숙제가 되었다. 이 부문에 대한 과감한 투자 없이는 제아무리 많은 정책을 내놓더라도 국민이 체감하는 고용 서비스는 항상 제자리에 머물 수밖에 없을 것이다.

일자리 관련 상담을 받기 위해 두 시간 가까이 차를 타고 이동해야 한다면 국민은 정부의 진정성을 믿지 않을 것이다. 또한 고용 서비스를 제공할 기관의 전문 인력 부족으로 인한 문제는 보이지 않게 정책의 효율성을 떨어뜨리는 요인으로 작용해 결국 심각한 예산 낭비로 이어지게 된다. 특히 취업 지원 서비스와 같이 국민의 수요가 지속적으로 늘고 있는 성장 분야의 경우 시설과 인력에 대한 과감한 선제적인 투자를 통해 정부의 일자리 문제 해결에 대한 의지를 국민이 체감하게 하는 것이 중요하다. 세상에 공짜 점심은 없는 것처럼 국민이 만족할 만한 고용 서비스도 적절한 인력과 시설 확보 없이 저절로 이뤄질 수는 없는 것이다.

1) 은행처럼 가까운 곳에서 고용 서비스 제공

일자리 정책은 본질적으로 서비스 행정이다. 따라서 국민의 입장에서 양질의 고용 서비스를 편리하게 이용하기 위해서는 고용 서비스를 제공하는 기관이 양적으로나 질적으로 모두 충분해야 한다. 고용 서비스를 제공하는 기관은 크게 공공 부문과 민간 부문으로 나누어 볼 수 있는데, 공공 부문에서는 고용노동부의 고용센터 82곳, 여성가족부의 새일센터 112곳, 그리고 지방자치단체의 일자리센터 234곳 정도가 존재하는 것으로 집계된다. 이 중 가장 규모가 크고 핵심적인 역할을 담당하는 것이 바로 고용노동부의 고용센터인데 이곳에서는 실업급여, 고용안정 지원금, 직업훈련 상담 등을 포함한 고용보험 집행 기능과 함께 취업 알선, 외국인 근로자 고용, 청소년 진로교육 등을 수행한다는 점에서 다른 공공 부문의 일자리센터와 차별성을 지닌다. 지자체의 일자리센터는 해당 지역의 사회복지 수급자 등을 중심으로 주로 취업 알선 업무를 수행하고, 새일센터는 경력 단절 여성에 특화된 고용 서비스를 제공한다는 점에서 서비스 범위가 제한적이다.

고용 서비스를 제공하는 기관이 많이 늘어났지만 여전히 고용 서비스 기관의 수는 충분하지 않은 측면이 있다. 특히 문제가 되는 것은 고용보험이라는 독자적인 영역을 지닌 고용노동부의 고용센터이다. 2013년 현재 전국적으로 고용센터 82곳이 운영되고 있는데 대면 서비스를 제공해야 하는 성격을 감안할 때 센터 한 곳의 관할 범위가 너무 넓다는 지적이 꾸준히 제기되고 있다. 예를 들어, 광주광역시에 있는 광주고용센터의 지역적 관할 범위는 5개 구(광주광역시 동구, 서구, 북구, 남구, 광산구), 1개 시(나주시), 7개 군(곡성군, 구례군, 담양군, 장성군, 영광군, 함평군, 화순군)에 이른다. 이들 지역 모두에서 실업급여를 받거나 취업 상담을 받기 위해서는 원칙적으로 광주광역시의 금남로까지 와야 하는 것이다.

가장 이상적인 안으로 생각할 수 있는 것은 바로 지역 노동시장 권역에 맞춰서 고용센터를 설치하자는 아이디어이다. 지역 노동시장 권역을 엄밀히 구분하기는 쉽지 않지만 한국에 지역 노동시장이 약 120~130개 존재한다는 기존 연구 결과들이 있기도 하다. 선진국의 경우 영국 1,500개, 프랑스 925개, 일본 600개, 미국 2,841개의 공공 고용 서비스 기관이 있어서 인구수를 감안하더라도 우리와 격차가 큰 것을 알 수 있다. 고용 서비

✎ 참고 자료: 주요 국가의 공공 고용 서비스 기관 현황

주요 국가의 공공 고용 서비스 기관 현황

구분	단위	프랑스	영국	일본	미국	대한민국
공공 고용 서비스 기관 수	(개소)	945	1,500	600	2,841	82
공공 고용 서비스 직원	(명)	22,500	80,000	18,000 취업 지원 인력 2,500	70,000	2,859
인구	(천 명)	63,750	60,114	127,770	307,825	48,607
경제활동 가능 인구(A)	(천 명)	49,426	48,625	110,440	231,866	39,864
경제활동인구(B) (경활률)	(천 명) (%)	27,843 (56.3)	30,720 (63.1)	66,690 (60.4)	153,124 (66.0)	23,709 (59.5)
공공 고용 서비스 직원 1인당 경제활동인구수	(명)	1237.5	384	3705	2187.5	8292.8
GDP 대비 공공 고용 서비스 투자율	(%)	0.24	0.37	0.14	0.03	0.03

주1: 주요 국가 공공 고용 서비스 수와 직원 수:
  - WAPES(World Association of Public Employment Service) 홈페이지 자료 인용.
  - 대한민국(2009.1 기준), 미국 공공 고용 서비스 기관 수는 www.careeronestop.org 수집(2009.3 기준, 자치령 제외).
주2: 주요 국가 인구, 경제활동 가능 인구와 경제활동인구:
  - 국제노동기구 노동통계시스템(LABORSTA) 자료 인용(2007년 기준).
  - 대한민국: 통계청 자료 인용(2009.1 기준), 미국·스웨덴 인구: 미국 중앙정보국(CIA) 홈페이지 〔www.cia.gov 국가 정보 인용(2008년 기준)〕.
  - 통상 경제활동 가능 인구는 15세 이상 인구(영국, 스페인: 16세 이상)
주3: (경활률) = 경제활동인구(B) / 경제활동 가능 인구(A)
주4: 주요 국가 GDP 대비 투자율(한국 포함): OECD의 고용 전망 2008〔OECD Employment Outlook 2008 인용(2006년 기준)〕.

스와 관련해 국민들이 양질의 서비스를 편리하게 제공받을 수 있도록 하기 위해서는 고용 서비스 인프라를 획기적으로 확충하는 방안이 반드시 선행되어야 하겠다.[10]

공공 고용 서비스 기관은 국가의 핵심적인 고용안전망이므로 보다 촘촘하게 설계될 필요가 있으며 이를 위해 과감한 인프라 투자가 요청된다고 하겠다. 아울러 공공 고용 서비스 기관 상호 간, 그리고 공공과 민간 고용 서비스 기관 상호 간에 지역 단위의 긴밀한 협력을 통해 시너지 효과를 낼 수 있다면 국민이 체감하는 고용 서비스의 질이 훨씬 개선될 수 있을 것으로 기대된다. 또한 전국적으로 고용센터가 획일적인 기능을 수행하는 현행 시스템을 개선해 여러 가지 특화형 고용센터를 병행 운영하는 것도 고민할 필요가 있다. 예를 들어, 외국 인력과 결혼 이민자 등이 밀집된 지역에는 '다문화 고용지원센터'와 같은 특화형 고용센터를 도입하고, 구인난이 심각한 공단 지역을 중심으로는 '인력 미스매치 해소 지원 고용센터'를 설치하는 것 등을 생각해볼 수 있겠다. 아울러 지자체의 일자리센터는 정부의 복지 수급 대상자를 중심으로 '일하는 복지'를 통해 자립할 수 있도록 특화시키는 방안도 고려할 필요가 있다.

2) 양질의 심층 고용 서비스를 위한 직업 상담 전문가 확충

결국 일은 사람이 하는 것이다. …… 그간의 일자리 정책을 보면 화려한 미사여구를 동원한 이른바 섹시(?)한 대책들이 많이 나왔다. 그 정책들이 약속하는 비전을 따라가면 일자리 문제는 금방이라도 모두 해결될 것과 같은 기대에 부풀게 된다. 하지만 현실은 많이 다르다. 일자리 정책이

---

10 지역 노동시장권과 고용센터 관할권이 어느 정도 일치하는지에 대해서는 이상호 외(2012b)에 잘 분석되어 있다.

모두 잘못 설계되고 부풀려졌다고 비난할 수는 없겠지만 국민들이 체감하는 일자리 정책은 장밋빛 청사진에 비해서는 많이 부족하다. 왜 이러한 현상이 발생하는 것일까?

여러 가지 원인이 있겠지만 가장 주된 요인 한 가지만 꼽으라고 한다면 '사람' 문제를 빼놓을 수 없다. 정책은 기획 못지않게 집행이 매우 중요하다. 즉 정책을 현장에서 충실하게 때로는 창의력을 발휘해 멋지게 운영해내는 능력이 궁극적으로는 일자리 성과를 좌우한다.

그런데 한국은 일자리 정책을 수행해야 할 현장 인력은 많이 부족한 실정이다. 외국과 비교를 해보더라도 공공 고용 서비스 기관의 직업 상담원 1인이 담당해야 하는 경제활동인구가 적게는 선진국의 두 배에서 많게는 열 배에 이르는 것을 확인할 수 있다. 고용 서비스가 제대로 제공되기 위해서는 개인별 상담 시간이 절대적으로 필요하다. 하지만 직원 1인당 하루에 50명 이상의 구직자와 취업 상담을 하고 실업급여를 지급하거나 훈련 계좌를 개설해야 하는 여건에서는 아무리 좋은 정책을 기획해도 현장에서 운영하기 어려운 한계가 있다. 1인당 5분여의 시간 동안 할 수 있는 일은 심층적 상담이 아닌, 구직 활동의 형식적 요건을 갖췄는지 확인하기에도 빠듯한 시간이다. 이러한 여건이 근본적으로 바뀌지 않고서는 개인별 맞춤형 고용 서비스 제공은 사실 요원한 일이 될 수밖에 없다. 진정으로 고용 서비스를 개선하고자 한다면 기관별 1일 방문고객 수를 확인하고 충분한 상담과 프로그램 운영이 가능한 시간을 확보하는 대대적인 투자가 반드시 이뤄져야 한다.

직업 상담원 추가 배치가 취업 성과 제고에 긍정적으로 영향을 미치게 된다는 사실은 최근 사례에서도 반복적으로 확인할 수 있다. 최근 전문계 고등학교 등에는 '취업지원관' 제도가 도입해 전문적인 직업 상담사를 채용하도록 지원했고, 일부 지자체에는 '자립지원 상담사'를 채용해 기초생활 수급자가 취업 성공 패키지 사업 등을 통해 취업 후 자립할 수 있도록 유도했다. 전반적인 성과는 매우 긍정적으로 보인다. 대부분의 학교나 지자체에서 취업 실적이 확연히 개선되었음을 확인할 수 있다.

다만 아쉬운 점은 직업 상담원 인건비를 지원하는 프로그램이 직업 상담원 대부분을 계약직으로 채용하는 결과를 초래하고 있다는 것이다. 그 결과 계약 기간 만료 시 해당 학교나 지자체에 특화·축적된 취업 노하우가 그대로 사라지고 마는 결과가 반복된다. 이는 고용센터의 경우도 마찬가지이다. 공무원 증원을 매우 엄격히 관리함에 따라 추가로 배치되는 직업 상담원은 대부분 계약직이어서, 업무에 익숙해지고 업무 능률이 어느 정도 오르면 계약 기간 만료로 떠나야 하는 사례가 반복적으로 발생한다. 결국 인건비는 인건비대로 들면서 숙련 상담 인력은 양성하지 못하는 비효율적인 인력 운용을 계속해오고 있는 것이다.

이러한 문제를 해결하기 위해서는 크게 두 가지 방안을 생각해볼 수 있다. 하나는 공무원 정원 증원에 대한 유연한 접근으로, 사업 수요가 늘어나는 분야에 적극적으로 인력을 보강하는 것이다. 대표적으로 사회복지 분야나 고용 서비스 분야는 2000년대 들어서 정책 수요가 급속히 늘고 있는 분야이다. 사람의 생애에 비유하자면 청소년기는 한창 커가는 시기인데 거기에 걸맞은 영양 보충이 이루어지지 않으면 제대로 성장할 수 없을 것임은 지극히 당연하다. 작은 정부라는 프레임에 갇혀서 공무원 증원을 일률적으로 통제하는 것은 오히려 더 큰 문제를 불러올 수 있다는 점에 사회적인 공감대를 형성하고 해결해야 한다. 이를 실현하기 위해 좀 더 현실적인 접근 방법을 제안한다면 혁신적인 고용 서비스를 제공할 수 있는 시범 고용센터를 한시적으로 운영하면서 그 성과를 기초로 직업 상담원 확대 방안을 구체화하는 방식을 들 수 있겠다. 증원 자체가 목적이 아니라 증원을 통해 고용 서비스의 질적 개선을 이루고 궁극적으로는 국민이 체감할 수 있는 고용 성과로 연결될 수 있어야 하기 때문이다.

또 다른 한 가지 해결 방안은 고용보험 업무를 민간으로 이관하는 문제이다. 사실 고용보험은 4대 보험 중 유일하게 공무원 조직이 집행을 담당한다. 공무원 조직의 경직성 때문에 고용보험 업무 수행에 어려움이 발생한다면 아예 민간 분야로 기능을 이관해 독립적인 고용보험공단을 만드는 것도 고민해볼 수 있을 것이다.[11] 물론 이 경우에도 직업 상담원 규모에 대해서는 탄력적인 운용이 가능하도록 제도를 보완하는 노력이 병행되어야 한다. 아울러 지역 차원에서 지자체 등 타 집행기관과 유기적인 연계를 발전시켜나갈 방안에 대해서도 같이 고민해야 한다.

3) 고객 중심의 정책 운영

일자리 정책을 기획하고 운영하다 보면 부딪히는 딜레마가 있다. 일자리 사업의 종류가 다양해지고 그 규모도 커짐에 따라 처음 사업을 기획했을 때는 미처 생각하지 못했던 특이 사례, 부정 수급 사례 등이 증가하는 것이다. 정책을 기획하는 공무원들은 이러한 문제에 대응해 예외적인 사항을 규율하는 지침을 추가하면서 제도는 자꾸만 복잡해져 간다. 제도가 복잡해지면 제도를 악용해 부당하게 금전적 혜택을 보려는 사람들을 막

---

[11] 다만 이 경우 지역 단위의 일자리 정책을 종합적으로 조정·관리하는 기능은 오히려 약화될 가능성이 있다는 점은 유의할 필요가 있겠다.

을 수 있지만 다른 한편으로 선의의 피해자도 늘어난다. 즉 제도가 너무 복잡해지다 보니 민원인들이 이를 제대로 이해하지 못해 결과적으로 혜택을 받지 못하는 경우가 늘어나는 것이다.

예를 들어, 실업급여제도에는 '조기재취업수당'이라는 제도가 있다. 이는 구직 급여를 받는 도중에 재취업을 하면 일정한 금전적 인센티브를 주도록 하는 제도로 수급자가 구직 급여에 안주하지 않고 조기에 취업하도록 유도하는 제도이다. 제도는 아주 좋은 취지로 만들어졌는데 운영 과정에서 민원이 많이 발생하는 제도 중 하나이다. 이 제도는 기존에 근로했던 사업주에게 재고용되거나, '관련 사업주'에게 고용되는 경우 이 수당을 받을 수 없으며, 과거 1년 동안 이 수당을 받은 적이 있어도 적용 대상에서 제외된다는 규정이 있다. 그런데 이 수당을 받으려는 민원인의 입장에서는 이러한 세부적인 내용까지 일일이 확인하지 않는 경우가 많아서 본인은 당연히 수당을 받을 것이라 믿고 있다가 이러한 예외 조항 때문에 수당을 못 받아 억울함을 호소하는 경우가 상당수 발생한다. 이들의 분노를 으레 있을 수 있는 일로 치부해버리면 곤란하다. 고용센터를 찾는 고객들이 쉽게 알 수 있도록 제도를 간소화하는 노력이 필요하다.

그런데 정책 설계와 집행을 담당하는 부서가 나뉘어 있다 보니 원활한 의사소통에 기반을 둔 정책 설계가 결코 쉬운 일이 아니다. 제도를 운영하면서 집행 담당자들이 참여해 회의도 하고 다양한 의견도 수렴하지만 국민들이 느끼는 어려움이 그대로 전달되지는 못하고 있다. 따라서 고객 중심의 정책 운영을 시스템화해 추진할 필요가 있다. 이를 위해 먼저 주요 제도별로 '민원 발생률'을 지표화해 관리해야 한다. 고객들의 민원이 지속적으로 발생하고 그 비율이 높다는 것은 무언가 문제가 있다는 신호이므로 우선 민원 발생률이 높은 제도부터 대책을 마련하고 해결해간다면 고객의 만족도를 높일 수 있을 것으로 기대된다.

또한 '위원회'의 심사 기능을 활성화할 필요가 있다. 고용보험의 경우 '고용보험심사위원회'가 있어서 일선 관서의 행정처분에 이의를 제기할 수 있도록 제도화되어 있는데, 이를 통해 제도에 대한 고용보험 고객의 불만 수준을 알 수 있다.[12] 심사위원회는 기본적으로 개별 사건에 대한 판단을 최우선으로 해야 하겠지만, 이와 더불어 정책 부서와의 긴밀한 연계를 통해 제도 개선으로 연결될 수 있도록 노력을 강화할 필요가 있다.

고객 중심의 행정을 위해서는 고객과의 소통을 강화할 수 있는 방안을 지속적으로 강구해야 한다. 예를 들어, 고객의 불만 요인을 주기적으로 파악하고 이를 해결하기 위해 서비스를 제공받은 고객을 대상으로 불편한 점은 없었는지 확인하는 '해피콜(happy call)' 제도가 있다. 물론 하루에 50명 이상의 고객을 상대해야 하는 직업 상담원이 모든 고객에게 해피콜을 하는 것은 현실적으로 어렵다. 가장 좋은 해결 방법은 인원을 늘려 주는 것이겠지만 이 또한 단시일에 해결하기 어려운 문제이므로 한시적으로라도 매일 무작위, 또는 상담 과정에서 필요하다고 판단되었던 고객에게 하루 5건 정도 해피콜을 진행하는 방안도 생각해볼 수 있을 것이다.

고객 중심의 행정이 중요하다는 것은 다들 잘 알고 있다. 중요한 것은 이를 현실에서 어떻게 구현할 것인가 하는 점이다. 정책을 기획하고 집행하는 전 과정에서 고객을 최우선으로 하는 마인드와 함께 구체적 실행 방안과 피드백이 시스템으로 구축될 수 있도록 만드는 것이 가장 중요하다.

---

[12] 고용보험 심사 사례와 심사 관련 최근 통계에 대한 자세한 내용은 고용보험심사위원회(2013)를 참고하기 바란다.

❖ 현장 풍경 8: 밤새지 마란 말이야!

"이런 ××. 날도 추운데 이렇게 밤새 줄 서서 기다려야 하는 거야?" 줄 서 있는 사람들 입에서는 욕이 저절로 나온다. 외국인 근로자를 배정받기 위해 기업체 관계자가 밤을 새워가며 고용센터 앞에서 기다리는 모습이다.

일부 언론에 지적되기도 했지만 요즘처럼 IT 기술이 발전한 때에 이와 같은 광경은 낯설게만 느껴진다. 외국인 근로자 쿼터는 한정되어 있고 외국인 근로자를 쓰고자 하는 수요는 넘쳐나기 때문에 생겨난 현상이다. 그 수요를 충족하지 못하기 때문에 어떻게든지 외국인 근로자를 확보하고자 하는 사업주는 직원을 동원하거나 일당을 주고 사람을 사서라도 밤새 그 줄을 지키는 것이다.

현장에서 그 광경을 보고 있자면 안타깝기 그지없다. 특히 날씨마저 매서운 겨울이면 민원인의 불만은 온전히 창구 담당자에게 쏟아진다. 더구나 외국인 근로자 쿼터를 모두 배정받는다는 보장도 없으니 밤새 줄을 서고도 쿼터 배정을 못 받는 경우도 꽤 있다.

정말로 대책이 없는 것일까? 이처럼 수요가 넘치는 경우 누구에게 공급할지를 정하는 정책 사례는 그리 드문 일이 아니다. 쉽게 떠올릴 수 있는 것이 아파트 공급이다. 수요자를 여러 가지 기준에 의해 점수화해서 우선 공급 대상을 정하고 이를 인터넷으로도 신청할 수 있게 하는 시스템을 이미 시행하고 있다. 같은 원리로 외국인 근로자를 필요로 하는 사업주를 점수화하는 방식을 적용하면 된다. 이러한 건의가 반영되어서인지 2012년부터 '점수제'로 바뀌어 시행되고 있다. 현장 중심의 행정이란 이처럼 현장에서 발생하는 애로 사항에 능동적으로 대응하려는 마음가짐에서 시작된다.

3. 중범위(中範圍) 수준의 정책 개발에 집중하자

지금까지 일자리 정책이 보여온 문제점 중 하나는 지나치게 거시적 접근에 치중해왔다는 것이다. 즉 거시 경제적 측면에서 고용률, 실업률과 같은 지표 관리에 중점을 두었고 정책도 범용(汎用) 정책에 집중했다. 예를 들면 청년인턴사업의 경우 거의 모든 업종에 공통적으로 정책을 적용했는데, 즉 업종에 관계없이 청년을 인턴으로 채용하는 경우 무조건 지원하는 방식으로 설계·운영해왔다. 그러나 조금만 더 생각해보면 청년인턴사업의 효과는 업종이나 직종에 따라 달라질 수 있으므로 더 효과가 큰 업종이나 직종을 중심으로 실시한다면 효율적이겠다는 생각도 해볼 수 있다.

이처럼 일자리 정책을 설계할 때 분석 수준을 세분화해서 고민할 필요가 있다. 대표적으로 산업정책과 연관된 일자리 정책을 들 수 있다. 각 세부 산업별로 직면한 일자리 문제가 다를 수 있으므로 관련 단체나 협회 등과 협업을 통해 해당 산업의 핵심적인 일자리 문제를 포착하고 이를 해결하려는 정책적 노력은 매우 의미 있는 결과를 가져올 수 있을 것이다.

또한 비슷한 맥락에서 직종별 접근 방법도 유용한 방식이 될 수 있다. 예를 들어, 용접공의 경우 다양한 제조업과 건설업 등에서 두루 활용된다. 따라서 용접공 양성 훈련이나 용접공에 대한 취업 알선을 위해서는 개별 산업별로 접근하기보다는 직종별 협회를 활용한다면 쉽게 사업을 진행할 수 있다.

이처럼 향후 일자리 정책은 좀 더 현장으로 다가서서 거시적인 경제 흐름과 미시적인 개별 행위자들의 행태를 고려함과 동시에 메조(meso) 레벨의 기관(업종별·직종별 협회 등)을 정책 파트너로 끌어들여 현장의 수요에 대응하는 정책을 마련하고 집행하는 노력을 강화해야 한다.

1) 산업별로 특화된 일자리 정책

크게 묶어서 일자리 문제라고 총칭하기는 하지만 사실 일자리 문제의 구체적인 내용은 각 분야별로 고유한 특성을 지닌다. 앞에서 언급한 것처럼 각 지역별로 일자리 문제가 다르듯이 각 산업별로도 일자리 문제의 특성이 다르다. 일자리 정책이 스마트 폭탄처럼 꼭 필요한 요소에 정확한 파괴력을 보이기 위해서는 대책도 좀 더 범위를 좁혀서 특화된 대책 중심으로 만들어야 한다. 이를 위해 우선적으로 검토할 필요가 있는 것이 산업별 일자리 정책이다.

통계청의 한국표준산업분류를 보면 한국의 산업은 대분류 21개, 중분류 76개, 소분류 228개, 세분류 487개, 세세분류 1,145개로 구분된다. 일자리 정책에 접근할 때 반드시 산업분류표에 구속될 필요는 없지만 산업분류를 토대로 일자리 문제를 접근하면 손에 잡히는 일자리 대책을 수립하는 데 유용하다. 우선 대분류 차원에서 전반적으로 각 산업이 어떤 일자리 문제를 지니고 있는지 분석할 필요가 있다. 일자리 정책은 암묵적으로 제조업을 중심으로 설계되어온 측면이 있으므로 이를 벗어나 다양한 업종별로 체계적인 분석을 통해 문제를 해결하려는 노력이 필요하다.

예를 들어, 건설업의 경우를 살펴본다면 일반 노동시장과 전혀 다른 특성을 지닌다. 건설업은 공사 발주 물량에 크게 영향을 받는 수주 산업의 특성을 지님에 따라 근로자의 상당수가 일용 근로자로 채워지고 이들은 새벽에 열리는 인력시장에서 공급되거나 십장(什長)이라 불리는 일꾼들의 우두머리를 중심으로 집단 고용관계가 형성된다. 또한 건설업의 주요한 일자리 문제 중 하나는 기능 인력의 고령화이다. 청년층이 건설 기능직을 외면하다 보니 건설업에 종사하는 근로자의 평균 연령이 높아지고 있는 점도 원활한 인력 수급이라는 측면에서 큰 문제로 작용한다. 이러한 업종은 고용센터의 전통적인 취업 알선을 통해 일자리를 알선한다는 것이 거의 불가능하고, 고용보험을 적용한다든지 직업훈련을 시키는 것도 제조업 중심의 사고로는 해답을 찾기 어렵다. 따라서 건설 근로자에 대해서는 여러 가지 특례를 마련해 운영하고 있다.

건설업을 예로 들었지만 표준산업분류의 대분류 업종[13]만 놓고 보더라도 매우 편차가 큰 고용 여건을 가지고 있다는 점을 쉽게 이해할 수 있을 것이다. 다행히 많은 업종에는 다양한 명칭의 협회들이 조직되어 있다. 또한 산업 단위별로 다양한 수준의 노동조합도 구성되어 있다. 이러한 조직들과 함께 해당 업종의 일자리 문제를 구체화하고 해결하는 노력을 한다면 좀 더 피부에 와 닿는 일자리 대책이 만들어지고 실질적으로 일자리 문제 해결에도 기여할 것이다.

2) 직종별로 세분화된 일자리 정책

산업별 일자리 정책과 함께 직종별로 세분화된 일자리 정책도 고민해 보아야 할 분야이다. 한국의 직업 숫자가 1만 1,655개에 이른다는데 이들 직업은 유사성에 따라 다양한 직종으로 분류할 수 있다. 표 15에서 보는

---

[13] 한국표준산업분류 대분류: A-농업·임업·어업, B-광업, C-제조업, D-전기·가스·수도, E-폐기물·환경 복원, F-건설업, G-도매·소매, H-숙박·음식점업, I-운수업, J-출판·영상·정보 등, K-금융·보험, L-부동산·임대, M-전문·과학·기술, N-사업 시설·사업 지원, O-행정·국방·사회보장, P-교육 서비스, Q-보건·사회복지, R-예술·스포츠·여가, S-협회·수리·개인, T-자가소비생산활동, U-국제·외국 기관.

바와 같이 통계청의 한국표준직업분류에 의하면 직업은 크게 대분류 직종 10개로 나눌 수 있고 중분류 52개, 소분류 149개, 세분류 426개, 세세분류 1,206개 직종으로 구분된다.

일자리 문제는 직종별로도 다양한 모습을 보인다. 직종에 따라서는 사회복지나 간병 등과 같이 계속 성장하는 직종이 있는가 하면 반대로 상품 판매원과 같이 계속해서 쇠퇴해가는 직종도 존재한다. 또한 국민의 인식 변화에 따라 연예인과 같은 엔터테인먼트 관련 직종에 대한 선호도는 계속 커가는 반면에, 기계 조작원이나 기능직은 갈수록 기피되는 실정이다. 즉 직종별로 인력 수급에서 큰 차이를 보이는 것이다.

이처럼 개별 직종의 특성은 일자리 정책 차원에서도 큰 의미가 있다. 예를 들어, 국민의 선호도가 높은 직종의 경우 구직 경쟁이 더욱 치열해지므로 직업 진로 지도 등을 통해 학교 단위부터 지속적으로 신호를 줄 필요가 있고, 기피 직종의 경우에는 향후 인력 부족에 처할 가능성이 크므로 직업훈련을 통한 인력 양성 또는 외국 인력의 도입 등 다양한 대책을 강구해야 한다.

또한 향후 급격히 쇠퇴할 것으로 보이는 직종은 지속적으로 구조 조정이 발생할 가능성이 높으므로 해당 분야의 인력이 직업훈련 등을 통해 다른 분야의 기술을 습득하도록 지원하는 등의 정책적 노력이 필요하다. 아울러 태양광 발전 등과 같이 기술 발전으로 새롭게 부각되는 직종의 경우 정책적으로 해당 분야 인력을 양성하기 위해 투자할 필요성이 커지므로 다양한 인센티브를 결합한 일자리 정책이 마련되기도 한다.

이처럼 일자리 정책을 준비하는 과정에서 정책 대상에 대한 분석 수준을 미시적으로 한 단계 더 들어가면 기존의 세상과는 또 다른 세상이 펼쳐진다. 따라서 세분화된 직종의 특성을 면밀하게 분석해 각 직종별로 맞춤

표 15 **한국표준직업분류 분류 체계** (단위: 개)

대분류	중분류	소분류	세분류	세세분류
1 관리자	5	15	24	77
2 전문가와 관련 종사자	8	41	153	445
3 사무 종사자	4	9	26	57
4 서비스 종사자	4	10	33	73
5 판매 종사자	3	4	13	38
6 농림어업 숙련 종사자	3	5	12	29
7 기능원 및 관련 기능 종사자	9	20	73	201
8 장치·기계 조작 및 조립 종사자	9	31	65	235
9 단순 노무 종사자	6	12	24	48
A 군인	1	2	3	3
합계	52	149	426	1,206

형 일자리 대책을 생산할 수 있도록 시스템을 재구축한다면 그만큼 일자리 정책의 효용성도 커질 것으로 기대된다.

4. 스마트하게 일자리 정책을 추진하자

너무나 당연한 이야기일 수 있지만 일자리 정책의 효율성 확보는 결코 경시할 수 없는 중요한 과제 중 하나이다. 정부의 한정된 재원에도 일자리 정책에 대한 수요는 갈수록 늘고 있는 상황에서 재원의 효율적 사용은 선택의 문제가 아니라 필수적인 과제가 되었다. 하지만 너무나 당연한 문제여서 그런지 정책의 효율성에 대한 실질적인 관심은 그리 크지 않은 실정이다. 특히 일자리 정책의 특성상 그 효과를 측정하기 어려운 측면 때문에 효율성에 대한 관심이 떨어지고 있다. 그러므로 직접적으로 효율성을 측정하고 관리할 수 있도록 노력을 집중하는 것이 필요하다.

그간의 일자리 정책은 다양한 평가를 받고 있다. 효과 측면에서도 사중손실 등으로 인한 비판이 있었고, 부정 수급자 문제도 결코 가볍게 볼 수 없는 상황에 처해 있다고 할 수 있다. 재정 건전성 확보라는 또 다른 국가적 과제를 동시에 추진하기 위해서는 일자리 정책의 다양한 사업들이 중복되지 않도록 하면서 비용편익적인 측면에서 그 타당성을 인정받을 수 있도록 설계·조율할 수 있는 시스템이 구축되어야 한다. 동시에 각종 일자리 사업 추진 과정에서 나타나는 조직적인 부정 사례들을 예방하고 사후 적발할 수 있는 시스템을 구축해 사업 효율성을 높여가야 한다.

아울러 일자리 정책 수립의 기초가 되는 연구를 수행할 때도 기존의 거시적·계량적 연구 일변도에서 벗어나 미시적·정성적 연구를 보완해 일자리 현상에 대한 입체적인 분석이 가능하도록 개선해나갈 필요가 있다. 그리고 연구가 실제 정책으로 연계될 수 있도록 연구와 정책 기획 간의 연결고리를 강화해나가야 하겠다. 또한 일자리 문제는 사회복지, 교육 등의 분야와 불가분의 관계에 있으므로 통섭적 관점에서 정책 범위를 넓히는 노력이 병행되어야 한다.

1) 칸막이 없는 정책

일자리 정책이 원하는 효과를 얻기 위해서는 일자리 정책 자체를 잘 만들고 운영하는 것도 중요하지만 관련 정책과의 유기적인 연계와 조화가 매우 중요하다. 정부 정책 간 칸막이를 없애야 한다는 이야기가 자주 나오는 것도 같은 맥락이다.

예를 들어보자. 빈곤층 실업자가 일자리를 얻어 자립할 수 있도록 다양한 일자리 대책이 마련되고 있다. 이들에 대한 심층적인 직업 상담은 물론이거니와 다양한 직업훈련, 구직 기술 교육, 심리 치료 등 많은 개별 프로그램이 일자리 대책 차원에서 개발되어 시행된다. 그런데 이러한 프로그램이 원하는 성과를 얻기 위해서는 다른 정책과의 조화가 매우 중요하다. 대표적으로 국민기초생활보장제도와의 연계는 매우 중요한 의미를 지닌다. 아무리 개별 취업 지원 프로그램이 좋더라도 취업하는 것보다 국가가 제공하는 복지 혜택을 받는 것이 더 유리하다면 결코 국가의 복지망에서 벗어나려 하지 않을 것이기 때문이다.

근로 능력이 있는 국민기초생활보장제도 수급자(조건부 수급자)의 자립을 위해 많은 노력을 했음에도 그 결과가 기대만큼 좋지 못했던 원인 중 가장 중요한 것으로 국민기초생활보장제도의 통합급여 시스템이 이야기되어왔다. 쉽게 말해 국민기초생활보장제도의 수급자가 되면 생계 급여 이외에 주택, 의료, 교육 등 각 분야의 혜택을 통합적으로 받기 때문에 취업으로 자립하려는 유인이 낮을 수밖에 없는 것이 현실이다. 즉 통합급여를 개별급여 시스템으로 전환해 수급자가 취업을 하더라도 경우에 따라 주택이나 의료 급여 등을 받을 수 있게 된다면 일자리 대책의 효과도 같이 높아질 수 있을 것이다.

같은 예를 다른 분야에 적용해보면 조건부 수급자가 공식적인 취업을 회피하는 이유 중 하나로 광범위한 지하경제가 존재한다는 점을 들 수 있다. 따라서 조건부 수급자 입장에서는 공식적으로 취업에 잡히지 않는 일자리를 얻어서 복지 혜택과 더불어 편익을 취하고자 하는 욕심이 생길 수 있다. 따라서 국세청이 세원 관리를 철저히 할 수 있도록 정책을 개발하면 조건부 수급자가 지하경제에 취업할 여지가 줄어들어 탈수급의 가능성은 그만큼 커진다고 볼 수 있다.

이와 같이 일자리 정책과 긴밀히 연계된 다른 정책 분야가 많이 있다. 대표적으로 조세정책을 통한 일자리 창출 지원, 징세 행정을 통한 지하경제 축소, 빈곤층 자립을 위한 복지제도 개선, 청년실업 해소를 위한 대학 구조 조정 등을 꼽을 수 있겠다. 이처럼 일자리 정책과 연관성이 높은 정책들은 부처 간의 긴밀한 사전협의와 조정을 통해 전체적인 정책 효과를 극대화할 수 있는 방향으로 운영되어야 한다. 그러나 아직까지 한국의 행정 문화는 자신의 고유한 정책 분야에 대해 다른 부처와 협의에 나서지 않으려는 경향이 있다. 괜히 간섭만 받게 된다는 의식이 깔려 있는 듯하다.

이러한 문제를 해결하기 위해서는 국무조정실과 같이 조정 업무가 주요 업무인 기관의 적극적인 역할이 필요하다. 아울러 일자리 문제를 사전적에 조정하는 기구를 더 활성화해야 한다. 「고용정책기본법」에 근거한 '고용정책심의회(위원장: 고용노동부 장관)'와 같은 기구를 적극적으로 활용할 방법을 강구하는 것도 필요하겠다. 아울러 실무적인 차원에서도 관련 정책에 대해 주기적으로 모니터링하면서 일자리 정책과의 정합성을 높일 수 있도록 의견을 제시하고 협의해가는 노력도 병행되어야 한다.

2) 사중손실 없는 일자리 사업

사중손실(死重損失)은 쉽게 이야기하면 '쓸데없이 돈만 썼다'로 요약할 수 있겠다. 수레에 짐을 싣고 가는 경우에 수레 자체가 지나치게 무거우면 실제 짐은 얼마 되지 않더라도 엄청나게 무겁게 느껴진다. 이때 해결책은 당연히 수레 무게를 최소화하는 것이다. 마찬가지로 일자리 사업을 추진할 때 불필요하게 쓰이는 예산을 없애면 그만큼 일자리 사업의 효율성은 높아진다. 일자리 사업 사중손실의 대표적인 예로 일자리 창출 시

표 16 **고용안정사업 사중손실 규모**

구분	지역 및 산업 수요 밀착형 고용정책을 위한 고용안정사업 혁신 방안(2006.11 노동연구원)		고용보험 심층 평가 (2007.12 노동연구원)	
	만족도	사중손실	만족도 (효율성)	사중손실
중소기업 근로시간 단축 지원금	3.52	55.0%	3.41	74.7%
교대제 전환 지원금	3.47	67.0%	3.49	62.0%
중소기업 고용환경 개선 지원금	3.65	44.6%	3.47	36.7%
중소기업 전문인력 활용 장려금	3.43	53.0%	3.48	43.3%
중소기업 신규 업종 진출 지원금	3.38	55.0%	3.44	100%(추정치)
고용 유지 지원금	2.95	65.8%	3.28	52.5%
전직 지원 장려금	3.48	-	3.47	40.7%
재고용 장려금	-	-	3.37	50.0%
신규 고용 촉진 장려금	3.33	56.4%	3.55	31.0%
중장년 훈련수료자 채용 장려금	-	-	3.44	38.0%
고령자 고용 촉진 장려금	-	-	3.24	68.0%
임금피크제 보전 수당	-	-	3.38	15.0%
건설 근로자 퇴직 공제부금	-	-	3.38	61.5%
건설 근로자 고용안정 지원금	-	-	3.25	60.9%
출산 후 계속 고용 지원금	-	-	3.50	68.2%
육아휴직 장려금	-	-	3.56	83.3%
대체인력 채용 장려금	-	-	3.47	75.0%

자료: 고용노동부, 『고용안정사업 개편방안』(2010).

지급하는 보조금이 있다. 보조금을 주지 않더라도 당연히 만들어질 일자리라면 굳이 보조금까지 줄 필요가 없는데 실제 이러한 경우가 꽤 된다. 그러나 논리상으로는 이렇게 구분할 수 있지만 현실에서는 그 경계선이 애매한 경우가 많다. 특정 일자리 창출이 보조금 지원 여부에 의존하는지는 그 일자리 사업주 마음을 읽기 전에는 사실 구분하기 어렵다. 그럼에도 일자리 사업을 추진할 때는 사중손실을 최소화하는 정책적 노력을 강화할 필요가 있다.

예를 들어, 중소기업이 청년층을 인턴으로 채용하는 경우 보조금을 주는 사업을 생각해보자. 사실 정상적인 경제 상황이라면 중소기업이 청년층을 채용하려는 수요는 상시적으로 존재하기 때문에 굳이 보조금을 주면서까지 대규모로 청년층 채용을 독려할 필요가 없다. 그런 측면에서 사중손실의 위험이 높은 사업이라고 할 수 있다. 하지만 경제위기와 같은 특정 국면에서는 고용 수요가 극도로 위축될 가능성이 존재한다. 이런 경우에는 청년실업의 위험도 더욱 커지게 되므로 보조금이 그 효과를 발휘할 여지가 많다. 즉 동일한 사업이라 하더라도 경제 주기 등을 감안해 규모나 지원 요건 등을 조정할 필요가 있다. 하지만 최근 정부 지원 청년인턴사업을 보면 경제위기 이후에도 오히려 규모가 커지는 모습을 보여 사중손실 측면에서는 우려된다.

또한 상시적으로 인력난을 겪는 중소기업의 경우 언제든지 그 기업에서 일하려는 구직자를 찾기만 하면 새로운 일자리가 만들어질 수 있는 구조이기 때문에 일자리 창출에 따른 지원금은 상당 부분 사중손실의 성격을 지닐 수밖에 없다. 이처럼 조금만 더 세밀하게 접근하면 사업의 효율성을 제고할 수 있는 영역이 드러난다. 국민들이 일자리 사업의 효과를 직접적으로 체감할 수 있도록 하기 위해서는 전체적인 일자리 사업의 규모도 중요하겠지만 예산이 필요한 곳에 쓰여 의도한 효과를 창출해내고 있는지 미시적인 평가와 분석을 병행해야 한다.

사중손실의 폐해를 막기 위해서는 대상이 명확한 사업을 개발하는 것이 필요하다. 일상적으로 발생하는 일자리 창출에 조건 없이 보조금을 주는 경우 사중손실의 위험성은 더욱 커진다. 반면에 취업에 어려움을 겪는 취업 애로 계층을 특정해 일자리를 제공하는 경우, 보조금을 지급하는 방식으로 일자리 사업을 설계하면 사중손실의 가능성을 낮추는 효과가 있다. 또한 사업 지원 시기도 경제 주기를 감안해 일자리 수요가 낮은 시기에는 지원 수준과 지원 대상을 확대하고 일자리 수요가 높은 시기에는 그와 반대로 정책을 설계하면 사중손실을 줄이는 데 효과적일 것이다.

물론 일자리 사업을 추진할 때 사중손실을 완전히 막을 수 있는 방법은 사실상 없다. 해외 사례를 보더라도 대부분의 국가가 사중손실의 여지가 있음을 알면서도 이를 감수하면서 일자리 사업을 추진한다. 하지만 사중손실을 줄이는 방안은 있다. 사업 기획 시 이러한 방법들을 반영한다면 일자리 사업의 효율성 증진과 함께 국민의 만족도도 올라갈 것이다.

3) 부정 수급 근절

대부분의 일자리 사업은 사업 참여자에게 지원을 해주는 내용으로 구성된다. 즉 사업 참여자에게 직접적으로 취업 알선, 직업 상담 등과 같은 서비스를 제공해주거나 일자리 창출, 취약 계층 취업, 훈련 참여 등에 보조금을 지원해주는 방식이 가장 전형적이다. 이처럼 급부 행정이 사업 내용의 주를 이루다 보니 여러 가지 부작용도 발생한다. 대표적인 것이 바로 '부정 수급' 문제이다. 부정 수급은 지원을 받을 자격이 없거나 또는 지급요건을 충족하지 못했음에도 거짓으로 속여 지원금을 받아가는 사례를 말하는데, 이는 일자리 사업의 효과를 떨어뜨릴 뿐만 아니라 일종의 범죄라고 볼 수 있다.[14]

---

[14] 부정 수급은 형사처분까지 받을 수 있는 명백한 범죄임에도 일반 국민은 마치

표 17 고용보험 주요 부정 수급 사례

지원금 종류	부정 수급 유형	부정 수급 사례
신규 고용 촉진 장려금	허위 피보험 자격 취득·상실 및 증빙 자료 위조	• ㈜ A 사의 신규 고용 촉진 장려금 관련 지원 대상자에게 유선으로 임금 지급 여부를 문의한바, 이미 퇴사했음에도 퇴사한 근로자에 대한 급여 지급 관련 서류를 위조해 지원금을 신청. 이 사업장의 장려금 대상자 11인 모두를 조사한 결과, 6인에 대한 피보험자격 취득일을 허위신고(실업 기간 조작)했으며, 2인은 이 사업장에서 수개월 전 퇴사했음에도 허위문서를 제출해 장려금 수급. 임금 지급 관련 증빙자료는 인터넷뱅킹을 사용해 수취인의 이름을 변경하는 방법을 사용. • B 사 사업주는 근로자 甲 등을 위장 고용해 장려금을 수급하다가 2006년 11월 1일 C 사에 양도했으며, C 사는 고용을 승계해 계속 장려금 수급. C 사는 소속 근로자 乙 외 4인의 급여통장을 관리하면서 장려금을 받고, 급여는 이체 후 다시 인출하는 방법으로 미지급.
	친인척 알선	• A 사업주는 처제를 채용하기로 약정한 후, 장려금 수급을 위해 구인·구직 등록하고 알선을 요청해 채용. 지원금 신청 단계에서 친인척은 지원 대상이 아님을 고지 받았음에도 이를 은폐하고 지원금 수급.
고용 유지 지원금	고용 유지 조치 기간 중 근무 이력 은폐 (출근부 허위 제출)	• ㈜ A사 사업주는 고용보험 가입 사업장 주소지와 다른 장소에서 근무시킬 경우 현장 확인이 어려운 점을 이용해 휴업 기간 중 휴업 대상자를 중국 현지 공장에 근무시키면서 휴업 지원금을 부정 수급. • ㈜ B사 사업주는 고용유지조치(휴업) 계획 제출 이전에 직원 전체 회의를 개최해 직원들에게 휴업 실시 후 지급될 휴업 수당 중 노동부 지원금을 제외한 금액은 회사에 반납할 것을 통보했고, 휴업 대상자 중 공장 가동을 위해 필요한 인원은 출근할 것을 생산관리직들과 사전 협의하고 이 내용을 회사 주도하에 실행에 옮기는 방법으로 고용유지 지원금을 부정 수급.
중소기업 고용환경 개선 지원금	피보험자격 허위 신고 및 용도 변경	• A 사업장은 고용환경 개선 계획서 제출 후 신규 채용한 근로자 중 12명을, 근무 이력이 없는 기존 직원의 가족 또는 지인을 신규 채용자로 허위 피보험자격 취득 신고를 한 후, 임금대장 및 원천징수이행상황신고서, 근로계약서를 직원들이 임의로 허위 작성해 지원금 부정 수급.
중소기업 근로시간 단축 지원금	근로시간 단축 미실시	• ㈜ A 사는 근로시간 단축 적용일 이후에도 근로시간 단축 적용일 이전과 동일하게 토요 격주 휴무(주당 40시간 이상 근로)를 실시했음에도, 근로시간 단축 적용일 이후 개정 규정에 따른 근로시간(주당 40시간)으로 단축했다며 중소기업 근로시간 단축 지원금을 부정 수급.
육아휴직 및 대체 인력 채용 장려금	휴직 중 근로 사실 은폐	• H 지류판매㈜는 대표이사의 딸이 육아휴직 기간 및 복직 후 현재까지 동일하게 주 1회 정도 사업장에 출근해 대체 인력과 함께 출고 업무를 수행한 사실이 있음에도 이를 숨기고 장려금 신청.

자료: 고용노동부, 『고용안정사업 개편방안』(2010).

'눈 먼 돈 찾아가기' 식으로 생각해 죄의식이 희박한 경우가 많다. 대국민 홍보를 강화할 필요가 있다.

부정 수급도 내용적으로 보면 표 17에 정리된 것처럼 여러 가지 유형으로 나눠볼 수 있다. 가장 문제가 심각한 것은 조직적으로 부정 수급을 만들어내는 경우이다. 예를 들어, 유령 회사를 만들어 가짜 근로자를 고용보험에 가입시키고 실업급여를 지급받는 경우가 이에 해당한다. 이는 사기에 해당할 정도로 문제가 있는 사안인데, 부정 수급 관리에 투입할 수 있는 인력이 제한적인 현실을 노린 것이다. 제도에 대한 이해가 부족해 발생하는 부정 수급 사례도 많다. 대표적으로 고용보험에 가입하고 실업을 하게 되면 무조건 실업급여를 받는 것으로 오해하는 경우이다. 실업급여는 비자발적인 실업자를 대상으로, 적극적인 구직 활동을 전제로 지급되는 것이기 때문에 구직 활동을 하지 않은 경우에는 실업급여를 받을 수 없다. 이러한 제도를 오해해 형식적으로 또는 허위로 구직 활동을 하고 실업급여를 신청해 받는 사례가 많이 발생한다.

이와 같이 다양한 이유로 인해 부정 수급이 발생하는데, 이를 적발하거나 홍보 등을 통해 사전에 예방하는 활동은 일자리 사업의 효율성을 높이는 측면에서 큰 의미가 있다. 우선 부정 수급을 적발하기 위해 감독 인력을 확대할 필요가 있다. 갈수록 정교한 방법을 동원해 부정 수급을 시도하기 때문에 감독 인력의 전문성과 체계적인 감독 시스템 구축이 절실히 요청되지만, 현재 부정 수급을 방지할 수 있는 시스템은 매우 미흡한 실정이다. 참고로 고용노동부의 지방노동청에 부정수급조사과가 설치되어 있지만 전담 인력이 다섯 명 내외로 전반적인 부정 수급 감독 활동을 하기에는 인력이 터무니없이 부족하다. 부정 수급으로 인한 폐해를 조기에 방지하기 위해 한시적으로라도 부정 수급을 종합적으로 관리할 수 있는 조직을 운영한다면 예산과 기금의 효율적 사용이 가능해질 것이다.

아울러 부정 수급 포상금 제도도 더욱 확대해나갈 필요가 있다. 민간 기업체 내부에서 발생하는 부정 수급 관련 내용을 포착하기는 매우 힘든 것이 현실이며 '내부고발자'의 제보가 결정적인 역할을 하는 경우가 많다. 따라서 포상금 규모를 높이는 등의 방법으로 부정 수급에 대한 견제 장치를 강화해나갈 필요가 있다. 또한 제도에 대한 정확한 안내와 홍보도 매우 중요하다. 대부분의 지원금은 지원 요건이 상당히 복잡하게 설계되어 있다. 여러 가지 예외적인 사례나 제도를 악용하는 사례 등을 막기 위해 제도가 갈수록 복잡해지다 보니 일반 국민 입장에서는 본의 아니게 부정 수급자가 되는 경우도 적지 않게 발생한다. 이를 막기 위해서는 다양한 언론 매체를 통해 제도에 대한 정확한 홍보를 실시하고 특히 빈번한 부정 수급 사례에 대해서는 케이스별로 세밀하게 안내하는 노력이 중요하다.

4) 질적 연구 강화

사회 현상을 이해하는 방법에는 크게 두 가지가 있다. 하나는 사회 현상을 설명할 수 있는 주요 변수들을 정의하고 계량적인 방법으로 측정하며 그 변수들 간의 관계를 분석해서 설명하는 방법이다. 이를 보통 계량적 접근(quantitative approach) 방법이라 하며 경제학 등에서 보편적으로 쓰인다. 다른 하나는 질적 접근(qualitative approach) 방법이라고 이야기되는 것으로, 주로 사례 분석(case studies), 참여 관찰 등의 방법을 통해 설명하고자 하는 사회 현상의 내면에 들어가서 그것을 이해하고 설명하려는 기법이다.

사회과학 연구 방법론과 관련해서는 다양한 논쟁들이 있지만 적어도 일자리 정책을 만들고 발전시켜가는 과정에서는 두 가지 연구 방법을 균형 있게 활용하는 방법이 필요하다. 그런데 지금까지는 일자리 관련 연구들을 살펴보면 대부분이 계량적 접근 방법에 치우쳐 있었다. 이는 일자리 연구가 학문적으로는 주로 노동경제학에서 출발해 발전해왔고 경제학이 계량적 접근 방법을 주로 활용하는 현실과 무관하지 않다. 사실 계량적 연구 방법은 필요한 데이터를 정확하게 구할 수만 있으면 매우 강력한 연구 수단이다. 문제는 특히 사회과학에서는 의미 있는 데이터를 구하기가 쉽지 않기 때문에, 때로는 원하는 문제를 해결하는 연구가 아니라 데이터가 존재하는 연구를 하려는 본말이 전도되는 상황도 심심찮게 발견된다. 또한 계량적인 분석으로는 정책 대상에 대한 문화적·심리적 배경 이해라든지 정책 대상자와 정책 변화 간의 상호적인(interactive) 반응을 이해하기에는 한계가 있는 것도 사실이다.

지니계수 분석을 통해 부의 분배 문제가 얼마나 심각한지를 측정할 수 있지만 각 개별 빈곤 세대가 어떻게 변화하며 빈곤이 대물림되는 기제(mechanism)는 무엇인지 자세히 들여다보기는 어렵다. 이 경우 질적 연구 방법의 도움을 받을 수 있다. 예컨대 빈곤 문제가 어떻게 변화해오고 있는지 다양한 사례를 분석한 『한국의 워킹푸어』(2010), 빈곤의 대물림 과정을 수십 년에 걸친 추적 조사로 밝히고 있는 『사당동 더하기 25』(2012) 등과 같은 역작을 통해 우리 사회의 빈곤 문제와 일자리 문제가 어떻게 얽혀 있는지 더 심층적으로 알 수 있다.

질적 연구 방법의 또 다른 사례로 베이비부머 세대의 사회적 입지와 고민을 사례를 통해 이야기하는 『그들은 소리 내 울지 않는다』(2013)와 같은 책이 베이비부머에 대한 일자리 정책을 수립하는 데 도움이 되는 자료이기도 하고, 이른바 '특고'라고 불리는 특수 고용 근로자들의 실태를 다룬 『사장님도 아니야, 노동자도 아니야』(2013) 등과 같은 사례연구도 현장감 있는 이야기를 생생하게 전달해준다. 물론 질적 연구 방법도 많은 한계가 있다. 대표적으로 연구 결과를 일반화시키기 어렵다는 문제가 가장 많이 지적된다. 하지만 새가 양 날개로 힘차게 날듯이 계량적 접근 방법과 질적 접근 방법이 적절하게 균형을 찾을 때 일자리 관련 연구가 과학성과 현실성을 갖출 수 있지 않을까 생각한다. 따라서 향후에는 개별 사례 분석을 강화하고 이를 유형화하는 작업이라든지, 추적 조사를 통해 취약 계층의 일자리가 어떤 변화를 보이는지 확인하는 식으로 질적 연구 방법이 더 강화될 필요가 있다. 이러한 연구가 더해질 때 일자리 문제를 입체적으로 파악할 수 있다.[15]

아울러 일자리 문제 해결을 위해서는 다양한 학제 간 연계 활동이 중요하다. 계량적 분석에 강한 경제학적 접근 방법도 물론 필요하겠지만, 사회구조에 대한 폭넓은 이해를 제공하는 사회학적 방법과 빈곤과 복지 문제로 연결되는 사회복지학 등 유관 학문 분야와 더욱 협업을 진행한다면 학문적 성과는 물론이거니와 일자리 정책 발전에도 크게 기여할 수 있을 것으로 기대한다.

[15] 사회과학에서 정성적 연구의 필요성과 가치에 대한 자세한 설명을 필요로 하는 경우 Flyvbjerg(2001)가 도움이 될 것이다.

일자리 정책, 이제 속도보다 방향이다

외국 사람들 눈으로 대한민국을 가장 잘 나타내는 말이 '빨리빨리'라는 것은 잘 알려진 사실이다. 이는 역동적인 우리 사회의 단면을 잘 나타내는 말이기도 하지만, 때로는 '빨리빨리'에 발목을 잡혀서 문제를 더 키우는 경우도 적지 않다. 일자리 정책도 비슷한 상황에 와있다고 생각한다. 외환위기를 거치면서 대량 실업 사태를 극복하기 위해 정책도 빨리빨리 만들고 집행도 빨리빨리 해온 측면이 있다. 물론 그로 인해 전국적인 고용 서비스와 고용안전망이 단시일 내에 구축되는 성과를 보이기도 했지만, 이제 차분히 구조적인 일자리 문제의 해결을 위해 방향을 재설정해야할 때이다. 빨리만 가는 것이 중요한 것이 아니라, 조금 늦더라도 가고자하는 방향을 정확히 설정하고 출발하는 지혜가 필요한 것이다.

이 책을 통해 지금까지 우리에게 익숙한 '더 많은 일자리 창출'만으로는 일자리 문제가 해결될 수 없음을 다양한 사례를 통해서 보이고자 했다.

오히려 우리 사회에 이미 만연해 있는, 국민들의 일자리 불안감을 어떻게 하면 최소화할 것인가 하는 것이 우리에게 더 중요한, 그리고 좀 더 현실적인 일자리 과제가 될 것이다. 그리고 이 문제에 대응하기 위해서는 무엇보다 국민이 행복하게 일할 수 있는 좋은 일자리를 많이 만들어내려는 노력과 함께 국민이 행복하게 일할 수 있는 고용안전망을 구축하고 평생에 걸쳐 고용 서비스에 쉽게 접근할 수 있는 권리를 실질적으로 보장해주는 방향으로 일자리 정책을 추진해야 하겠다.

일자리 정책을 추진하는 방법에서도 피부로 느낄 수 있는 맞춤형 대책이 될 수 있도록 고민을 해나가야 한다. 필자가 미국 유학 시 인상 깊게 봤던 것 중 하나가 미국 마을의 공공 도서관 모습이었다. 한국의 도서관에 들어서면 같은 색깔과 디자인으로 꾸며진 책상과 의자를 보아왔는데 미국 도서관은 그야말로 다양한 인종만큼이나 다양한 모양의 책상과 의자가 배치되어 있었다. 덕분에 필자도 가장 취향에 맞는 의자를 골라 앉아 기분 좋게 책을 볼 수 있었던 기억이 아직도 생생하다. 사실 그리 어려운 일은 아니다. 정책을 만들 때 그 정책을 활용할 국민의 눈높이에서 더 만족스러운 대안을 찾는 방향으로 생각의 전환만 하면 된다. 양적인 과시 수준에서 벗어나 도서관을 이용하는 사람들이 진정으로 즐겁게 도서관을 활용할 수 있도록 하기 위해 무엇을 어떻게 해야 할 것인지 고민하는 것이 바로 선진국의 정책인 것이다. 일자리 정책도 마찬가지다. 다양한 일자리 여건 속에서, 그리고 각기 다른 산업과 직종 속에서 일을 하는 근로자와 그곳에서 일하고자 하는 구직자들의 현실에 한 발자국 더 다가가서 그들이 더 행복할 수 있는 일자리를 만들어가려는 노력을 한다면 대한민국 일자리의 변화하는 모습을 국민이 피부로 느낄 수 있지 않을까 싶다.

마지막으로 강조하고 싶은 것은 바로 침묵하는 다수 취약계층의 '소리 없는 아우성'에 귀를 기울이는 일자리 정책이 되어야 한다는 점이다. 필자가 공직 생활을 하면서 가장 가슴 아프고 빚진 마음으로 남아 있는 사례가 있다. 바로 노무현 정부 말기 대통령자문기구인 '양극화민생대책위원회'에 근무할 때의 일이다. 당시 정책에서 소외되었던 퀵서비스 기사에 대한 대책을 세우기 위해 간담회를 개최했는데, 퀵서비스 기사 분들이 바쁜 시간을 쪼개 현장에서 근무하던 복장 그대로 음료수 한 상자를 손에 들고 간담회장에 찾아왔다. 그들은 자신들의 목소리를 들어주기 위해 정부가 불러준 것에 너무도 고마워하면서 현장에서 겪었던 여러 가지 애로 사항을 열정적으로 이야기해주었다. 그러나 아쉽게도 정권 말기의 대통령 자문위원회에서는 그들의 어려움을 정책으로 풀어줄 시간적 여유와 능력이 없었다. 아직도 당시 그분들의 기대에 찬 목소리와 고마워하던 모습이 눈에 선하게 남아 있다.

여전히 우리 주위에는 말 없는 다수가 정부의 일자리 정책을 지켜보고 있다. 이들의 목소리는 잘 들리지 않는다. 최근 '송파의 세 모녀 자살'을 통해 볼 수 있는 것처럼 극단적인 선택 이후라야 겨우 언론의 한구석에 오를 뿐이다. 그러나 정부의 가장 큰 존재 의의는 소외된 이들에게 희망을 주고, 실질적인 도움이 되는 정책을 마련하고 실행해가는 것이 아닐까 하는 생각을 해본다. 한국 사회에서 국민의 이목을 끌 정도의 발언권이 있는 집단의 목소리에만 귀를 기울인다면 밑바닥에서 누구에게 어떻게 호소해야 할지도 모르는 근로 빈곤층은 계속 좌절할 수밖에 없는 현실을 직시하고, 이를 해소하는 대책에 우선순위를 두어 일자리 정책을 준비해나가야 하겠다.

사실 일자리 문제는 쉽게 해결될 수 있는 과제는 아니다. 거의 모든 선진국이 청년실업 문제를 비롯한 여러 가지 일자리 문제로 어려움을 겪고 있는 것처럼, 한국도 어쩌면 만성질환처럼 일자리 문제를 달고 살아야 할지도 모른다. 비록 이런 이야기는 국민들에게 인기 없는 발언이 되겠지만 이제 정치인과 정책 담당자는 좀 진솔해질 필요가 있다. 국민들에게 장밋빛 희망을 보여주는 것도 중요하지만, 우리 앞에 쉽지 않은 현실이 놓여 있음을 알려주는 냉철함도 필요하다. 그러나 완치는 아니더라도 일자리 문제의 증상을 완화하면서 관리 가능한, 그리고 무엇보다 현재 상태보다는 훨씬 바람직한 일자리 환경을 만들어 가는 것은 충분히 가능한 일이고 도전할 가치가 있는 일이기도 하다. 전후 잿더미를 딛고 일어서서 지금의 경제 발전과 민주화를 이뤄낸 대한민국의 저력을 다시 한 번 발휘한다면 온 국민이 더 행복하게 일할 수 있는 일자리 세계가 머지않아 우리 앞에 펼쳐질 것으로 기대한다.*

---

* 책의 내용에 대해 궁금한 점이나 일자리 정책 관련 좋은 의견이 있으시면 필자에게 이메일(kyjyoung7@naver.com)로 연락주시기 바랍니다.

참고문헌

U.S Bureau of Labor Statistics. 2009. *Occupational Outlook Handbook*.

_____. 2012. Occupational Employment Statistics Survey.

Bosch, N., J. Ours and B. Klaauw. 2009. "Female part-time work in the Netherlands," http://www.voxeu.org/article/why-dutch-women-work-part-time.

Flyvbjerg, B. 2001. *Making Social Science Matter*. Cambridge University Press.

OECD. 2004. *Employment Outlook*.

_____. 2011. *Pension at a Glance*.

_____. 2013. *How's life? 2013*.

World Value Survey Association. 2008. *World Value Survey*.

강일규 외. 1999. 『통일 대비 직업교육훈련 정책 방향과 과제』. 한국직업능력개발원.

강중구 외. 2013. 「'좋은 일자리' 관점에서 본 한국 고용의 현 주소」, ≪LG ERI 리포트≫, 1272호. LG경제연구원.

고용노동부. 2008. 『통계로 보는 노동시장 I』.

_____. 2010. 『고용안정사업 개편방안』.

_____. 각 연도. 『사업체노동력 조사』.

고용보험심사위원회. 2013. 『고용보험 심사·재심사결정사례집』. 고용노동부 고용보험심사위원회.

국가인권위원회 상임위원회. 2008. 「'최저임금법 일부개정법률안'에 대한 의견」 (2008.12.19).

권혜자. 2012. 「한국사회에서 중장년 남자가 쉰다는 것은?」. ≪고용이슈≫, 제5 권 제5호. 한국고용정보원.

금재호. 2012. 『일자리문제의 원인과 대책』. 한국노동연구원.

기든스(Anthony Giddens). 1998. 한상진 옮김. 『제3의 길』. 생각의 나무.

김성조 외. 2008. 「최저임금법 일부개정법률안(김성조 의원 대표 발의)」.

김성중·성제환. 2005. 『한국의 고용정책』. 한국노동연구원.

김영윤. 1994. 「통독의 교훈과 남북한 노동시장 통합: 노동시장 통합에 따른 구동 독지역의 실업문제와 대책을 중심으로」. ≪노동경제논집≫, 제17권 제2호.

김혜원. 2008. 「노동시장 이행확률 분석」. 『노동시장의 구조변화와 고용변동』. 한국노동연구원.

남재량. 2011. 「체감 청년 실업률, 몇 %나 될까」. ≪노동리뷰≫, 제73호. 한국노 동연구원.

남재량 외. 2012. 『고용불안과 재취업 노동시장 연구』. 한국노동연구원.

니혼게이자이신문사(日本經濟新聞社). 2008. 강신규 옮김. 『인구가 세계를 바꾼 다』. 가나북스.

라이시(Robert B. Reich). 2001. 오성호 옮김. 『부유한 노예』. 김영사.

류장수 외. 2010. 「고용촉진지구사업의 국제비교: 한국, 일본, 영국을 중심으로」, (재)부산인적자원개발원·부산지역고용파트너십포럼.

박성재 외. 2011. 『북한이탈주민의 직업변동 및 취업지원제도 평가』. 한국노동 연구원.

박영숙 외. 2013. 『유엔미래보고서 2040』. 교보문고.

박원순. 2011. 『세상을 바꾸는 천 개의 직업』. 문학동네.

방하남 외. 2007. 『고용의 질: 거시·기업·개인 수준에서의 지표개발 및 평가』. 한 국노동연구원.

법무부. 각 연도. 『출입국·외국인정책 통계연보』.

서로(Lester C. Thurow). 2005. 현대경제연구원 옮김. 『세계화 이후의 부의 지배』. 청림출판.

송호근. 2013. 『그들은 소리 내 울지 않는다』. 이와우.

심지홍. 2002. 「노동시장에 미치는 한반도 통일과 유럽통합의 비교연구: 통일 독일의 노동시장이 한반도에 주는 시사점」. ≪경상논총≫, 제26권. 한독경상학회.

안주엽. 2011. 『세대 간 고용대체 가능성 연구』. 한국노동연구원.

외교부. 워킹 홀리데이 인포센터 인터넷 홈페이지. http://www.whic.kr

윤윤규 외. 2012. 『한국의 지역노동시장권 2010: 방법론, 설정 및 평가』. 한국노동연구원.

은수미. 2011. 「일본의 제2 사회안전망」. 장지연 외. 『노동시장 구조와 사회보장체계의 정합성』. 한국노동연구원.

이광진. 2005. 「남북한 노동시장 통합방안에 관한 연구: 급진적 통일 방식을 중심으로」. 성균관대학교대학원 석사학위논문.

이규용 외. 2011a. 『결혼이민자 가정과 노동시장 통합』. 한국노동연구원.

_____. 2011b. 『외국인력 노동시장 분석』. 한국노동연구원.

이병희. 2011. 「영세 자영업 종사자의 임금근로 전환 실태와 노동시장 성과」. 『노동시장 구조와 사회보장체계의 정합성』. 한국노동연구원.

이병훈 외. 2012. 『비공식 취업 연구』. 한국노동연구원.

_____. 2013. 『사장님도 아니야, 노동자도 아니야』. 창비.

이상호 외. 2012a. 『지역노동통계 체계의 문제점 및 개선과제』. 한국노동연구원.

_____. 2012b. 「지역노동시장권 설정결과」. 『한국의 지역노동시장권 2010: 방법론, 설정 및 평가』. 한국노동연구원.

이승렬 외. 2009. 『업종별·지역별 최저임금제 실시와 최저임금제가 고용시장에 미치는 영향』. 한국노동연구원.

이어령. 2014. 『생명이 자본이다』. 마로니에북스.

이은석 외. 2012. 『국내기업 해외현지생산 확대의 영향 및 시사점』. 한국은행.

이인재. 2009. 「고용보험제도의 개혁방향에 대한 시론: 실업보험저축계좌제의 도입을 중심으로」. 김승택 외. 『고용과 성장』. 박영사.

이재홍. 2010. 『미국의 고용·훈련정책』. 한국노동연구원.

이철희. 2012. 「고령인력의 고용불안정: 고령 임금근로자의 퇴직과 재취업을 중심으로」. 『고용불안과 재취업 노동시장 연구』. 한국노동연구원.

임무송. 2012. 『초고령사회 일본의 노동시장과 노동정책』. 한국노동연구원.

장지연 외. 2011a. 『고용안전망 사각지대 해소방안』. 한국노동연구원.

_____. 2011b. 『노동시장 구조와 사회보장체계의 정합성』. 한국노동연구원.

장신철. 2013. 「민간 고용서비스의 선진화를 위한 과제」. 한국노동연구원.

전홍택. 2013. 「남북한 경제통합 연구: 북한경제의 한시적 분리 운영방안」. ≪KDI 정책포럼≫, 제256호. 한국개발연구원.

정병석 외. 2011. 『이행노동시장의 이해와 고용전략』. 한국고용정보원.

정원호 외. 2011. 「이행노동시장 연구: 이론과 정책과제」. 한국직업능력개발원.

정원호·김영중. 2006. 『덴마크 고용안정 사례의 정책수용방안』. 한국 직업능력 개발원.

조은. 2012. 『사당동 더하기 25』. 또 하나의 문화.

최공필. 2009. 「고용친화적 성장전략의 구현 방안」. 『고용과 성장』. 박영사.

최승호. 2011. 「통독 20년 구동독 지역 노동시장정책의 성과와 교훈」. ≪한독사회과학논총≫, 제21권 제3호.

칼레츠키(Anatole Kaletsky). 2011. 위선주 옮김. 『자본주의 4.0』, 컬처앤스토리.

킨들런(Dan Kindlon). 2009. 최정숙 옮김. 『알파걸: 새로운 여자의 탄생』. 미래의 창.

탭스코트(Don Tapscott)·윌리엄스(Anthony D. Williams). 2007. 윤미나 옮김. 『위키노믹스』. 21세기북스.

통계청. 2011. 『장래인구추계: 2010~2060』.

_____. 각 연도. 『경제활동인구조사 부가조사』.

_____. 각 연도. 『경제활동인구조사』.

_____. 각 연도. 『경제활동인구조사 청년층 부가조사』.

_____. 국가통계포털 KOSIS(http://kosis.kr/).

펜(Mark J. Penn)·챌리슨(Kinney Zalesne). 2008. 안진환 옮김. 『마이크로트렌드』. 해냄.

프레시안 특별취재팀. 2010. 『한국의 워킹 푸어』. 책보세.

한국고용정보원. 한국직업정보시스템(Korea Network for Occupations and Workers: KNOW).

한국노동연구원. 2012. ≪국제노동브리프≫, 제5권 제6호.

한국은행. 2013. 『산업 간 노동이동성 분석 및 시사점』.

한병철. 2012. 『피로사회』. 문학과 지성사.

한신대학교. 2009. 『청년고용 촉진을 위한 중장기 정책 전략』. 노동부.

행정안전부. 2009. 『2008년 공무원 총 조사』.

허재준. 2009. 「성장과 일자리 창출」. 『고용과 성장』. 박영사.

홍민기. 2012. 『비정규 근로와 간접고용의 사용이 기업의 생산성과 이윤에 미치는 영향』. 한국노동연구원.

화이트(William F. Whyte)·화이트(Kathleen K. Whyte). 2012. 『몬드라곤에서 배우자』. 역사비평사.

황덕순. 2011. 「실업자 보호제도의 다양한 유형화와 복지체제의 상관성」. 『노동시장 구조와 사회보장체계의 정합성. 한국노동연구원.

지은이 **김영중**

1993년 공직에 입문한 이래 20여 년간 고용노동부에서 주로 고용 관련 정책을 기획하고 운영해왔다. 서울대학교 경영학과와 행정대학원을 졸업했으며, 미국 콜로라도대학교 덴버캠퍼스(University of Colorado Denver)에서 행정학 박사학위를 취득했다. 최근에 입안한 고용 관련 주요 정책으로는 '지역맞춤형 일자리 창출 지원 사업', '지역 일자리 공시제', '중소기업 청년취업인턴제', '고용안정사업 개편', '건설근로자 고용개선기본계획', '중장기 인력수급전망' 등이 있다. 2000년도에 우수 공무원으로 선정되어 대통령 표창을 받았으며, 박사학위논문은 미국 APPAM(Association for Public Policy Analysis and Management)이 수여하는 아시아 최우수 논문상을 수상했다.

한울아카데미 1687

대한민국 일자리, 생각을 바꾸자

새롭게 접근하는 일자리 정책

ⓒ 김영중, 2014

지은이 ┆ 김영중
펴낸이 ┆ 김종수
펴낸곳 ┆ 도서출판 한울
편집 ┆ 조인순

초판 1쇄 인쇄 ┆ 2014년 5월 20일
초판 1쇄 발행 ┆ 2014년 5월 30일

주소 ┆ 413-756 경기도 파주시 광인사길 153 한울시소빌딩 3층
전화 ┆ 031-955-0655
팩스 ┆ 031-955-0656
홈페이지 ┆ www.hanulbooks.co.kr
등록번호 ┆ 제406-2003-000051호

Printed in Korea.
ISBN 978-89-460-5687-9 03330

※ 책값은 겉표지에 표시되어 있습니다.